Münchener Geographische Hefte
Heft 45

MÜNCHENER GEOGRAPHISCHE HEFTE NR. 45

HERAUSGEBER: PROF. DR. R. GEIPEL
PROF. DR. DR. H.C. W. HARTKE, em.
PROF. DR. G. HEINRITZ
SCHRIFTLEITER: DR. E. BALON
GEOGRAPHISCHES INSTITUT DER
TECHNISCHEN UNIVERSITÄT MÜNCHEN

RICHARD DOBLER

REGIONALE ENTWICKLUNGSCHANCEN NACH EINER KATASTROPHE

Ein Beitrag zur Regionalplanung des Friaul

VERLAG MICHAEL LASSLEBEN KALLMÜNZ/REGENSBURG 1980

Der Druck dieser Arbeit wurde dankenswerterweise durch großzügige Spenden der folgenden Firmen unterstützt:

AGFA-GEVAERT AG
Messerschmitt-Bölkow-Blohm GmbH
Siemens AG
Süddeutscher Verlag

ISBN 3 7847 6045 7

Buchdruckerei Michael Laßleben, 8411 Kallmünz über Regensburg

INHALTSVERZEICHNIS

Seite

VORWORT DES HERAUSGEBERS 11

Kapitel I.:

DER ZUSAMMENHANG VON NATURKATASTROPHEN UND REGIO-
NALER ENTWICKLUNG 15

1. Ansätze der Hazard-Forschung 16

2. Naturkatastrophen - Entwicklungsbeeinträchtigung oder Entwicklungsimpuls? 19

2.1. Schäden durch Naturkatastrophen - glo-
   baler Überblick 19

2.2. Die Analyse der Folgeschäden 20

2.3. Naturkatastrophen als Entwicklungsimpuls? 22

3. Die Bedeutung der Regionalplanung beim
   Wiederaufbau 28

Kapitel II.:

FRIAUL VOR DEN BEBEN 1976 31

1. Kulturelle und naturräumliche Grundla-
   gen 32

2. Die Emigrationsgeschichte des Friaul 35

3. Regionale Entwicklungstendenzen 36

3.1. Wirtschaftliche Entwicklung 36

3.1.1. Landwirtschaft 37

3.1.2. Industrie 38

3.1.3. Tertiärer Sektor und zentralörtliche
   Struktur 42

		Seite
3.1.4.	Fremdenverkehr	42
3.2.	Bevölkerungsentwicklung	45

Kapitel III.:
DIE AUSWIRKUNGEN DER BEBEN VON 1976 53

1.	Die Erdbeben von Friaul 1976	54
1.1.	Abgrenzung des betroffenen Gebiets	54
1.2.	Hilfs- und Planungsmaßnahmen	57
1.2.1.	nach dem Mai-Beben	57
1.2.2.	nach dem September-Beben	59
2.	Analyse der verursachten Schäden	60
2.1.	Gesamtüberblick	60
2.2.	Schäden in der Landwirtschaft	63
2.3.	Schäden in der Industrie	65
2.3.1.	Direkte Schäden	65
2.3.2.	Produktionsausfall	71
2.3.3.	Indirekte Folgewirkungen	71
2.3.3.1.	Industriebefragung 1978	71
2.3.3.2.	Auswirkungen auf die Beschäftigung	75
2.3.3.3.	Veränderung von Zuliefer- und Absatzverflechtungen	76
2.3.3.4.	Komplementärwirkungen	82
2.3.3.5.	Einkommensfolgewirkungen	91
2.4.	Zusammenfassende Wertung der Schäden	94

Seite

3.	Staatliche und regionale Planungs- und Förderungsmaßnahmen	95
3.1.	Gesetzliche Regelungen - bisherige Verwendung der Gelder	95
3.2.	Fördermittel für den industriellen Wiederaufbau	100
4.	Sozioökonomische Entwicklung nach den Beben	101
4.1.	Investitionen in der Industrie	101
4.2.	Regionale Folgewirkungen der induzierten Investitionen	104
4.2.1.	Theoretischer Überblick	104
4.2.2.	Investitionen und deren regionale Verwendung	105
4.2.3.	Komplementärwirkungen	107
4.2.4.	Einkommensfolgewirkungen	108
4.2.5.	Gesamte Folgewirkungen im Vergleich	108
4.3.	Beschäftigtenentwicklung	110
4.4.	Die Entwicklung des Regionaleinkommens	116
4.5.	Bevölkerungsentwicklung	118
4.5.1.	im zerstörten Gebiet	118
4.5.2.	in charakteristischen Erdbebengemeinden ...	121
4.5.3.	in den Provinzen	123
4.6.	Zusammenfassung	126

Seite

Kapitel IV.:
WIEDERAUFBAUPLANUNG UND REGIONALENTWICKLUNG - EIN PROBLEMAUFRISS 129

1.	Planung für das Friaul - Chance und Notwendigkeit	130
2.	Seismisches Risiko - Restriktion für die Planung im Friaul?	130
2.1.	Bestehende gesetzliche Regelungen zum Schutz gegen Erdbeben	130
2.2.	Seismisches Risiko im Friaul	133
2.3.	Schlußfolgerungen für die Planung	137
3.	Planungsalternativen für das Friaul	139
3.1.	Rahmenbedingungen nach dem Beben	139
3.2.	Entwurf von Zukunftsperspektiven	140
3.2.1.	Szenario I	140
3.2.2.	Szenario II	142
3.3.	Wiederaufbau aus der Sicht der Regionalplanung - Kritik und Problemübersicht	143

Kapitel V.:
ENTWICKLUNGSMÖGLICHKEITEN REGIONALER ARBEITSMÄRKTE ... 147

1.	Theoretische Grundlagen	148
1.1.	Strategien regionaler Entwicklung	148
1.2.	Schwellenwerte in Regionalforschung und -planung	151
1.3.	Hierarchie regionaler Arbeitsmärkte	154

		Seite
2.	Abgrenzung bestehender Arbeitsmärkte	155
3.	Abgrenzung künftiger Arbeitsmärkte	160
3.1.	Bestimmung von Distanzbereichen	162
3.2.	Vergleich der Distanzbereiche mit den realen Einzugsbereichen	168
3.3.	Schlußfolgerungen für die künftige Entwicklung der regionalen Arbeitsmärkte - Planungsvorschlag	168
4.	Realisierungschancen des Planungsvorschlags	177
4.1.	Langfristige Entwicklung von Bevölkerung und Erwerbstätigen	177
4.2.	Regionale Entwicklungsaussichten der Industrie	183
4.3.	Mobilitätsbereitschaft von Arbeitnehmern in peripheren Gemeinden	191
4.3.1.	Abwanderungsbereitschaft	195
4.3.2.	Bereitschaft zum Pendeln	197

Kapitel VI.:
ENTWICKLUNGSMÖGLICHKEITEN DER SIEDLUNGSSTRUKTUR 203

1.	Bevölkerungsentwicklung und Versorgungsstandards - Zentralproblem in den Berggebieten	204
2.	Demographische Entwicklung in peripheren Gemeinden des Friaul	205
3.	Versorgungsansprüche der Bevölkerung	220
4.	Siedlungsstruktur und Wiederaufbau - ein Planungsvorschlag	223

Seite

5.	Realisierungschancen des Planungsvorschlags: Mobilitätsbereitschaft in peripheren Gemeinden	229

ZUSAMMENFASSUNG 233

LITERATURVERZEICHNIS 235

VERZEICHNIS DER TABELLEN 248

VERZEICHNIS DER KARTEN 253

VERZEICHNIS DER ABBILDUNGEN 256

FRAGEBOGEN DER INDUSTRIEBEFRAGUNG 258

FRAGEBOGEN DER BEVÖLKERUNGSBEFRAGUNG 274

VORWORT DES HERAUSGEBERS

Das Geographische Institut der Technischen Universität München
legt mit der Arbeit von Richard DOBLER in MGH 45 den dritten
und letzten Band über das DFG-Projekt Friaul vor. Ein Bericht
über die Katastrophe selber, über die ersten Schritte zu ihrer
Bewältigung und über die Befragung von 6.500 Haushalten nach
den Handlungszielen der nächsten Zukunft wurde in MGH 40 gegeben[1]. Die Arbeit von Michael STEUER über "Wahrnehmung und Bewertung von Naturrisiken"[2] (MGH 43) stellte die Verbindung
zur Hazard-Forschung her und versuchte die psychologischen
Aspekte der Bewältigung einer Katastrophe stärker zu thematisieren.

Es fehlten bisher jedoch weitgehend wissenschaftliche Arbeiten,
welche Naturkatastrophen nicht nur als zerstörende Kräfte oder
als Impulsgeber für sozialen und wirtschaftlichen Wandel ansehen, sondern die zugleich die Notwendigkeit und die Chance betonen, nach dem Eintreten einer Katastrophe bewußt eine regionale Strukturverbesserung zu fördern.

Zwar besteht auch nach einer Katastrophe keine "tabula rasa",
denn die Persistenz von Bewertungen und die Präferenzen für
das schon Bekannte vor dem Neuen führen häufig zu einer Wiederherstellung der alten Raumstruktur. Trotzdem sind nach dem
Eintritt einer Katastrophe die Möglichkeiten zur Einleitung
eines regionalen Strukturwandels größer als vorher, und eine
solche Chance sollte auch genutzt werden. Die Arbeit von Richard DOBLER will daher auch als Anstoß verstanden werden,
Hilfs- und Wiederaufbaumaßnahmen nicht nur am kurzfristigen
Bedarf, sondern auch an langfristigen Zielsetzungen zu orientieren und dabei zu untersuchen, ob Katastrophen einen Trend
eher bremsen oder beschleunigen.

Neben den drei genannten Heften der Institutsreihe hat im Heft
1 der "Quaderni di echistica" der Zeitschrift "ricostruire",
der Verlag Martin Internazionale 1980 eine italienisch-deutsche Kurzfassung weiterer Arbeiten aus der Projektgruppe unter
dem Titel "il progetto friuli" vorgelegt.

Diese Münchener Gruppe entstand mit der Genehmigung des Projekts am 18.7.1977 durch die DFG und führte die Beteiligten
insgesamt vierzehn Mal zu längeren und kürzeren Aufenthalten

---

1) GEIPEL, R.: Friaul - Sozialgeographische Aspekte einer Erdbebenkatastrophe. Kallmünz/Regensburg 1977.
2) STEUER, M.: Wahrnehmung und Bewertung von Naturrisiken am Beispiel zweier ausgewählter Gemeindefraktionen im Friaul. Kallmünz/Regensburg 1979.

ins Katastrophengebiet. Der Bericht von R. DOBLER greift auf einige Ergebnisse von anderen Mitgliedern der Arbeitsgruppe zurück, so insbesondere auf die Diplomarbeiten von F. GOTTSCHALT[1] und U. WAGNER[2].

Der Band "il progetto friuli" enthält ferner eine Kurzfassung der Arbeit von H. VÖLKL[3].

Es ist beabsichtigt, eine sechste Arbeit von R. STAGL[4] ebenfalls in der Monographienreihe von "ricostruire" in einer italienisch-deutschen Fassung vorzustellen.

Durch die Vorlage dieser sieben Monographien hat damit ein Projekt seinen Abschluß gefunden, für das der DFG und ihren Gutachtern, aber auch den Kollegen in Italien, vor allem Professor Dr. Giorgio VALUSSI und Frau Dr. Giovanna MENEGHEL vom Geographischen Institut der Universität Udine und Professor Dr. Raimondo STRASSOLDO vom Institut für Internationale Soziologie in Görz herzlich gedankt sei.

München, im Mai 1980   R. Geipel

---

1) GOTTSCHALT, F.: Folgewirkungen einer Katastrophe und ihre Bewertung durch industrielle Entscheidungsträger. Konsequenzen für die Regionalplanung Friauls.
Unveröffentlichte Diplomarbeit am Geographischen Institut der Technischen Universität München, 1979, verkürzter Abdruck in: "il progetto friuli", 1980, S. 71-93.
2) WAGNER, U.: Wiederaufbau als Sanierungschance oder Fehlinvestition. Untersuchung zur Mobilitätsbereitschaft in ausgewählten Abwanderungsgebieten Friauls.
Unveröffentlichte Diplomarbeit am Geographischen Institut der Technischen Universität München, 1979, verkürzter Abdruck in: "il progetto friuli", 1980, S. 51-69.
3) VÖLKL, H.: Die Rückwanderungsbereitschaft der Friauler aus der Bundesrepublik und der Schweiz.
Zulassungsarbeit am Geographischen Institut der Technischen Universität München, 1979, verkürzter Abdruck in: "il progetto friuli", 1980, S. 97-117.
4) STAGL, R.: Planungen und Maßnahmen nach einer Katastrophe und ihre Bewertungen in der Praxis. Wiederaufbaustrategien und -probleme im Friaul.
Unveröffentlichte Diplomarbeit am Geographischen Institut der Technischen Universität München, 1980.

Kapitel I.:

DER ZUSAMMENHANG VON NATURKATASTROPHEN UND REGIONALER ENTWICKLUNG

1. Ansätze der Hazard-Forschung

Hazard-Forschung ist eine junge, noch nicht exakt abgegrenzte Forschungsdisziplin, die in den 50er Jahren in den Vereinigten Staaten entstand. Starke Bedrohung durch Naturgefahren und ein hohes Niveau der sozialwissenschaftlichen Forschung haben hier früher als in Europa dazu geführt, daß sich Wissenschaftler intensiver mit Naturrisiken auseinandersetzten[1].

Abb. 1 zeigt wesentliche Begriffe der Hazard-Forschung, aus denen sich gleichzeitig die wichtigsten Forschungsfragen ableiten lassen.

Die Interaktion der Systeme "Gesellschaftliche Nutzung" und "Natürliche Umwelt" wird als natural hazard bezeichnet, wenn diese Interaktion ereignishaften Charakter mit negativen Folgen für die Gesellschaft aufweist. Die ausgelösten Folgewirkungen führen über Wahrnehmungs- und Bewertungsvorgänge zu vielfältigen Gegenmaßnahmen (adjustments), deren Rückwirkungen zu einem neuen Gleichgewicht von natürlichem und gesellschaftlichem System führen können. Langfristige, nicht geplante Anpassungsmaßnahmen, die das Schadenspotential reduzieren (z.B. durch Abwanderung), werden dagegen als "adaptations" bezeichnet.

Ausgehend von dieser groben Begriffsbestimmung lassen sich die wesentlichen Themenbereiche der Hazard-Forschung aufzeigen:

- weitgehend mit naturwissenschaftlichen Methoden erfolgt die Bestandsaufnahme vorhandener Naturrisiken, insbesondere bezüglich der regionalen Verteilung des Risikopotentials sowie des physikalischen Ablaufs von Naturkatastrophen;

- bei der Untersuchung der Folgewirkungen von hazards können je nach Interessenlage die technisch-physikalischen, ökonomischen oder sozialen Aspekte im Vordergrund stehen.

Neben diesen Arbeiten, die eine Bestandsaufnahme des Hazards und der Hazard-Folgen zum Ziel haben, gibt es einen umfangreichen Block von Untersuchungen, die sich mit gesellschaftlichen Reaktionen auf die Bedrohung durch die Natur befassen:

- einen wichtigen Teilbereich stellen dabei Ansätze über die

---

[1] um nur einige der wichtigsten Vertreter dieser Disziplin zu nennen: G. WHITE (1974), J. BURTON (1968), R. KATES (1970), E. HAAS (1976, 1977).

Begriffssystem der Natural – Hazard – Forschung Abb. 1

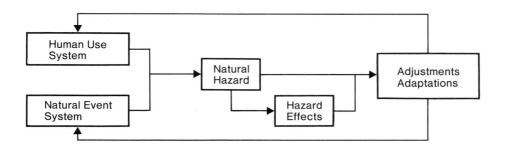

nach: Kates 1970, Fig. 2/Kates 1976, S. 137

Wahrnehmung und Bewertung von Naturrisiken dar[1]. Gruppenspezifische und räumliche Unterschiede bei diesen Bewertungsvorgängen können erhebliche Auswirkungen auf die Wahl von Gegenmaßnahmen haben.

- Arbeiten über Gegenmaßnahmen nehmen bisher den breitesten Raum innerhalb der Hazard-Forschung ein. Dabei werden unterschiedliche "adjustments" auf ihre Nutzen und Kosten untersucht und daraus Empfehlungen für die Anwendung bestimmter Gegenmaßnahmen abgeleitet.

- In einem weiteren Themenblock geht es um die Entscheidungsprozesse, die zur Wahl bestimmter Adjustments führen, sowie um den Ablauf von Planungsprozessen nach Katastrophen.

---

1) Mit diesem Thema befaßt sich eine kürzlich vorgelegte Diplomarbeit am Geographischen Institut der TU-München: M. STEUER, Wahrnehmung und Bewertung von Naturrisiken am Beispiel zweier ausgewählter Gemeindefraktionen im Friaul. Kallmünz/Regensburg 1979 (Münchener Geographische Hefte Nr. 43).

Hazard-Forschung will also letztlich dazu beitragen, durch rationale Planung und eine optimale Wahl von Gegenmaßnahmen Naturkatastrophen zu verhindern bzw. deren negative Auswirkungen zu minimieren.

Diese grundsätzlichen Ausführungen zur Hazard-Forschung sollen dazu dienen, die Intention der vorliegenden Arbeit im Rahmen dieses Forschungsbereiches deutlich zu machen.

Wichtigster Bezugspunkt sind dabei die vielfältigen Zusammenhänge zwischen Naturkatastrophen und regionaler Entwicklung. Einerseits kann die Zerstörung und Beschädigung von Wohnungen, Infrastruktur und Arbeitsplätzen mit den anschließenden Hilfs- und Wiederaufbaumaßnahmen einen nachhaltigen Einfluß auf die Entwicklung der Regionalstruktur ausüben. Andererseits bieten sich der Regionalplanung nach einer Katastrophe verbesserte Möglichkeiten zur Steuerung der regionalen Entwicklung des betroffenen Gebietes, durch die das Schadenspotential künftiger Katastrophen reduziert werden könnte.

2. Naturkatastrophen - Entwicklungsbeeinträchtigung oder Entwicklungsimpuls?

2.1. Schäden durch Naturkatastrophen - globaler Überblick

Jährlich sterben rd. 250 000 Menschen[1] durch Naturkatastrophen, der verursachte finanzielle Schaden liegt bei rd. 25 Mrd. US $ jährlich, zu denen noch rd. 15 Mrd. US $ für Vorsorge- und Gegenmaßnahmen hinzukommen[2].

Schlagzeilen machen vor allem die großen Katastrophen, die allein einen jährlichen Schaden von rd. 10 - 15 Mrd. US $ anrichten. Die ungefähre Höhe des Schadens einiger bekannter Naturkatastrophen zeigt die folgende Tabelle:

Tab. 1: Schäden durch Naturkatastrophen

			Tote	Schaden in Mio. US-Dollar
Erdbebenkatastrophen				
San Francisco	1906		750	524
Messina	1908		83.000	?
Yokohama	1923		142.800	2.800
Agadir	1960		13.100	120
Skopje	1963		1.070	300
Alaska	1964		131	538
Belice/Sizilien	1968		281	320
Managua/Nicaragua	1972		5.000	800
Lice/Türkei	1975		2.400	17
Guatemala	1976		22.800	1.100
Tang-shan/China	1976		665.000	?
Bukarest	1977		1.581	800
Sturmkatastrophen				
Niederlande	1953	(Sturmflut)	1.787	3.000
Deutschland	1962	(Sturmflut)	347	600
Karachi/Pakistan	1965	(Zyklon)	10.000	?
Bangla Desh	1970	(Zyklon)	300.000	63
USA	1972	(Hurrikan)	122	3.100

Quelle: Münchner Rückversicherungs-Gesellschaft 1978

---

1) davon rd. 36 % durch Flut, 18 % durch tropische Zyklone, 14 % durch Erdbeben und 14 % durch Trockenheit
2) BURTON, KATES, WHITE 1978, S. 2.

In unterentwickelten Ländern führen Naturkatastrophen meist zu sehr hohen Verlusten an Menschenleben, während die wirtschaftlichen Auswirkungen relativ gering bleiben. Demgegenüber verursachen in Industrieländern bereits Katastrophen mit vergleichsweise wenigen Todesopfern große wirtschaftliche Schäden.

2.2. Die Analyse der Folgeschäden

Trotz der enormen wirtschaftlichen und sozialen Auswirkungen solcher Naturkatastrophen liegen bisher nur wenige detaillierte Untersuchungen der direkten und indirekten Folgewirkungen vor. Häufig wird die Höhe des Schadens nur grob geschätzt, weshalb die Angaben der Tabelle 1 auch nur als ungefähre Anhaltspunkte benutzt werden können. Die eingehendste Analyse der Folgewirkungen von Katastrophen dürfte anläßlich des Alaska-Erdbebens von 1964 vorgenommen worden sein[1]. Die meisten anderen Untersuchungen[2] begnügen sich mit einer Katalogisierung der verschiedenen direkten Schäden. Ursache dieses Mangels ist zum einen die schlechte Datenbasis, die eine Analyse der indirekten Folgewirkungen erschwert[3], zum anderen die relative Neuheit der Forschungsdisziplin, die Methoden aus Nachbardisziplinen erst allmählich zu übernehmen beginnt. Insbesondere eine Analyse der ökonomischen Folgewirkungen ist nur mit dem Instrumentarium der Regionalökonomie möglich. So können Komplementärwirkungen[4] durch Verfahren, die aus der Input-Output-Analyse abgeleitet wurden, erfaßt werden, während für die Untersuchung von Einkommensfolgewirkungen die Multiplikatoranalyse herangezogen werden kann.

Welche Einflußfaktoren bei der Entstehung direkter und indirekter Schäden eine Rolle spielen, wird in Abb. 2 am Beispiel von Erdbeben deutlich gemacht.

Für das Ausmaß der direkten Schäden sind natürliche Faktoren wie Dauer und Schütterintensität oder die Struktur des Untergrundes, aber auch gesellschaftliche Faktoren wie die Art der Landnutzung und die Bauweise verantwortlich.

---

1) National Academy of Sciences 1970, 8 Bände.
2) vgl. z.B. MITCHELL 1978
3) zudem werden die meisten Untersuchungen unmittelbar nach dem Eintreten einer Katastrophe durchgeführt. Eine Erfassung der mittel- und langfristigen Folgen ist von daher gar nicht möglich.
4) Wirkungen, die durch zwischenbetriebliche Verflechtungen entstehen (Zuliefer- und Absatzbeziehungen).

Wirtschaftliche Schäden durch Erdbeben

Abb. 2

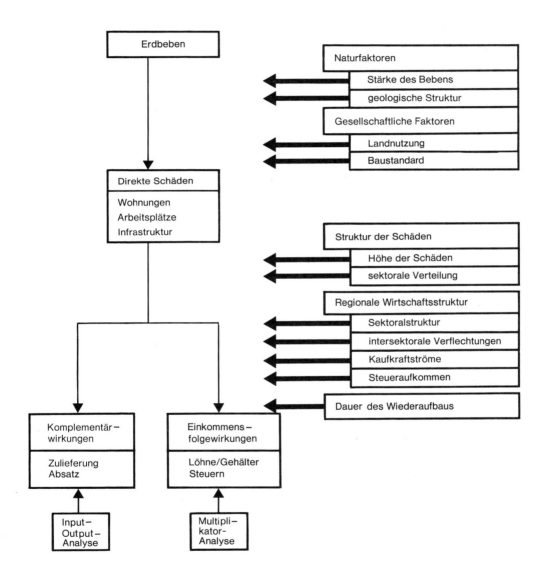

Die indirekten Folgeschäden hängen zum einen von Ausmaß und Struktur der Primärschäden, zum anderen von der Wirtschaftsstruktur innerhalb des betroffenen Gebietes ab. Bei intensiven intersektoralen Verflechtungen und geringen Kaufkraftabflüssen ist mit erheblichen Folgewirkungen zu rechnen. Da beide Faktoren indirekt mit der Regionsgröße zusammenhängen, steigen die Folgeschäden von Katastrophen mit zunehmender Größe des betroffenen Gebietes stark an. Schließlich spielt auch die Zeitdauer des Wiederaufbaues eine wesentliche - und viel zu wenig beachtete - Rolle für die Höhe der Folgeschäden. Die Ausbildung induzierter Folgewirkungen hängt ganz entscheidend von der Dauer der Produktionsunterbrechungen bei den beschädigten Betrieben ab. Die einzelnen Faktoren, die für die Dauer des Wiederaufbaus von Bedeutung sind (Förderungsmaßnahmen des Staates, Wiederaufbaumentalität bei Wirtschaft und Bevölkerung), werden in I.2.3. noch genauer beleuchtet (vgl. Abb. 3).

Die ersten Versuche einer Analyse der komplexen regionalökonomischen Folgewirkungen von Katastrophen wurden von DACY/KUNREUTHER (1969) sowie von COCHRANE (1974) unternommen. Dabei kam COCHRANE (1974, S. 17) zu dem Ergebnis, daß die Wiederholung eines Bebens der Stärke von 1906 im Gebiet der San Francisco-Bucht einen direkten Schaden von 7 Mrd. US $ sowie indirekte Folgeschäden in Höhe von 6 Mrd. US $ verursachen würde.

Es muß allerdings nochmals betont werden, daß Berechnungen dieser Art noch in den ersten Anfängen stehen. Selbst bei der am besten dokumentierten Katastrophe, dem Alaska-Erdbeben von 1964, wurde nicht genau zwischen Primär- und Folgeeffekten unterschieden.

2.3. Naturkatastrophen als Entwicklungsimpuls?

Die unzureichenden Kenntnisse über das tatsächliche Ausmaß der Folgen von Katastrophen haben dazu geführt, daß deren Auswirkungen häufig überschätzt werden. "In the immediate aftermath of severe disasters, there is a general feeling within the stricken community that destruction is greater than it actually is. Radio, television and newspapers focusing on human-interest reporting convey a similar impression to the outside world. At the same time, state and local officials view the situation in its darkest light, and their sight is usually faulty. Destruction is hardly ever total, and sometimes it turns out to be small in comparison with early guesses. Corps of Engineers officials responsible for damage estimates have observed that actual losses usually run about one third of the figures given in the earliest statements"[1].

So wurde beispielsweise der Schaden des Alaska-Bebens zunächst auf 600 Mio. US $ geschätzt. Eine Revision dieser Schätzung durch die gleiche Behörde kam neun Monate später nur noch auf eine Summe von 311 Mio. US $. "Damage estimates made on the spot and before the shock has worn off grossly exaggerate the extent of losses caused by natural disasters. Yet these early guesses frequently make headlines and are the ones remembered longest by the public. Overstatements of damage have at least two effects: (1) They make it appear that recovery was much faster than it actually was, and (2) they make it easier politically for the Federal government to dispense aid more generously than it otherwise might"[2].

Eine anfängliche Überschätzung des Schadens führt also in der Folge auch zu einer Überschätzung der Wiederaufbaugeschwindigkeit, andererseits erleichtert sie ganz wesentlich die Bereitstellung ausreichender Hilfsgelder für das betroffene Gebiet. Auf diesen Punkt werden wir auch am Beispiel des Friaul in Abschnitt III.2. noch einmal zurückkommen.

Mit der Überschätzung der Schäden geht in der Regel eine Überschätzung der langfristigen sozioökonomischen Auswirkungen von Katastrophen einher. Trotz der vielfältigen kumulativen Effekte, die zu einer starken Erhöhung der Schäden führen können, ist der tatsächliche Einfluß von Naturkatastrophen auf die regionale Entwicklung häufig geringer als man befürchten könnte. Neuere Untersuchungen in den USA[3] lassen den Schluß zu, daß von Naturkatastrophen keine Langzeit-Effekte auf die sozioökonomische Entwicklung ausgehen. Diese Ergebnisse mögen unter den gesellschaftlichen Rahmenbedingungen der untersuchten Katastrophen[4] richtig sein, bei einer Sichtung des gesamten vorliegenden Materials über die Entwicklung von Katastrophengebieten drängt sich aber die Vermutung auf, daß unter bestimmten Voraussetzungen sogar die positiven Folgewirkungen überwiegen können.

---

1) DACY, KUNREUTHER 1969, S. 8.
2) DACY, KUNREUTHER 1969, S. 9-10.
3) H.P. FRIESEMA u.a.: Comunity Impacts of Natural Disasters, Beverly Hills 1979 sowie noch nicht veröffentlichte Untersuchungsergebnisse des Social and Demographic Research Institute, University of Massachusetts (nach Natural Hazard Observer Vol II Nr. 4 sowie Vol III Nr. 3).
4) es handelte sich dabei um "schwere Katastrophen" in den USA, bei denen sich aber die Zerstörung des Kapitalstocks noch in engen Grenzen hielten.

FRITZ[1] hat bereits 1963 auf diese Möglichkeit hingewiesen: "The remotivation of the actors within the system and the consequent total concentration of societal energy on the goals of survival and recovery usually result in the rapid reconstruction of the society and, beyond that, often produce a kind of "amplified rebound" effect, in which the society is carried beyond its pre-existing levels of integration, productivity, and capacity for growth."[2]

Diese Andeutung eines verstärkten Aufschwungs über das Niveau vor der Katastrophe hinaus wurde in der Hazard-Forschung der folgenden Jahre aber kaum aufgegriffen. Dennoch setzte sich allmählich die Erkenntnis durch, daß Katastrophen neben disfunktionalen auch funktionale Wirkungen für das betroffene gesellschaftliche System haben können[3]. Welche Einflußfaktoren bei der Entstehung negativer und positiver Folgewirkungen eine Rolle spielen, blieb allerdings weitgehend unklar. Es wird deshalb als eine wichtige Aufgabe der vorliegenden Arbeit angesehen, diese komplexen Zusammenhänge aufzuhellen.

Rahmenthema soll dabei die Frage sein, inwieweit Katastrophen nicht als Entwicklungsbeeinträchtigung, sondern ganz im Gegenteil als Entwicklungsimpuls für das betroffene Gebiet anzusehen sind. Die folgenden empirischen Beispiele zeigen, daß diese zunächst überraschende Hypothese durchaus plausibel ist. Dabei muß betont werden, daß sich diese Hypothese auf die Aggregatstufe überindividueller Prozesse, etwa auf regionalökonomischer Ebene, bezieht, nicht aber auf einzelne, schwer getroffene Katastrophenopfer, die eine solche Aussage als Zynismus empfinden müßten.

Das Explosionsunglück von Halifax

Am 6. Dezember 1911 explodierte ein beladenes Munitionsschiff in dem Seehafen Halifax[4], wobei 2 000 Menschen getötet und 6 000 schwer verletzt wurden. Der Sachschaden wurde auf 35 Mio. US $ geschätzt. Zum Zeitpunkt des Unglücks befand sich die Stadt in einer Stagnationsphase, die durch den Wiederaufbau überwunden wurde. Innovationen auf vielen Gebieten (Einführung der Straßenbahn, Erweiterung des Telefonnetzes, Ansiedlung neuer Industrien) setzten sich durch und führten zu einem

---

1) FRITZ 1963.
2) FRITZ 1963, S. 692.
3) QUARANTELLI 1977, S. 36.
4) heute Hauptstadt von Neuschottland (Kanada)

neuen Aufschwung, der ohne dieses Unglück wohl nicht erreicht worden wäre[1].

Die Flutkatastrophe in den Niederlanden

Die verheerende Sturmflut, die am 1. Februar 1953 die Niederlande heimsuchte, tötete 1 787 Menschen, vernichtete eine landwirtschaftliche Nutzfläche von 141 000 ha[2] und richtete einen Schaden von insgesamt 3 000 Mio. US $ [3] an. Großzügige Hilfe durch den holländischen Staat, der über 90 % der Kosten übernahm, ermöglichte eine völlige Neuordnung der Agrarstruktur des zerstörten Gebietes. Indirekt hat damit die Flutkatastrophe den Anstoß für einen wirtschaftlichen Aufschwung gegeben, der diesen Teil Hollands zu einem der produktivsten gemacht hat[4].

Das Alaska-Erdbeben

Am 27. März 1964 erschütterte ein Erdbeben der Stärke 8,4 auf der Richterskala (XII Mercalli) und damit eines der stärksten bekannten Erdbeben überhaupt das Gebiet um die Stadt Anchorage im Süden Alaskas. Trotz der schweren Schäden (300 Mio. US $) erholte sich das betroffene Gebiet sehr schnell von den Folgen des Bebens. Besonders die Entwicklung der Fischerei-Industrie ist ein gutes Beispiel für die positiven Folgen, die auftreten können, wenn es nach einer Katastrophe zu einem Kapitaltransfer in das betroffene Gebiet kommt. Obwohl die Schäden an Schiffen und Verarbeitungsanlagen zunächst auf einen schweren Schlag für die Fischerei - einen der wichtigsten Wirtschaftszweige des Landes - hindeuteten, stellte sich die Fischereisaison von 1964 als die erfolgreichste seit langem heraus. Eine Überbewertung der aufgetretenen Schäden (vgl. oben) sowie die rasche Hilfe von außen führten zu diesem Ergebnis. Insgesamt bewirkte das Erdbeben eine Belebung der Wirtschaftstätigkeit vor allem in Anchorage, die eine Beschleunigung des Bevölkerungswachstums von 5,9 % (1961 - 1964) auf 14,1 % (1964 - 1967) zur Folge hatte[5].

Schließlich kann auch noch an den Wiederaufbau im zerstörten Nachkriegs-Deutschland erinnert werden. Trotz unermeßlicher

---

1) nach DACY, KUNREUTHER 1969, S. 170.
2) HERWEIJER 1955, S. 297.
3) Münchner Rückversicherungs-Gesellschaft 1978.
4) nach HERWEIJER 1955.
5) nach DACY, KUNREUTHER 1969, ROGERS 1970.

Zerstörungen, Demontagen und hohen Bevölkerungsverlusten nahm die wirtschaftliche Entwicklung in der Bundesrepublik einen besseren Verlauf als in den meisten Nachbarländern. Zweifellos wäre das ohne die Hilfe durch den Marshall-Plan nicht möglich gewesen, es scheint aber doch so, daß gerade Zerstörung und Demontage der Produktionsanlagen mit der anschließenden Modernisierung des Kapitalstocks und dessen Inwertsetzung durch eine hochmotivierte Arbeiterschaft wesentlich zu diesem Erfolg beigetragen haben.

Wichtige Voraussetzungen für einen ökonomischen Aufschwung nach Katastrophen scheinen also vor allem die Bereitstellung der benötigten Finanzmittel von außerhalb (Externalisierung der Schäden) sowie die mit dem Wiederaufbau verbundenen Modernisierungen und Innovationen zu sein. Abb. 3 zeigt die wesentlichen Einflußfaktoren bei der Entstehung positiver Folgewirkungen schematisch auf.

Es wird deutlich, daß ein rascher Aufschwung nach einer Katastrophe möglich ist, wenn vom Gesamtstaat die erforderlichen Mittel schnell bereitgestellt werden und diese Mittel dann in einem innovationsfähigen Gebiet mit einer aufbaumotivierten Bevölkerung effizient eingesetzt werden. Um ein solches Ergebnis zu erreichen, ist es erforderlich, daß alle diese Elemente zusammenwirken. So wurde z.B. nach dem Beben von Belice 1968 von staatlicher Seite durchaus versucht, die Entwicklung zu fördern, die gesellschaftlichen Verhältnisse in der betroffenen Region ließen aber eine effiziente Verwendung dieser Mittel nicht zu (vgl. S.62) und verhinderten damit einen Erfolg des Wiederaufbaus. In anderen Fällen liegt es gar nicht im Interesse einer Zentralregierung, dem betroffenen Gebiet wirksam zu helfen, oder der Staat verfügt nicht über die notwendigen Mittel.

In den seltensten Fällen ist das betroffene Gebiet in der Lage, den Wiederaufbau selbst zu finanzieren, so wie es etwa im Fall von San Francisco nach dem Erdbeben von 1906 geschah. Staatliche Förderungsmaßnahmen stellen vielmehr fast immer eine der wichtigsten Voraussetzungen für einen Aufschwung dar.

Katastrophen als Entwicklungsbeeinträchtigung oder Entwicklungsimpuls - diese Frage wird in den folgenden Kapiteln am Beispiel des Friaul empirisch untersucht werden. Doch bevor wir uns dem Erdbeben von Friaul zuwenden, soll noch ein zweiter Aspekt innerhalb des Zusammenhangs von Naturkatastrophen und regionaler Entwicklung angeschnitten werden. Es geht um die Rolle der Regionalplanung bei der Bewältigung des Wiederaufbaus.

Folgewirkungen von Katastrophen

Abb. 3

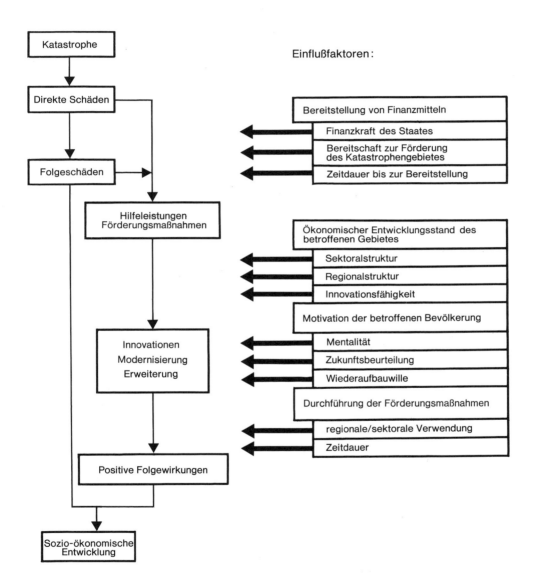

3. Die Bedeutung der Regionalplanung beim Wiederaufbau

Bisher fehlen weitgehend Untersuchungen, die Katastrophenereignisse nicht nur als Impulsgeber für sozialen und regionalen Wandel betrachten, sondern die zugleich die Notwendigkeit - und die Chance - betonen, nach dem Eintreten einer Katastrophe bewußt den Strukturwandel zu fördern. Insofern will die vorliegende Arbeit auch als Anstoß verstanden werden, den Wiederaufbau in eine zielgerichtete Regionalplanung zu integrieren und die Hilfs- und Wiederaufbaumaßnahmen nicht nur am kurzfristigen Bedarf, sondern auch an langfristigen Zielvorstellungen zu orientieren.

Wie im folgenden noch ausgeführt wird, geht es dabei vor allem darum, die durch eine Katastrophe ausgelösten negativen Folgeeffekte zu begrenzen und die entstehenden positiven Entwicklungsimpulse langfristig zu sichern.

Vermeidung negativer Folgewirkungen

In Abb. 2 und 3 wurde gezeigt, daß nach einer Katastrophe negative und positive Folgewirkungen entstehen, deren Ausmaß durch eine Fülle gesellschaftlicher Faktoren beeinflußt wird. Die Komplexität der auftretenden Folgeeffekte mit der Gefahr einer Verstärkung der negativen Auswirkungen durch Multiplikatoreffekte macht planerische Maßnahmen unumgänglich. Hier auf das freie Spiel der Kräfte zu vertrauen, hieße unter Umständen eine wirtschaftliche Krise, eine Abwanderung der Bevölkerung und damit den Niedergang des betroffenen Gebietes in Kauf zu nehmen. Hauptziel aller Maßnahmen muß es deshalb sein, durch schnelle Wiederherstellung der Arbeitsplätze und zügigen Wiederaufbau der Wohnungen eine drohende Abwanderung zu vermeiden. Neben der reinen Daseinsvorsorge ist dabei auch an die psychischen Auswirkungen von Katastrophen zu denken. Ein schneller und planvoller Beginn des Wiederaufbaus kann viel dazu beitragen, der betroffenen Bevölkerung neues Vertrauen in die Zukunft zu geben und damit eine wesentliche Voraussetzung für eine positive Entwicklung zu schaffen.

Steuerung des nun vorhandenen Entwicklungspotentials

Die Chancen, die sich einem Katastrophengebiet mit dem Wiederaufbau bieten, werden häufig nicht genügend erkannt. Die zur Verfügung gestellten Finanzmittel stellen eine einmalige Gelegenheit zur Modernisierung der Produktionsstruktur, aber auch zur Erneuerung der Regionalstruktur dar. Zwar besteht in dieser Situation keine "tabula rasa", denn erhaltene Teile der Siedlungs-, Produktions- und Infrastruktur, vor allem aber die Persistenz[1] von Bewertungen und Präferenzen führen häufig zu einer Wiederherstellung der alten Raumstruktur. Trotzdem sind nach dem Eintreten einer Katastrophe die Chancen zur Einleitung eines regionalen Strukturwandels größer als zuvor - und diese Chance sollte genutzt werden.

Reduzierung des Schadenspotentials

Schließlich ist es dringend erforderlich, beim Wiederaufbau die weiter bestehende Gefährdung - sei es durch Sturm, Erdbeben oder Überschwemmung - zu berücksichtigen. Der Wiederaufbau zerstörter Gebiete kann nur dann gutgeheißen werden, wenn alles unternommen wurde, um das Schadenspotential künftiger Katastrophen zu reduzieren. Dazu gehören nicht nur Schutzmaßnahmen[2], sondern durchaus auch Überlegungen, ob einmal als unsicher erkannte Standorte um jeden Preis beibehalten werden müssen. Landnutzungsänderungen stellen zweifellos eine der wirksamsten, aber auch am schwersten realisierbaren Maßnahmen zur Reduzierung des Schadenspotentials dar. Eine vernünftige Wiederaufbauplanung muß deshalb immer das Ziel einer risikoärmeren Landnutzung anstreben.

In den folgenden Kapiteln soll am Beispiel des Friaul versucht werden, den beiden angeführten Aspekten nachzugehen, nämlich zum einen mit einer detaillierten Analyse des Bebens von 1976 einen Beitrag zu der Frage der Wirkung von Katastrophen im allgemeinen zu leisten und zum anderen mit der Erarbeitung eines Vorschlags für den Wiederaufbau die Chancen deutlich zu machen, die durch eine Katastrophe ausgelösten Impulse für eine langfristig positive Entwicklung des betroffenen Gebietes zu nutzen. Doch bevor wir uns den Auswirkungen des Bebens im Friaul zuwenden, soll zunächst ein kurzer Überblick über dessen Entwicklungsstand vor dem Beben gegeben werden.

---

1) vgl. de FRIES-REILINGH, H.D.: Gedanken über die Konsistenz in der Sozialgeographie. In: Zum Standort der Sozialgeographie, Münchner Studien zur Sozial- und Wirtschaftsgeographie Bd. 4, Regensburg 1968.
2) im Fall von Erdbeben etwa antiseismische Bauvorschriften.

Kapitel II.:

FRIAUL VOR DEN BEBEN 1976

1. Kulturelle und naturräumliche Grundlagen

Die Region Friuli-Venezia Giulia in ihrer heutigen Form geht auf die italienische Verfassung von 1947 zurück. Neben einigen anderen Regionen[1] erhielt auch Friaul den Sonderstatus einer autonomen Region[2]. Mit einer Fläche von 7 854 km² und einer Bevölkerung von rd. 1,2 Mio. ist sie eine der kleinsten Italiens[3].

Der Kulturraum des Friaul mit eigener Sprache[4], Tradition und eigenem Brauchtum deckt sich nicht mit der Region Friaul. Vereinfacht kann man davon ausgehen, daß die heutigen Provinzen Udine und Pordenone das "Friaul" (Friuli) bilden, während die Provinzen Görz (Gorizia) und Triest mit einem hohen Anteil slawischer Bevölkerungsgruppen zu Julisch Venetien (Venezia Giulia) gehören. Diese Unterschiede zwischen gewachsener Kultur und offizieller Regionsabgrenzung sind deshalb wichtig, weil sie in der politischen Auseinandersetzung, insbesondere zwischen Udine als traditioneller Hauptstadt des "Friaul" und Triest eine große Rolle spielen, jenem Triest, das als problematischer Fremdkörper angeschlossen, aber seiner Größe wegen gleichzeitig Sitz der Regionalverwaltung und der meisten Behörden und damit Udine vorgeordnet ist.

Trotz seiner geringen Flächenausdehnung weist das Friaul einen stark differenzierten Naturraum auf. Karnische und Julische Alpen bilden den gebirgigen Norden, der mit Karnien auch kulturell eine gewisse Eigenständigkeit innerhalb des Friaul besitzt. Über die karnischen und julischen Voralpen und die anschließenden Moränengebiete geht der Naturraum allmählich in die weite Schwemmlandebene der Küste über. Als zusätzliches Landschaftselement tritt im Südosten der Karst auf.

Insgesamt sind 42,6 % der Region gebirgig, 19,3 % sind Hügelland und 38,1 % Ebene (vgl. Karte 1). Gerade dem gebirgigen Teil des Friaul, der wegen seiner schlechten Ausstattung mit Arbeitsplätzen und Infrastruktur immer schon große Probleme hatte und der 1976 zusätzlich durch schwere Erdbeben verwüstet wurde, soll in der vorliegenden Arbeit besondere Aufmerksam-

---

1) Sizilien, Sardinien, Aosta-Tal, Südtirol
2) die Region Friuli-Venezia Giulia wurde 1963 konstituiert
3) zum Vergleich hat Niederbayern eine Fläche von 10 754 km² und eine Bevölkerung von 1,0 Mio.
4) die Sprache des Friaul, das sogenannte Furlan, gehört zur ladinischen Sprachgruppe, die außerhalb des Friaul noch in Teilen der Dolomiten und der Schweiz gesprochen wird.

Region Friaul – Julisch Venetien
Sozioökonomische Zonen und Gemeinden

1 Gebirgszone
2 westliche Vorgebirgszone
3 Zentrale Hügelzone
4 Zone Pordenone – Sacile
5 Zone Codroipo – S. Vito
6 Zone Udine – Cividale
7 Tiefebene
8 Zone Triest – Monfalcone – Gorizia

Entwurf: R. Dobler Kartographie: Geographisches Institut der TUM

keit geschenkt werden.

2. Die Emigrationsgeschichte des Friaul

Infolge seiner Grenzlage im äußersten Nordosten Italiens und den dadurch bedingten Restriktionen bei öffentlichen und privaten Investitionen[1] blieb das Friaul in seiner wirtschaftlichen und sozialen Entwicklung bis in die Mitte dieses Jahrhunderts weit hinter anderen mitteleuropäischen Regionen zurück. Die schlechte ökonomische Lage führte bei rasch steigender Bevölkerung zu einer Emigrationswelle größten Ausmaßes. Insgesamt haben von 1876 bis 1940 rd. 1,8 Mio. Friauler ihr Land verlassen, um in der Fremde eine Existenz zu finden[2]. Dabei sind noch nicht diejenigen mitgerechnet, die in andere Regionen Italiens abgewandert sind. Hauptabwanderungsziele waren zunächst die Schweiz, Österreich, Frankreich und Deutschland, später kamen außereuropäische Länder wie die Vereinigten Staaten, Argentinien und Brasilien hinzu. Der absolute Wanderungsverlust des Friaul betrug von 1871 bis 1951 rd. 345 000 Personen[3]. Während die Abwanderung in außereuropäische Länder meist definitiven Charakter hatte, blieb bei den Emigranten in den europäischen Ländern der Wunsch nach einer Rückkehr in die Heimat erhalten. Es ist in dieser Zeit geradezu zum Charaktermerkmal des Friaulers geworden, auszuwandern und neue Erfahrungen zu sammeln, dabei aber seine Beziehungen zur Heimat aufrechtzuerhalten und nach mehr oder weniger langer Zeit zurückzukehren.

Für die meisten der friauler Auswanderer innerhalb Europas war deshalb die Emigration kein einmaliger und endgültiger Akt, sondern vielmehr eine Etappe in einer Reihe von Wanderungsentscheidungen, die über mehrere Stationen im Ausland wieder nach Friaul zurückführte.

---

1) noch heute bestehen in vielen Gebieten des Friaul Nutzungsbeschränkungen aus militärischen Gründen.
2) VALUSSI 1974, S. 884.
3) VALUSSI 1971, S. 775.

3. Regionale Entwicklungstendenzen

3.1. Wirtschaftliche Entwicklung

Nach dem Zweiten Weltkrieg wurde auch das Friaul allmählich von den wirtschaftlichen Auftriebskräften erfaßt. Die positive ökonomische Entwicklung Italiens, aber auch interne Faktoren wie Arbeitskräftereserven aus der Landwirtschaft sowie unternehmerische Initiativen, die aus der handwerklichen Tradition des Friaul entstanden waren, trugen zur Gründung und Erweiterung zahlreicher kleiner und mittlerer Industriebetriebe bei, vor allem in den Branchen Holz, Möbel und Mechanik.

Mit der Zunahme der Beschäftigten in Industrie und Handel von 200 700 auf 298 100 (+ 48,5 %) in der Region bzw. von 96 100 auf 182 700 (+ 90,0 %)[1] in den Provinzen Udine und Pordenone vollzog sich ein tiefgreifender Umbruch in der Erwerbsstruktur.

Tab. 2: Erwerbstätige nach Wirtschaftsbereichen 1951 bis 1971 (Anteile in %)

	Landwirtschaft 1951	Landwirtschaft 1971	Produz. Gewerbe 1951	Produz. Gewerbe 1971	Dienstleistungen 1951	Dienstleistungen 1971
Friaul (Region)	28,1	9,6	38,3	44,9	33,6	45,5
Prov. Udine + Pordenone	39,8	13,5	38,2	49,3	22,0	37,2
Italien	41,1	17,2	32,5	44,3	26,4	38,4

Quelle: ISTAT, Censimento della popolazione 1951, 1971

Innerhalb von 20 Jahren ging der Anteil der landwirtschaftlichen Bevölkerung in den Provinzen Udine und Pordenone von 39,8 auf 13,5 % zurück, während der Anteil der Industrie von 38,2 auf 49,3 % und der Dienstleistungen von 22,0 auf 37,2 % stieg. Damit war der Strukturwandel in den Kernprovinzen des Friaul stärker als in der Region und auch stärker als in Italien insgesamt.

---

1) SARACENO 1977, Tab. 21.

3.1.1. Landwirtschaft

Die Zahl der Beschäftigten in der Landwirtschaft verringerte sich von 163 000 im Jahr 1951 auf 116 000 (1961), 61 000 (1970) und schließlich sogar auf 34 000 (1975). Diese Flucht aus der Landwirtschaft hat ihre Ursachen nicht nur in schlechten natürlichen Produktionsbedingungen, sondern vor allem in der Besitzzersplitterung[1] sowie in fehlenden Modernisierungsmaßnahmen im betrieblichen und überbetrieblichen Bereich.

Der alpine Teil des Friaul war von diesem Strukturwandel besonders stark betroffen. Allein von 1961 bis 1970 ging die Zahl der Vollerwerbsbetriebe hier von 21 700 auf 15 600 (-28%) zurück. Demgegenüber betrug der Rückgang im Hügelgebiet 23 % und in der Ebene 15 %[2]. In der Entwicklung des Viehbestandes wird der desolate Zustand der Gebirgslandwirtschaft im Friaul besonders deutlich.

Tab. 3: Viehbestand nach geographischen Großräumen 1881 bis 1971

	1881 abs.	1930 abs.	1961 abs.	1971 abs.	1881/1971 %
Gebirge	51.827	43.644	27.613	19.417	-62,5
Hügelland	47.422	50.955	45.494	40.671	-14,2
Ebene	81.274	111.899	150.448	150.633	+85,3
Gesamt	180.523	199.259	223.555	210.721	+16,7

Quelle: PROST 1977, S. 156/SIMSIG o.J., S. 33/34.

In Karnien gab es 1925 noch 164 Almen mit 19 533 ha Weidefläche und rd. 16 000 Stück Vieh, 1968 nur noch 69 Almen mit 8 650 ha und 6 101 Stück Vieh[3]. Die Aufgabe der Bewirtschaftung hat sich dabei keineswegs auf abgelegene Hochweiden beschränkt, auch Flächen in unmittelbarer Dorfnähe werden häufig nicht mehr genutzt. Die Bedeutung der Gebirgslandwirt-

---

1) bei einer durchschnittlichen Betriebsgröße von 7 ha haben knapp 90 % aller Betriebe weniger als 10 ha.
2) Regione F.-V.G., Ass. Pianificazione: Compendio Statistico 1971, Tab. 6.6 .
3) PROST 1977, S. 188.

schaft geht damit immer mehr von ihrer ursprünglichen Beschäftigungsfunktion auf die bloße Eigenversorgung der Bevölkerung zurück.

3.1.2. Industrie

In den fünfziger und noch stärker in den sechziger Jahren erlebten die Provinzen Udine und Pordenone einen industriellen Aufschwung, während Triest durch den Verlust seines Hinterlandes und die politische Unsicherheit in seiner Entwicklung gehemmt wurde. Abb. 4 zeigt den Wandel in der Branchenstruktur, der mit diesem industriellen Wachstum einherging.

Das Wachstum der Industrie in den Provinzen Udine und Pordenone vollzog sich vor allem in den Branchen Holz, Möbel und Mechanik, die Textil- und Bekleidungsindustrie verlor dagegen stark an Bedeutung.

Die heutige Verteilung der industriellen Arbeitsplätze (Karte 4) wird wesentlich durch die Entwicklung der Jahre 1951 bis 1971 bestimmt, wie sie in Karte 3 dargestellt ist. Vor allem innerhalb eines Industriegürtels um die Provinzhauptstädte Udine und Pordenone ist eine dynamische Entwicklung zu beobachten. Daneben haben sich in einigen Zonen der Region, so z.B. im Gebiet zwischen Udine und Görz (Möbelindustrie im Raum Manzano - S. Giovanni al Natisone), im zentralen Hügelland (Osoppo - Majano) sowie an einer Reihe von Einzelstandorten (z.B. Tolmezzo im Norden) Komplexe von Klein- und Mittelbetrieben herausgebildet, die die Industriestruktur des Friaul prägen. Im nördlichen Friaul verlief die Entwicklung zwar auch positiv, insgesamt blieb die Schaffung neuer Arbeitsplätze hier aber weit hinter dem Bedarf zurück.

Über die regionale Entwicklung der Industrie von 1971 bis 1975 liegen nur fragmentarische Angaben vor. Die vorhandenen Daten deuten darauf hin, daß die Entwicklungstendenzen der sechziger Jahre im wesentlichen erhalten geblieben sind. Im zentralen Hügelland, das von den Beben 1976 mit am stärksten betroffen wurde, scheint sich die positive Entwicklung der sechziger Jahre von 1970 bis 1975 leicht verstärkt zu haben[1], wie auch eine Analyse der Rückwanderungen von Emigranten bestätigt[2].

---

1) Die Zahl der industriellen Arbeitsplätze nahm im Gebiet der "Comunità Collinare" von 1968 bis 1971 um rd. 500, von 1971 bis 1975 um rd. 1 000 zu. (Com. Collinare 1979).
2) DANIELI 1978, S. 21.

Branchenstruktur in der verarbeitenden Industrie nach Provinzen 1951/1971 Abb. 4

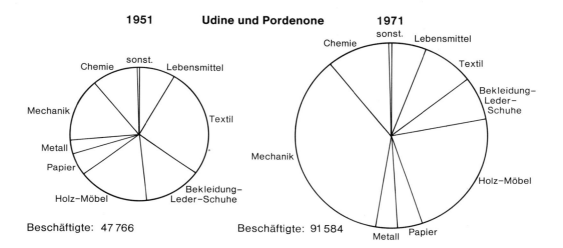

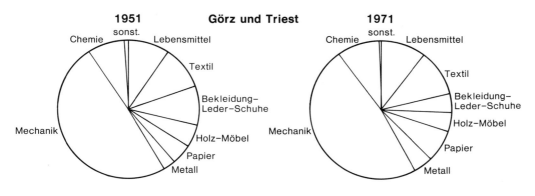

Quelle: ISTAT, Censimento dell'industria e del commercio 1951, 1971

Karte 3

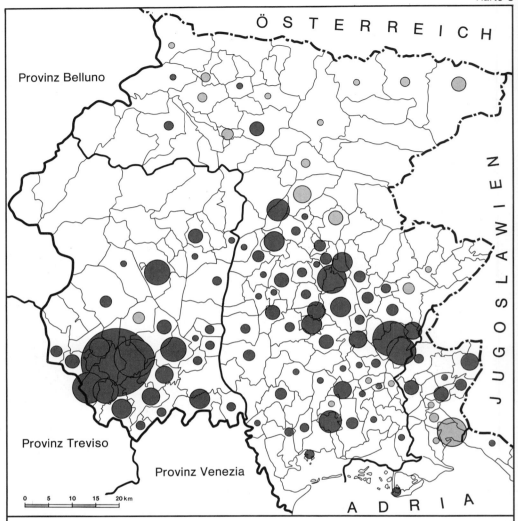

Beschäftigtenentwicklung in der Verarbeitenden Industrie 1951–1971

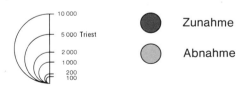

Quelle: ISTAT, Censimento dell' industria e del commercio 1951, 1971

Entwurf: R. Dobler   Kartographie: Geographisches Institut der TUM

Karte 4

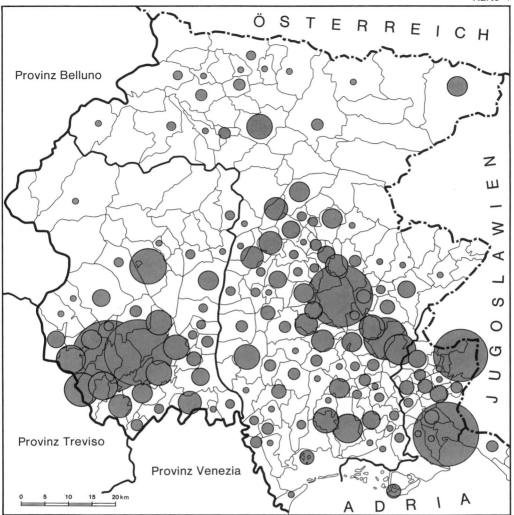

Beschäftigte in der Verarbeitenden Industrie 1971

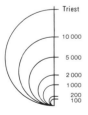

Quelle: ISTAT, Censimento dell' industria e del commercio 1971

Entwurf: R. Dobler   Kartographie: Geographisches Institut der TUM

3.1.3. Tertiärer Sektor und zentralörtliche Struktur

Mit dem industriellen Aufschwung nahm auch die Zahl der Arbeitsplätze im Dienstleistungsgewerbe deutlich zu. Davon haben vor allem die Provinzhauptstädte, aber auch die vielen kleineren zentralen Orte profitiert. Die dominierende Stellung der Provinzhauptstädte innerhalb eines in der Ebene sehr engmaschigen, im Norden dagegen recht dünnen Versorgungsnetzes tritt in Karte 5 klar hervor.

Da eine neuere Bestandsaufnahme der zentralen Orte des Friaul mit Versorgungsindizes nicht vorliegt, wird die Verteilung der Dienstleistungsarbeitsplätze als Indikator für die zentralörtliche Struktur benutzt. Eindeutig die höchste Zentralität weist demnach das ganz am Rand der Region gelegene Triest auf. Mit deutlichem Abstand folgen Udine und schließlich Pordenone und Görz. Oberzentrale Funktionen liegen vor allem in Triest, in geringerem Umfang in Udine. Görz und Pordenone wären entsprechend der in der deutschen Literatur üblichen Definition als Mittelzentren zu bezeichnen. Die übrigen zentralen Orte haben in der Ebene nur einen kleinen Einzugsbereich zu versorgen, während sich die Einzugsbereiche zum Gebirge hin stark ausdehnen. Extremstes Beispiel dafür ist Tolmezzo, das für den gesamten nordöstlichen Teil des Friaul den einzigen zentralen Ort auf der Ebene Unter- bis Mittelzentrum darstellt. Dabei treten Entfernungen bis zu 40 km auf, was bei der bestehenden Verkehrsinfrastruktur (siehe Karte 6) selbst mit dem Pkw Fahrzeiten bis zu einer Stunde bedeutet.

3.1.4. Fremdenverkehr

Der Fremdenverkehr wird innerhalb des tertiären Sektors gesondert betrachtet, weil er im allgemeinen im alpinen Bereich eine entscheidende Bedeutung für die sozioökonomische Entwicklung hat.

Tab. 4: Übernachtungen nach geographischen Großräumen 1958 bis 1974

	1958 in 1000	%	1965 in 1000	%	1974 in 1000	%
Gebirge	212	5,4	256	3,8	432	4,1
Küste	2.128	54,3	4.307	63,8	7.587	72,0
übr. Gebiete	1.580	40,3	2.187	32,4	2.519	23,9
Gesamt	3.920	(100)	6.750	(100)	10.538	(100)

Quelle: Regione F.-V.G., Ass. Pianificazione 1976, S. 164.

Karte 5

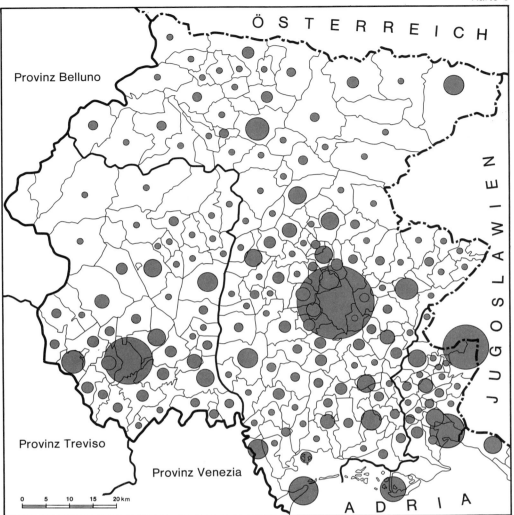

Beschäftigte im Dienstleistungsgewerbe 1971

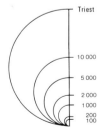

Quelle: ISTAT, Censimento dell' industria e del commercio 1971

Entwurf: R. Dobler   Kartographie: Geographisches Institut der TUM

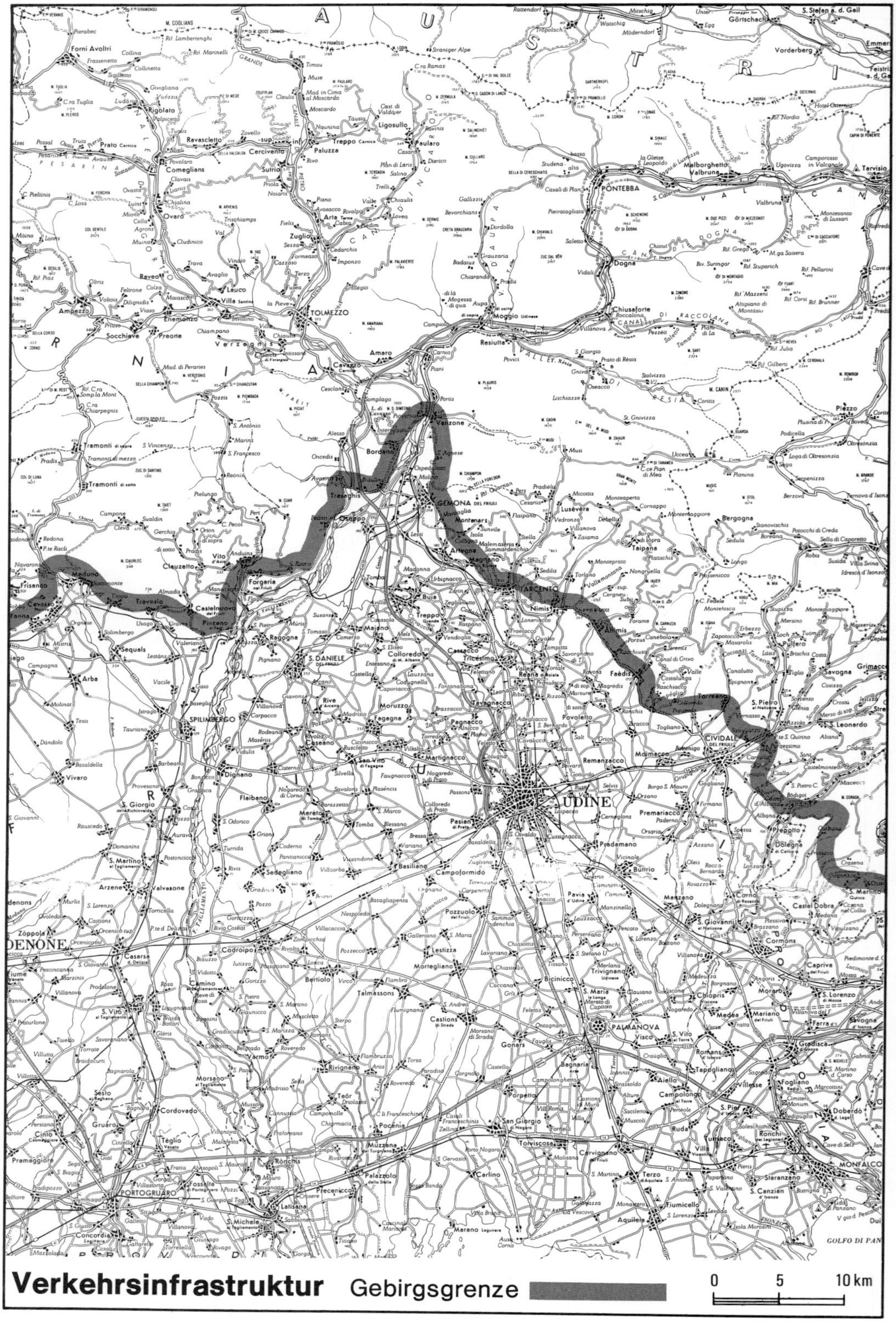

Karte 6

Verkehrsinfrastruktur Gebirgsgrenze   0 5 10 km

Während die Übernachtungen in den Badeorten an der Küste von
2,1 Mio.(1958) auf 4,3 Mio.(1965) und schließlich sogar 7,6
Mio.(1974) gestiegen sind, ergab sich im Gebirge nur eine Zunahme von 0,2 Mio.(1958) auf 0,4 Mio.(1974). Gegenüber Grado
und Lignano mit zusammen rd. 7 Mio.Übernachtungen hat der Fremdenverkehr im Gebirge nur eine verschwindend geringe Bedeutung.
Schlechte Erreichbarkeit und ein geringer Bekanntheitsgrad des
friauler Alpenteils gegenüber alternativen Reisezielen (z.B.
den Dolomiten) führten dazu, daß eine touristische Entwicklung
wie in anderen Alpenregionen ausblieb. Aber nicht nur im internationalen Fremdenverkehr, auch im inländischen Naherho-
lungsverkehr spielt der Norden des Friaul keine nennenswerte
Rolle.

Damit hat bisher im Norden des Friaul ein wesentlicher Faktor
gefehlt, der in anderen Bergregionen die Abwanderung der Bevölkerung gebremst hat. Die Aufgabe von landwirtschaftlichen
Betrieben ist auch deshalb im Friaul so weit fortgeschritten,
weil die Einkommen aus der Landwirtschaft nicht durch Einkünf-
te aus der Vermietung von Fremdenzimmern ergänzt werden konnten. Die fehlende Kombination von Landwirtschaft und Fremdenverkehr ist daher eine der Hauptursachen für Unterentwicklung
und Emigration in den Berggebieten des Friaul. Neue Fremden-
verkehrsformen wie "Ferien auf dem Bauernhof" lassen sich wegen der geringen Betriebsgrößen, dem schlechten Zustand der Gebäude und der Überalterung und geringen Innovationsbereitschaft
der ländlichen Bevölkerung trotz der naturräumlichen Attraktivität mancher Hochtäler nicht einführen, zumal das Erdbeben
einen großen Teil der traditionellen Bausubstanz vernichtet
hat.

3.2. Bevölkerungsentwicklung

Der hohe Geburtenüberschuß führte bei noch schwacher wirt-
schaftlicher Entwicklung in den fünfziger Jahren zu einer starken Abwanderung. Dagegen begann sich im folgenden Jahrzehnt die
Zunahme der Arbeitsplätze auszuwirken. Zwar verlor die Provinz
Udine nochmals 30 000 Einwohner durch Wanderungen, aber die
Provinz Pordenone wies bereits einen positiven Wanderungssaldo
von rd. 7 000 auf. In der Region insgesamt war der Saldo seit
1962 positiv, wenn man von einer Wiederbelebung der Emigration
in den Jahren 1965 bis 1968 absieht. Ab 1972 griff die günstige Entwicklung auch auf die Provinz Udine über und bewirkte
einen jährlichen Wanderungsgewinn von 2 000 bis 3 000 Personen.

Tab. 5: Bevölkerungsentwicklung 1951 bis 1975 in der Region Friaul-Julisch Venetien

	1951/1961 abs.	1961/1971 abs.	1971/1975 abs.
Geburtensaldo	+27.856	+23.819	+ 2.206
Wanderungssaldo	-49.679	-14.585	+28.815
Gesamtsaldo	-21.823	+ 9.234	+31.021
Wohnbevölkerung: 1951:	1.226.121		
1961:	1.204.298		
1971:	1.213.532		
1975:	1.244.553		

Quelle: Regione F.-V.G., Ass. Pianificazione 1976, S. 44/45
Regione F.-V.G., Ass. Pianificazione 1977 A, S. 34.

Emigration und Rückwanderung führten zu einer Umverteilung der Bevölkerung innerhalb der Region zugunsten der wirtschaftlich aufstrebenden Zentren in Hügelland und Ebene.

Tab. 6: Bevölkerungsentwicklung 1921 bis 1971 nach geographischen Großräumen - Provinz Udine/Pordenone

	1921 abs.	1951 abs.	21/51 %	1971 abs.	51/71 %	21/71 %
Gebirge	151.856	132.678	-12,6	93.504	-29,5	-38,4
Hügelland	249.801	221.490	-11,3	194.620	-12,1	-22,1
Ebene	515.475	574.950	+11,5	625.104	+ 8,7	+21,3
Gesamt	917.132	929.118	+ 1,3	913.228	- 1,7	- 0,7

Quelle: PROST 1977, S. 91.

Gegenüber dem Zeitraum 1921 bis 1951 hat sich die regional ungleichgewichtige Entwicklung von 1951 bis 1971 noch verstärkt. Während der alpine Teil des Friaul einen Rückgang der Bevölkerung um rd. 39 000 (- 29, 5 %) hinnehmen mußte, nahm die Bevölkerung in der Ebene um rd. 50 000 (+ 8,7 %) zu.

Karte 7 zeigt, daß im Gebirge nur Tolmezzo, das Zentrum Karniens, eine positive Entwicklung hatte. Die übrigen verkehrsgünstig gelegenen Talgemeinden verloren von 1951 bis 1971 zwischen 20 und 30 % an Bevölkerung, während in abgelegenen Berggemeinden Verluste zwischen 40 und 60 % keine Seltenheit sind.

Karte 7

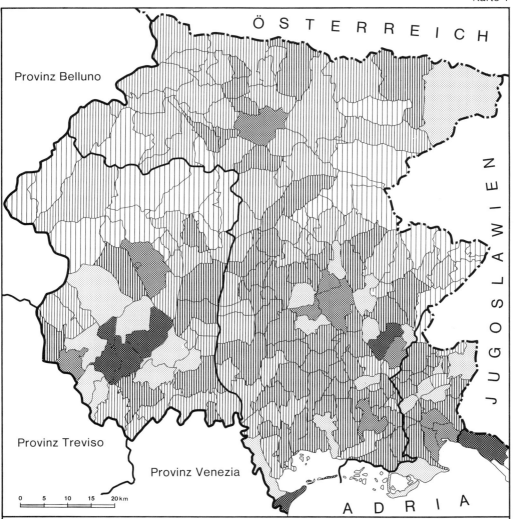

Bevölkerungsentwicklung 1951 – 1971

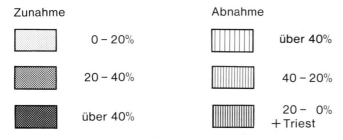

Quelle: ISTAT, Censimento della popolazione 1951, 1971

Entwurf: R. Dobler

Kartographie: Geographisches Institut der TUM

In den meisten Berggemeinden setzte sich die ungünstige Entwicklung in den siebziger Jahren fort. Dagegen deutet sich in bestimmten Bereichen des Hügelgebietes ein Umschwung an. Neue Industriezonen wie in Rivoli di Osoppo regten die Rückwanderung an und führten zu innerregionalen Bevölkerungsverlagerungen (vgl. Karte 8).

Die räumliche Verteilung der Bevölkerung im Jahr 1975 ist in Karte 9 dargestellt. Die Konzentration auf die Provinzhauptstädte sowie die zahlreichen Orte im Süden der Region ist deutlich zu erkennen. Im Norden des Friaul lebt der Großteil der Einwohner an den Verkehrsachsen in den Tälern. Daneben besteht weiterhin ein Netz verstreuter Bergdörfer, in denen nur noch ein kleiner Teil der früheren Bevölkerung lebt.

Nicht nur in den absoluten Einwohnerzahlen, auch in der Bevölkerungsstruktur sind die Folgen der Emigration sichtbar. Sowohl bei der temporären[1] als auch bei der definitiven Abwanderung sind die jungen, aktiven Jahrgänge zwischen 20 und 40 überproportional vertreten. Dagegen hat ein großer Teil der Rückwanderer bereits das Pensionsalter erreicht. Damit hat sich die Altersstruktur in den Abwanderungsgemeinden sehr verschlechtert. Wie Karte 10 zeigt, liegt der Anteil der Personen über 59 Jahren in vielen Berggemeinden zwischen 25 und 35 % gegenüber Werten um 15 % in den attraktiveren Gebieten der Ebene. Altersstruktureffekte werden deshalb in den nächsten Jahren zu einer weiteren Verminderung der Bevölkerung dieser Gemeinden führen.

Zusammenfassend kann gesagt werden, daß sich mit der wirtschaftlichen Entwicklung auch die demographische Situation des Friaul völlig geändert hat. Während bis zur Mitte der sechziger Jahre ein Mangel an Arbeitsplätzen bestand, der zu einer - auch im Vergleich mit anderen italienischen Regionen - starken Abwanderung der erwerbsfähigen Bevölkerung führte, machte sich in den siebziger Jahren ein zunehmender Arbeitskräftemangel bemerkbar. Damit konnte erstmals seit über 100 Jahren die Emigration gestoppt und wieder ein positiver Wanderungssaldo erreicht werden.

Trotz dieser insgesamt günstigen Entwicklung darf nicht übersehen werden, daß die Arbeitsmarktlage im Norden des Friaul

---

[1] mit der wirtschaftlichen Belebung ist der Anteil der temporären Emigranten an der Wohnbevölkerung von 12,7 % (1961) auf 4,7 % (1971) zurückgegangen (Provinz Udine und Pordenone).

nach wie vor sehr kritisch ist und daß durch die langjährige Abwanderung Tatsachen geschaffen worden sind, die die Entwicklungschancen der Berggebiete stark beeinträchtigen.

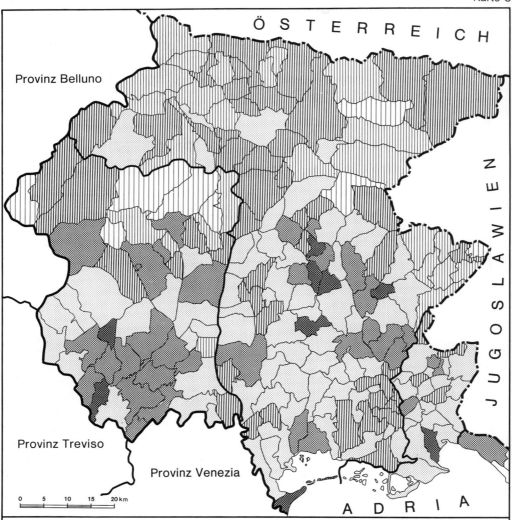

Bevölkerungsentwicklung 1971 – 1975

Zunahme
- 0 – 5%
- 5 – 10%
- über 10%

Abnahme
- über 10%
- 10 – 5%
- 5 – 0% + Triest

Quelle: ISTAT, Popolazione e movimento anagrafico dei comuni

Entwurf: R. Dobler   Kartographie: Geographisches Institut der TUM

Karte 8

Karte 9

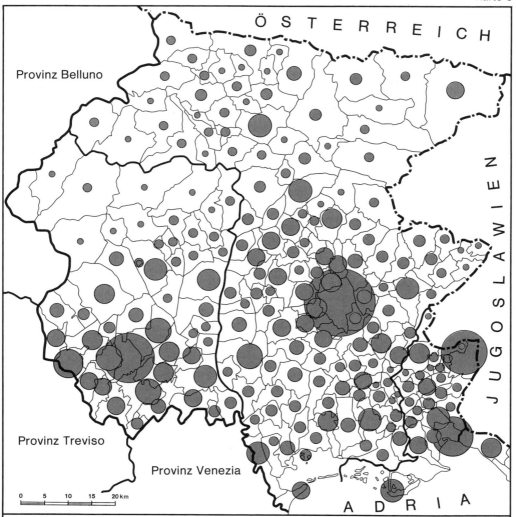

Wohnbevölkerung 1975

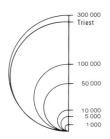

Quelle: ISTAT, Popolazione e movimento anagrafico dei comuni

Entwurf: R. Dobler   Kartographie: Geographisches Institut der TUM

Karte 10

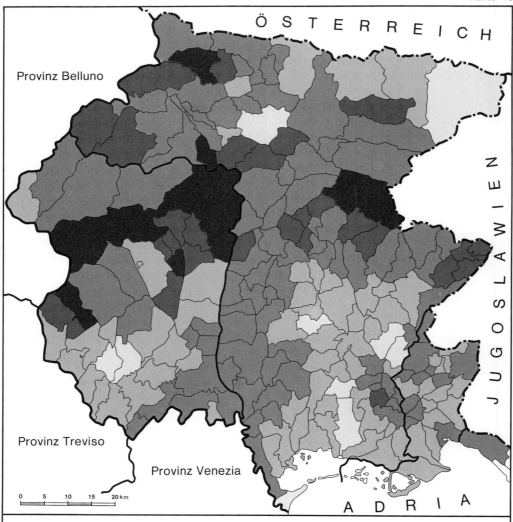

Altersstruktur – Anteil der über 59-jährigen 1970

- unter 15%
- 15 – 20%
- 20 – 25%
- 25 – 30% + Triest
- 30 – 35%

Quelle: ISTAT, Censimento della popolazione 1971

Entwurf: R. Dobler

Kartographie: Geographisches Institut der TUM

Kapitel III.:

DIE AUSWIRKUNGEN DER BEBEN VON 1976

1. Die Erdbeben von Friaul 1976

1.1. Abgrenzung des betroffenen Gebiets

1976 ereigneten sich im Friaul zwei verheerende Erdbeben, die bis weit über die Grenzen des Katastrophengebietes hinaus verspürt wurden und auch in Mitteleuropa die Bedrohung des Menschen durch Naturkatastrophen wieder bewußt gemacht haben. Das Hauptbeben vom 6. Mai mit dem Epizentrum zwischen Gemona und dem Lago di Cavazzo hatte eine Stärke von 6,4 auf der Richterskala bzw. von IX - X auf der Mercalli-Skala[1] und verwüstete ein Gebiet von rd. 4 800 km^2 mit einer halben Million Einwohnern (GEIPEL 1977, S. 48). Nach einer Periode zahlreicher schwächerer Erdstöße ereignete sich am 15. September weiter nördlich ein zweites Beben mit der Stärke 6,1 R, das die Schäden durch das Mai-Beben weiter vergrößerte und vor allem der betroffenen Bevölkerung einen neuen Schock versetzte.

Neben den kulturhistorisch und städtebaulich bekannten, im Zentrum des Bebens gelegenen Städten Gemona und Venzone wurden große Teile Karniens, der Voralpen und des Moränenhügellandes schwer betroffen. Damit wurde der Kern des friauler Kulturraumes und gleichzeitig das ökonomisch am weitesten zurückgebliebene Gebiet innerhalb des Friaul zerstört oder schwer beschädigt.

Insgesamt wurden durch die beiden Beben fast 1 000 Einwohner getötet, 2 400 verletzt sowie die Wohnungen von 32 000 Einwohnern zerstört und von 157 000 beschädigt[2].

Der Anteil der Obdachlosen in den einzelnen Gemeinden - insgesamt rd. 88 800 - gibt einen ungefähren Eindruck vom Ausmaß der Katastrophe.

---

[1]
Mercalli-Skala	I	II	III	IV	V	VI	VII
Richter-Skala	0,7	1,4	2,1	2,8	3,5	4,2	4,9

Mercalli-Skala	VIII	IX	X	XI	XII
Richter-Skala	5,2	6,3	7,0	7,7	8,7

Quelle: F. BRESSAN 1977, S. 22.

[2] GEIPEL 1977, S. 48.

Tab. 7: Obdachlosigkeit im Dezember 1976

Anteil der Obdachlosen an der Wohnbevölkerung	Anzahl der betroffenen Gemeinden Provinz		
	Udine	Pordenone	Gesamt
80 - 100 %	10	6	16
60 - 80 %	13	1	14
40 - 60 %	9	2	11
20 - 40 %	7	2	9
0 - 20 %	36	27	63
Gesamt	75	38	113
Gemeinden insgesamt	137	51	188

Quelle: ITALSTAT, Piano-quadro di rinascità del Friuli, Roma 1976, nach VALUSSI 1977, S. 117.

Die mehrfach geänderte amtliche Abgrenzung des Katastrophengebietes unterscheidet zwischen zerstörten (disastrati), schwer beschädigten (gravemente danneggiati) und beschädigten (danneggiati) Gemeinden (vgl. Karte 11).

Danach sind 45 Gemeinden als zerstört, 40 als schwer beschädigt und 52 als beschädigt zu bezeichnen. Stark betroffen sind im wesentlichen die ersten beiden Kategorien, in der dritten Kategorie sind die Schäden nur noch gering[1].

Tab. 8: Amtliche Einteilung der Gemeinden in Betroffenheitskategorien

	Provinz			Gesamt	Einwohner
	Udine	Pordenone	Görz		
zerstörte Gemeinden	32	13	-	45	103.662
schwer beschädigte Gemeinden	35	5	-	40	132.603
beschädigte Gemeinden	31	18	3	52	350.746

Quelle: Regione Cronache Ott. 1978, S. 150.

---

1) Bei der Zuordnung einzelner Gemeinden spielten neben sachlichen Kriterien auch politische Einflüsse eine Rolle, mit denen einflußreichen Industriebetrieben die Zuteilung öffentlicher Förderungsmittel ermöglicht werden sollte.

Karte 11

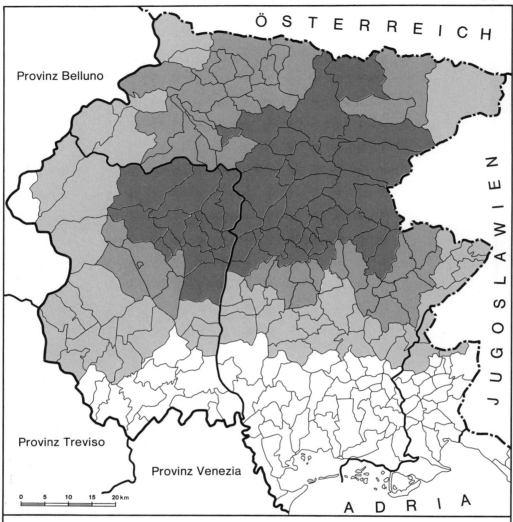

Amtliche Abgrenzung der Betroffenheit

■ Zerstörte Gemeinden (comuni disastrati)

▨ Schwer beschädigte Gemeinden (comuni gravemente danneggiati)

▧ Beschädigte Gemeinden (comuni danneggiati)

Quelle: Regione Cronache Aprile–Ott. 1978

Entwurf: R. Dobler   Kartographie: Geographisches Institut der TUM

Das wirklich schwer betroffene Gebiet, 85 Gemeinden mit
236 265 Einwohnern, liegt zum größten Teil im Norden der Provinz Udine, dem Hauptabwanderungsgebiet des Friaul. Im südlichen Teil dieses Gebietes, dem zentralen Hügelland, hat sich
in den 70er Jahren eine positive Entwicklung abgezeichnet,
während sich in den Gebirgsgemeinden die negativen Tendenzen
fortsetzten. Bei der Analyse der Auswirkungen der Beben für
Bevölkerung und Wirtschaft muß deshalb immer berücksichtigt
werden, daß zwei völlig unterschiedliche Gebietstypen von den
Beben betroffen wurden:

- verkehrsgünstig gelegene Entwicklungsgebiete, die in den
  letzten Jahren eine Zunahme der Arbeitsplätze, einen Umschwung in der Wanderungsentwicklung und damit eine positive demographische Entwicklung zu verzeichnen hatten.

- schlecht erschlossene Entleerungsgebiete mit rückläufigem
  Arbeitsplatzangebot, anhaltender Abwanderung und allen Folgeproblemen der sozialen Erosion.

1.2. Hilfs- und Planungsmaßnahmen

1.2.1. nach dem Mai-Beben

Unmittelbar nach dem Bekanntwerden der Katastrophe begannen
die Hilfsmaßnahmen, die durch eine starke internationale Solidarität getragen wurden. Die Konzentration eines großen
Teils des italienischen Heeres im Friaul[1] erwies sich in dieser Situation als Vorteil. Zusammen mit schnell zu Hilfe gekommenen Heereseinheiten aus befreundeten Ländern sowie zahlreichen nationalen Hilfsorganisationen konnten innerhalb von
ein bis zwei Wochen zumindest die Gefahren für Leben und Gesundheit reduziert werden (1. Phase der Katastrophenbewältigung). Bis Ende Mai wurden rd. 16 000 Zelte als Notunterkünfte aufgestellt, in denen rd. 75 000 Personen untergebracht
waren. Weitere 12 000 Personen wurden aus dem gefährdeten Gebiet evakuiert (BARBINA 1977, S. 623).

Trotz der enormen Zerstörungen gab es unmittelbar nach dem
Mai-Beben keine Wiederbelebung der Emigration. Bei dem Großteil der Bevölkerung bestand der feste Wille zum baldigen
Wiederaufbau. Die Befürchtung eines ähnlichen Schicksals wie

---

[1] BARBINA spricht von etwa 2/3 des italienischen Heeres
    (1977, S. 614).

der Bevölkerung von Belice[1] führte zur Ablehnung der Unterbringung in Baracken und zur Bildung der Parole "Dalle tende alle case" (Aus den Zelten in die Häuser). Man wollte also die 2. Phase des Wiederaufbaus, die provisorische Wiederherstellung der wichtigsten Funktionen überspringen und gleich zur 3. Phase, dem definitiven Wiederaufbau übergehen[2]. In dieser Situation begannen viele "terremotati" mit der Reparatur ihrer beschädigten Häuser, der Wiederaufbau der zerstörten Wohnungen ließ aber auf sich warten. Die prekäre Lage der Obdachlosen, angesichts der kurzen Zeit bis zum Einbruch des Winters, führte nicht zu den erforderlichen Konsequenzen. Die völlig unzureichende Vorbereitung von Verwaltung und Planung für die Bewältigung der zu lösenden Aufgaben wurde überdeutlich. Pläne für die Koordination der Maßnahmen existierten nicht und eine unklare Kompetenzverteilung zwischen Rom und Triest verstärkte die Schwierigkeiten. Am 7. Mai wurde von der römischen Regierung ein Notstandskommissar eingesetzt, der bis zum 27. Juli für die Planung der Nothilfemaßnahmen zuständig war[3].

Die für den Wiederaufbau zuständige Region verabschiedete zwar bereits am 7. Juni das erste Gesetz über die Reparatur beschädigter Häuser[4], verzögerte aber durch bürokratische Prozeduren die Durchführung dieses Gesetzes. Auch bei Planung und Koordinierung der eigenen Maßnahmen wie der Unterstützung der verschiedenen im Friaul tätigen Hilfsorganisationen zeigten sich viele Mängel. Mit ein Grund für die geringe Effizienz der Planung unmittelbar nach dem Beben waren die am 20. Juni stattfindenden Parlamentswahlen in Italien, die dazu führten, daß den Erdbebenopfern zwar viele Versprechungen gemacht wurden, daß aber davon zunächst wenig in die Praxis umgesetzt wurde. Zu diesen politisch-administrativen Problemen kamen noch Schwierigkeiten bei der Ausweisung geeigneter Gebiete für den Bau von Notunterkünften bzw. neuen Häusern hinzu. Neben dem grundsätzlichen Widerstand gegen den Bau von Baracken-

---

1) im Valle del Belice in Sizilien ereignete sich 1968 ein schweres Erdbeben mit 231 Toten und 623 Verletzten (CALDO 1973, S. 300). Von den 50 000 Obdachlosen lebt noch heute der größte Teil in Barackensiedlungen. Von 14 000 geplanten Häusern waren 1976 erst 266 gebaut (CAGNONI 1976, S. 268).
2) Diese Darstellung lehnt sich an G. BARBINA (1976) an, der den Wiederaufbau in 3 Phasen einteilt:
1. Nothilfemaßnahmen, 2. provisorische Wiederherstellung der Daseinsgrundfunktionen, 3. endgültiger Wiederaufbau.
3) Nationalgesetz Nr. 996, Art. 5.
4) Regionalgesetz Nr. 17 v. 7.6.76.

siedlungen gab es oft Probleme mit Grundstückeigentümern, außerdem fehlten geologische Unterlagen, aus denen sich Hinweise bezüglich der seismischen Gefährdung des notwendigen Baugeländes hätten ableiten lassen. Der Wiederaufbau der Häuser kam deshalb nur langsam voran, während die Erholung der Wirtschaft rasche Fortschritte machte (vgl. Kap. III.4.). Durch die Reparatur beschädigter Häuser und die Unterbringung von Erdbebenopfern bei Verwandten und Bekannten hatte sich die Zahl der Obdachlosen, die provisorisch in Zeltstädten untergebracht waren, bis Anfang September auf 45 000 verringert. Von den 12 000 in Auftrag gegebenen Fertighäusern waren bis Ende September erst 300 aufgestellt[1].

1.2.2. nach dem September-Beben

Mit dem Beben vom 15. September wurden nicht nur viele der beschädigten und inzwischen notdürftig reparierten Häuser endgültig zerstört, viel schlimmer waren die psychologischen Auswirkungen dieser zweiten Katastrophe nach so kurzer Zeit. Der immer noch große Optimismus der Bevölkerung, der Traum vom schnellen Wiederaufbau, aber auch die Illusion der Behörden von einer raschen Bewältigung der Krisensituation wurden drastisch korrigiert. Die Zahl der Obdachlosen stieg wieder auf 70 000[2]. Angesichts des nahen Winters stellte sich das Problem der Unterbringung dieser Menschen nun in aller Schärfe. Die Befugnisse für die Koordinierung der weiteren Hilfsmaßnahmen waren schon am 13.9.1976 von der überforderten Region wieder an den Sonderkommissar ZAMBERLETTI übertragen worden, nach dem September-Beben wurden sie nochmals erweitert[3]. Trotz der damit verbundenen Effektivierung von Planungs- und Durchführungsmaßnahmen war es nicht mehr möglich, bis zum Winter für alle Obdachlosen eine Notunterkunft zu schaffen. Die Evakuierung eines Teils der Bevölkerung wurde unvermeidlich. Bis zum Oktober wurden rd. 32 000 Personen in den Hotels an der Küste untergebracht[4]. Mit dem beginnenden Vollzug des Fertighausprogramms reduzierte sich diese Zahl allmählich und ermöglichte es vielen Erwerbstätigen, die langwierige Fahrt von der Küste zu den Arbeitsplätzen zu vermeiden. Auf die Nähe zum Arbeitsplatz angewiesene Berufsgruppen, vor allem Landwirte, verzichteten meist ohnehin auf die Evakuierung und verbrachten den Winter in - z. T. selbst gezimmerten - Notquartieren. Ende des Jahres 76 sah die Lage da-

---

1) Zeit vom 1.10.76.
2) BARBINA 1977, S. 626.
3) Erlaß Nr. 648 vom 18.9.76.
4) GEIPEL 1977, S. 76.

mit folgendermaßen aus: Rd. 25 000 Personen waren in neu errichtete Prefabbricati, provisorische Unterkünfte und Eisenbahnwagen eingezogen, 15 000 wurden in Wohnwagen untergebracht, 1 000 lebten immer noch in Zelten und die Zahl der Evakuierten betrug noch rd. 26 000[1]. Der Bau der Prefabbricati machte nun rasche Fortschritte. Bis Ende April 1977 wurden insgesamt rd. 21 000 Prefabbricati errichtet, davon 49 % durch das Sonderkommissariat, 45 % durch die Region und 6 % durch öffentliche und private Hilfsorganisationen[2]. Damit wurde Wohnraum für 65 000 Personen geschaffen, und die Evakuierten konnten rechtzeitig vor Beginn der Saison aus den Ferienorten in ihre Heimatgemeinden zurückkehren. Mit dem Abschluß des Fertighausprogramms und der Rückkehr der Evakuierten endete die Amtszeit des Sonderkommissars. Von nun an lagen die Kompetenzen für den Wiederaufbau wieder in den Händen der Region.

Bevor wir zu den Maßnahmen des Staates und der Regionalregierung innerhalb des längerfristigen Wiederaufbaus kommen, sollen zunächst die Folgen des Erdbebens etwas genauer beleuchtet werden.

2. Analyse der verursachten Schäden

2.1. Gesamtüberblick

Eine vorläufige Schätzung der finanziellen Schäden des Mai-Bebens, die von einem Wissenschaftler-Team unter der Leitung von di SOPRA in Zusammenarbeit mit dem Planungsamt der Region erstellt wurde, kommt zu folgendem Ergebnis[3].

---

1) BARBINA 1977, S. 17.
2) di SOPRA 1977.
3) di SOPRA 1977.

Tab. 9: Erdbebenschäden nach der Schätzung von di SOPRA

(1 DM = 350 Lire[1])	in Mrd. Lire	in Mio. DM
Schäden im Produktionsbereich	1.256,2	3.589
Direkte Schäden	335,4	958
Landwirtschaft	202,6	579
Industrie	95,7	273
Handwerk	17,8	51
Handel/Dienstleistungen	19,3	55
Folgeschäden	920,8	2.631
durch Produktionsrückgang	608,9	1.740
durch Einkommenswirkungen	112,0	320
durch innerregionale Verflechtungen	199,9	571
Schäden am Siedlungssystem	2.018,9	5.768
Schäden an Wohnungen	1.314,8	3.756
Zerstörung von Wohnungen	397,3	1.135
Beschädigung von Wohnungen	689,3	1.969
erforderliche Sanierungsmaßnahmen	171,1	489
Schäden an Nebenräumen	41,0	117
Wohnungseinrichtungen	16,1	46
Schäden an öffentlichen Einrichtungen	704,2	2.012
kommunale technische Infrastruktur	48,1	137
kommunale soziale Infrastruktur	279,2	798
regionale Infrastrukturen	66,9	191
Kulturgüter	310,0	886
Hydrogeologische Schäden	145,0	414
Gesamtschäden	3.420,1	9.772

Quelle: di SOPRA 1977.

---

[1] dieser Wechselkurs wird bei allen folgenden Angaben zugrundegelegt

Die weiteren Schäden durch das September-Beben wurden nicht mehr detailliert untersucht, man begnügte sich vielmehr mit der Feststellung, daß die Gesamtschäden etwa um 20 - 30 % gestiegen seien. Damit würde sich der finanzielle Schaden des Bebens insgesamt auf 4 000 bis 4 500 Mrd. Lire (etwa 12 - 13 Mrd. DM) belaufen. Davon entfallen rd. 7 Mrd. DM auf den Produktionsbereich und 4,5 Mrd. DM auf den Siedlungsbereich.

Damit wäre der finanzielle Schaden im Friaul größer als bei allen in Tab. 1 aufgeführten Katastrophen. Angesichts der keineswegs außergewöhnlichen Intensität des Bebens (vgl. Tab. 43) und der Tatsache, daß keine größere Stadt unmittelbar betroffen wurde, sind Zweifel an der Zuverlässigkeit dieser Schätzung angebracht. Die in Kap. I.2.3. angesprochene Überschätzung der Schäden scheint sich auch im Friaul zu bestätigen. Insbesondere die Folgeschäden über Produktionsausfall, Lieferverflechtungen und Einkommenswirkungen wurden stark überbewertet, wie in Kap. III.2.3. noch eingehend gezeigt wird. Die Vermutung liegt nahe, daß die Auswirkungen des Bebens besonders negativ dargestellt werden sollten, um die römische Regierung unter Druck zu setzen und eine möglichst günstige Regelung der Wiederaufbaufinanzierung zu erreichen. Tatsächlich wurde vom römischen Parlament im August 1977 ein Sondergesetz[1] mit einer Gesamtsumme von 2 375 Mrd. Lire (etwa 7 Mrd. DM)[2] innerhalb eines Zeitraums von 5 Jahren für den Wiederaufbau und 675 Mrd. Lire (2 Mrd. DM) für die wirtschaftliche Belebung des Friaul mit Hilfe großer Infrastrukturvorhaben[3] beschlossen.

Die Frage nach der Bedeutung von Katastrophen als Entwicklungsbeeinträchtigung oder Entwicklungsimpuls erweist sich daher am Beispiel des Friaul als durchaus berechtigt. Einerseits besteht die Gefahr, daß die Zerstörung von Wohnungen und Arbeitsplätzen den beginnenden Aufschwung zunichtemacht und einen Wiederanstieg der Emigration verursacht, andererseits bietet sich mit den zur Verfügung gestellten Mitteln die Chance, überholte Strukturen zu erneuern und damit den Grundstein für einen verstärkten Aufschwung zu legen. Welche der beiden Möglichkeiten sich im Friaul abzeichnet, soll die

---

1) Nationalgesetz Nr. 546 vom 8.8.1977.
2) für das Valle del Belice wurde vom Staat die vergleichsweise bescheidene Summe von 600 Mrd. Lire zur Verfügung gestellt - der geringste Teil davon erreichte die Betroffenen (CAGNONI 1976, S. 268).
3) dazu gehören vor allem der Bau der Autobahn Udine-Tarvis, der zweigleisige Ausbau der Pontebbana sowie die Universität Udine.

folgende Analyse der Schäden, der Förderungsmaßnahmen und der sozioökonomischen Entwicklungstendenzen nach dem Beben zeigen.

2.2. Schäden in der Landwirtschaft

Exakte Angaben über die Schäden im Bereich der Landwirtschaft fehlen. Ursache ist die schlechte Datenlage schon vor dem Beben; es ist z.B. nicht bekannt, wie viele landwirtschaftliche Gebäude und Flächen zu diesem Zeitpunkt in den einzelnen Gemeinden noch genutzt wurden. Hinzu kommt, daß viele Landwirte nicht ausreichend über Entschädigungsverfahren informiert waren und daher die notwendigen Anträge gar nicht oder verspätet stellten.

Innerhalb des betroffenen Gebietes[1] mit 481 200 ha gab es 1970 45 816 landwirtschaftliche Betriebe, davon 19 500 viehwirtschaftliche Betriebe mit 104 897 Stück Vieh (∅ 5,4 Stück je Betrieb). Die landwirtschaftliche Nutzfläche betrug 355 500 ha. Davon wurden 1 500 - 2 000 ha durch Bergstürze und Erdrutsche zerstört[2]. Schätzungen gehen dahin, daß etwa 28 000 Betriebe mehr oder weniger stark beschädigt wurden[3]. Rund 5 000 Ställe wurden zerstört oder schwer beschädigt[4], 2 250 Stück Vieh kamen beim Erdbeben ums Leben oder mußten geschlachtet werden, 9 500 Stück wurden vorübergehend in Ställe in der Ebene verlegt[5].

Nach der Schätzung von PRESTAMBURGO[6] verteilen sich die Schäden im Bereich der Landwirtschaft folgendermaßen:

---

[1] In den zwei am stärksten betroffenen Zonen waren es 32 300 Betriebe. In der zerstörten Zone gab es 1975 rd. 6 000 viehwirtschaftliche Betriebe mit 24 000 Stück Vieh (∅ 4 Stück je Betrieb).
[2] Regione F.-V.G., Consiglio Regionale 1977, S. 2.
[3] di SOPRA 1977.
[4] davon hatten nur 1 000 mehr als 5 Stück Vieh. SIMSIG 1976, S. 41.
[5] BARBINA 1977, S. 619.
[6] in: di SOPRA 1977, S. 18.

Tab. 10: Erdbebenschäden in der Landwirtschaft - Schätzung von PRESTAMBURGO

	in Mrd. Lire	in Mio. DM
Wohngebäude	212	606
Betriebliche Einrichtungen	171	489
Ställe, Lagerräume	158	451
Tierbestand	3	9
Maschinen, Ausrüstungen	10	29
Verarbeitungs-, Vermarktungseinrichtungen	4	11
Überbetriebliche Infrastruktur	54	154
Folgeschäden (Produktionseinbußen)	50	143
Gesamtschaden ohne Wohngebäude	279	797
Gesamtschaden mit Wohngebäuden	491	1.403

Quelle: PRESTAMBURGO, in: di SOPRA 1977, S. 18.

Die Schäden an den Wohngebäuden machen demnach rd. 43 % der Gesamtschäden in der Landwirtschaft aus. An zweiter Stelle stehen die Schäden an Ställen und Lagerräumen mit 35 %, während die Schäden am Viehbestand und an der maschinellen Ausstattung relativ niedrig sind (3 %). Bei der Berechnung der Produktionseinbußen (10 %) wurde ein Zeitraum von drei Jahren und ein Produktionsausfall von 9 % zugrundegelegt.

Bis 1978 wurden 3 800 Anträge auf die Gewährung günstiger Kredite mit einer Summe von 22 Mrd. Lire (63 Mio. DM) gestellt[1]. Davon wurden bis 1978 2 140 Anträge genehmigt und eine Summe von 9 Mrd. Lire (26 Mio. DM) ausbezahlt[2]. Einschließlich weiterer Maßnahmen zur Förderung der Viehzucht, zur Wiederherstellung von Gemeinschaftseinrichtungen sowie für infrastrukturelle Arbeiten wurden bis Mai 78 insgesamt 47 Mrd. Lire (134 Mio. DM) von der Region ausbezahlt[3].

Auch wenn man berücksichtigt, daß einige Landwirte aus Unkennt-

---

1) Regionalgesetz Nr. 35 vom 29.7.1976 regelt die Entschädigung der betroffenen Landwirte, Regionalgesetz Nr. 7 vom 21.1.1977 die Auszahlung der Gelder durch die ERSA (Ente Regionale di Sviluppo Agricoltura).
2) Regione Cronache 97/1978, S. 27.
3) Regione Cronache 97/1978, S. 29.

nis der neuen Gesetze von den bestehenden Möglichkeiten keinen Gebrauch gemacht haben und daß die Bereitstellung der Gelder nicht den wirklichen Bedürfnissen gerecht werden konnte, so wird doch deutlich, daß die oben angeführte Schadensschätzung stark überhöht ist. Man kann davon ausgehen, daß von 6 000 viehwirtschaftlichen Betrieben in der zona disastrata rd. 5 000 schwer beschädigt wurden, weitere 5 000 dürften in den anderen beiden Zonen erheblich beschädigt worden sein. Die Höhe der Schäden an den Betriebseinrichtungen (ohne Wohngebäude) dürfte kaum über 50 Mrd. Lire (143 Mio. DM) hinausgehen. Das entspricht einem durchschnittlichen Schaden von 5 Mrd. Lire (14 Mio. DM).

Bei der Bewertung dieser Schäden ist es notwendig, sich noch einmal die Agrarstruktur des betroffenen Gebietes vor Augen zu führen. Auch im Gebirge ist die Bedeutung der Landwirtschaft als Beschäftigungsfaktor stark zurückgegangen. Ein großer Teil der Betriebe wird im Nebenerwerb geführt, nur für wenige Betriebsinhaber ist die Landwirtschaft die einzige Einkommensquelle. In dieser Situation bedeuten die zweifellos gravierenden Schäden im Agrarsektor primär eine weitere Benachteiligung wirtschaftlich und sozial ohnehin schon am Rande stehender Gruppen. Der Arbeitsmarkt wird dagegen von den Folgen des Bebens für die Landwirtschaft nur wenig berührt.

Zusammenfassend kann daher gesagt werden, daß trotz schwerer Schäden für die einzelnen Betriebe kein grundlegender Wandel in der Agrarstruktur eingetreten ist. Weder für den Arbeitsmarkt noch für die Bevölkerungsentwicklung haben sich daraus zusätzliche negative Einflüsse ergeben. Das bedeutet andererseits, daß sich die schon vor dem Beben stark rückläufige Entwicklung der Landwirtschaft fortsetzt. Die langfristig bestehenden sozioökonomischen Veränderungsprozesse haben hier einen wesentlich nachhaltigeren Einfluß als ein verheerendes Erdbeben.

2.3. Schäden in der Industrie

2.3.1. Direkte Schäden

Im Bereich der Industrie lassen sich die Schäden leichter quantifizieren als in der Landwirtschaft. Gemäß Regionalgesetz Nr. 28 vom 1.7.76 mußten alle beschädigten Betriebe innerhalb von 90 Tagen einen Antrag bei der Industrie- und Handelskammer von Udine bzw. Pordenone stellen, um ihren Anspruch auf Entschädigung zu wahren[1]. Demnach gibt es in der Provinz Udine 326 beschädigte Betriebe mit einem Schaden in Höhe von 50,4 Mrd. Lire (144 Mio. DM) und in der Provinz Pordenone 58 beschädigte Betriebe mit einem Schaden von 1,2 Mrd. Lire (4 Mio. DM)[2]. In der Provinz Udine setzten sich die aufgetretenen Schäden zu 41 % aus Gebäudeschäden, zu 37 % aus Schäden an der maschinellen Ausrüstung, zu 10 % aus Schäden an betrieblichen Infrastrukturen und zu 12 % aus Schäden am Lagerbestand zusammen[3]. In den beschädigten Betrieben waren zum Zeitpunkt des Bebens rd. 20 000 Personen beschäftigt. Etwa 4 000 davon mußten die Arbeit einstweilen niederlegen[4].

Die Bedeutung dieser Schäden für die Wirtschaft des betroffenen Gebietes zeigt folgende Tabelle aus der Schadensschätzung von di SOPRA:

Tab. 11: Erdbebenschäden in der Industrie nach Betroffenheitszonen - Schätzung von di SOPRA

Betroffenheitszonen	Beschäftigte in beschädigten Betrieben		Direkte Schäden		
	abs.	in % aller Beschäftigten	in Mio. Lire	in Mio. DM	in % des Kapitalstocks
Gebiet A	6.200	99	67.886	194	64
Gebiet B	6.539	60	21.390	61	11
Gebiet C	5.663	11	4.610	13	0,5
Gebiet D	450	0,2	1.090	3	0,2
Gesamt	18.852	20	94.976	271	5

Quelle: di SOPRA 1977, S. 14.

---

1) Das gilt auch für Betriebe in Handwerk und Handel. Demnach wurden 2 641 Handwerks- und 3 163 Handelsbetriebe beschädigt. Der Schaden belief sich auf 13,7 Mrd. Lire (39 Mio. DM) im Handwerk und auf 29,9 Mrd. Lire (85 Mio. DM) im Handel. Angaben über direkte und indirekte Folgewirkungen können nicht gemacht werden, doch ist davon auszugehen, daß weder die direkten Umsatzeinbußen noch die induzierten Folgewirkungen annähernd eine Größenordnung wie in der Industrie erreichten.
2) CAINERO 1979.
3) Camera di Commercio di Udine 1977.
4) Camera di Commercio di Udine 1977.

Innerhalb der beiden hauptbetroffenen Gebiete A und B sind rd. 100 % bzw. 60 % der Beschäftigten vom Beben betroffen, in Zone C nur noch 11 %. Während diese Zahlen noch relativ zuverlässig sind, erweisen sich die Angaben über die absolute Höhe des Schadens wie auch über die Zerstörung des Kapitalstocks als stark übertrieben. Die nachstehende Überprüfung der Schäden in der Industrie wird zeigen, daß sich die Angabe eines Zerstörungsgrades von 64 % in Zone A nicht halten läßt (vgl. Tab. 12, 14, 19, 20, 25). Immerhin macht diese Aufstellung deutlich, daß sich die Schäden im industriellen Bereich zu über 90 % auf die beiden am schwersten betroffenen Zonen konzentrieren. Welche Gemeinden am stärksten betroffen waren, zeigt Karte 12.

Der Schwerpunkt der Schäden liegt im zentralen Hügelland mit den kleinen Industrieagglomerationen von Osoppo, Gemona und Majano. Hier, wo in den Jahren 1970 bis 1975 eine blühende industrielle Entwicklung stattgefunden hatte, wurden die schwersten Schäden angerichtet und einige Betriebe total zerstört. Am schwersten betroffen wurde die Textilfabrik von Gemona (etwa 35 Mio. DM Schaden), ein Betrieb des Stahl-Konzerns Pittini in Osoppo (24 Mio. DM) sowie die Möbelfabriken Fantoni in Osoppo (24 Mio. DM) und Snaidero in Majano (17 Mio. DM). Schwere Schäden traten weiterhin in zahlreichen kleineren, dem Gebirge vorgelagerten Industrieorten wie Buia, Artegna, Magnano, Tarcento und San Daniele auf. Im Gebirge waren vor allem Tolmezzo, in geringerem Maße Moggio, Ovaro, Venzone und Amaro betroffen. Hier macht sich die Tatsache bemerkbar, daß im Gebiet von Tolmezzo - im Gegensatz zu den weiter südlich gelegenen Orten - schon seit längerer Zeit seismische Bauvorschriften bestanden hatten (vgl. IV.2.1.).

Neben den materiellen Schäden sind die direkten Folgewirkungen für die Produktion ein wichtiger Indikator für das Ausmaß der Betroffenheit. Eine Befragung von 271 beschädigten Betrieben durch das Assessorat für Industrie und Handel[1] zeigt die unterschiedliche Dauer der Unterbrechung des Produktionsprozesses in den drei Betroffenheitszonen:

---

1) Regione F.-V.G., Assessorato dell'Industria e del Commercio 1977.

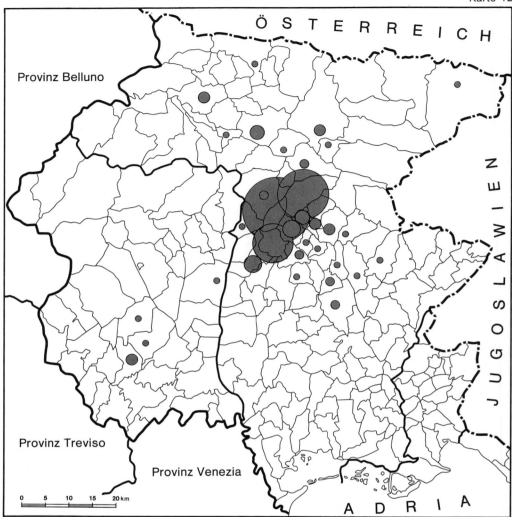

Tab. 12: Produktionsunterbrechung nach Betroffenheitszonen

	keine Unter- bre- chung %	bis 1 Monat %	1 - 3 Monate %	3 - 6 Monate %	im Mai 77 noch ge- schlossen %	n =
zerstörtes Gebiet	6,7	55,8	13,3	11,7	12,5	120 (100%)
schwer be- schädigtes Gebiet	13,4	61,2	1,5	19,4	4,5	67 (100%)
beschädig- tes Gebiet	31,0	64,3	2,4	2,4	-	84 (100%)
Gesamt	15,9	59,8	7,0	10,7	6,6	271 (100%)

Quelle: Regione F.-V.G., Ass. Industria 1977 A, Tab. 3.

62,5 % aller beschädigten Betriebe in Zone 1 (zerstört), 74,6 % in Zone 2 (schwer beschädigt) und 95,3 % in Zone 3 (beschädigt) haben nach spätestens einem Monat die Produktion wieder aufgenommen. Nach drei Monaten arbeiteten 74,6 % der beschädigten Betriebe in Zone 1, 76,1 % in Zone 2 und 97,7 % in Zone 3 wieder. Rund ein Viertel aller beschädigten Betriebe in Zone 1 und 2 brauchten länger als drei Monate für den Wiederaufbau. Unter diesen Betrieben befinden sich sowohl solche, die durch das Erdbeben in ernste Schwierigkeiten gekommen sind als auch solche, die mit den versprochenen Fördermitteln eine völlige Modernisierung des Produktionsapparates anstrebten[1]. Gegenüber den pessimistischen Angaben von di SOPRA bleibt festzustellen, daß über drei Viertel der beschädigten Betriebe schon 3 Monate nach dem Beben wieder arbeiteten. Bis zum Mai 1977 haben auch die übrigen Betriebe die Produktion fast vollständig wiederaufgenommen.

Über 90 % aller Schäden traten im zentralen Hügelland auf. Hier sind es vor allem die Sektoren Metall (Industriezone Osoppo), Möbel sowie Textil und Bekleidung, die den Großteil (70 %) aller Schäden auf sich vereinen. Bei der Analyse der weiteren Folgewirkungen (Kap.III.2.3.3.) wird diese sektorale Verteilung der Schäden noch eine wichtige Rolle spielen.

---

1) wie z.B. die Textilfabrik von Gemona, die erst 1978 die Produktion wiederaufnahm, nachdem ein völlig neues Werk gebaut wurde (Inhaber aus Mailand).

Tab. 13: Sektorale Verteilung der Schäden in der Industrie - Provinz Udine

	Gebirgszone[1]		Hügelzone		Zone Udine-Cividale		Gesamt	
	Mio. Lire	%	Mio. Lire	%	Mio. Lire	%	Mio. Lire	%
Mechanik	58	2,2	4.476	7,6	101	7,6	4.635	7,4
Metall	26	1,0	13.776	23,5	357	26,7	14.159	22,7
Holz-Papier	2.421	90,8	2.780	4,7	56	4,1	5.257	8,4
Möbel	100	3,7	13.327	22,8	150	11,2	13.577	21,7
Textil-Bekleidung	24	0,9	13.718	23,5	24	1,8	13.766	22,0
Chemie	-		1.622	2,8	270	20,2	1.892	3,0
Lebensmittel	8	2,9	2.724	4,7	42	3,1	2.773	4,4
Bau	30	11,3	5.900	10,1	328	24,5	6.258	10,0
übrige	-		166	0,3	11	0,8	177	0,3
Gesamt[2]	2.666 (4,3)	(100)	58.489 (93,6)	(100)	1.339 (2,1)	(100)	62.494 (100)	(100)

Quelle: Camera di Commercio di Udine 1977, ergänzt mit eigenen Erhebungen und Berechnungen

1) vgl. Karte 2.
2) gegenüber S.66 sind die Zahlen hier um etwa 20 % höher, weil es sich um die - noch nicht überprüften - Angaben der Betriebe handelt.

2.3.2. Produktionsausfall

Was bedeuten diese Schäden für die regionale Wirtschaft? Diese Frage läßt sich beantworten, wenn man den durch das Erdbeben hervorgerufenen Produktionsausfall analysiert. Aus den Angaben der Industrie- und Handelskammer Udine über die beschädigten Betriebe[1] läßt sich die Zahl der verlorenen Arbeitstage der einzelnen Branchen ableiten. Setzt man diesen Ausfall an Arbeitszeit in Relation zur Jahresarbeitszeit dieser Branchen[2], so ergibt sich ein brauchbarer Maßstab für die Bewertung der aufgetretenen Schäden (vgl. Tab. 14, S.72).

Im zentralen Hügelland machen die Verluste rd. 20 % der Jahresarbeitsleistung aus, wobei die Metall- und Mechanische Industrie mit 27 % die stärksten Einbußen erlitten. Außerdem sind hier noch die Steine- und Bauindustrie (19 %), die Holz-Papier-Möbelindustrie (18 %) und die Textil- und Bekleidungsbranche stark betroffen. In der Gebirgszone sind die Schäden deutlich niedriger und gehen bis max. 7 % bei der Textil- und 6 % in der Holzbranche. Insgesamt betragen die Verluste in der Hügelzone 19 %, in der Gebirgszone 3 % und in der Zone Udine-Cividale 1 %. Dabei muß berücksichtigt werden, daß verlorene Arbeitszeit nicht mit Produktionsausfall gleichgesetzt werden kann. Geringfügige Arbeitsverluste lassen sich oft durch Kapazitätsreserven auffangen. Das bedeutet, daß die errechneten Arbeitszeitausfälle oftmals keinen Produktionsrückgang zur Folge hatten (vgl. Kap. III.2.3.3.3.2.). Auch unter dieser Einschränkung kristallisieren sich damit nochmals die Branchen Metall-Mechanik, Steine-Bau, Holz-Papier-Möbel und Textil-Bekleidung im zentralen Hügelland als schwer betroffen heraus.

2.3.3. Indirekte Folgen

2.3.3.1. Industriebefragung 1978

Um die direkten und indirekten Auswirkungen der Beben genauer analysieren zu können, wurden innerhalb des DFG-Projektes Friaul im Juni 1978 zwei Befragungen durchgeführt, eine davon

---

[1] Camera di Commercio di Udine 1977.
[2] die Jahresarbeitsleistung der einzelnen Branchen wurde hilfsweise über die Beschäftigtenzahlen von 1975 hochgerechnet. Dadurch hervorgerufene kleinere Verzerrungen spielen keine Rolle bei den damit erzielten Ergebnissen.

Tab. 14: Arbeitsausfall nach Branchen und sozioökonomischen Zonen

	Gebirgszone		Hügelzone		Zone Udine-Cividale		Provinz Udine	
	verlorene Arbeitstage abs.	in %1)	verlorene Arbeitstage abs.	in %	verlorene Arbeitstage abs.	in %	verlorene Arbeitstage abs.	in %
Mechanik-Metall	1.000	0,5	104.700	27,2	23.400	1,2	129.100	4,5
Holz-Papier-Möbel	24.400	6,1	63.300	18,4	11.300	0,8	99.100	4,2
Textil-Bekleidung	200	7,0	58.300	14,0	1.600	0,3	60.100	4,2
Chemie	–	–	3.800	7,3	2.000	0,4	5.800	0,9
Lebensmittel	100	0,8	6.500	9,1	300	0,1	6.900	1,7
Bau	300	0,1	35.200	19,7	14.200	1,7	49.700	3,1
Gesamt	26.000	2,9	271.800	18,9	52.900	1,0	350.600	3,8

Quelle: Camera di Commercio di Udine 1977, ergänzt mit eigenen Erhebungen und Berechnungen

1) der Anteil bezieht sich auf die Gesamtzahl der Jahres-Arbeitstage für die einzelnen Branchen.

bei Industriebetrieben des betroffenen Gebietes. Der begrenzte zeitliche und finanzielle Rahmen machte eine Auswahl unter den vorhandenen Betrieben notwendig. Da es bei der Untersuchung auf die regionalen Auswirkungen des Bebens für bestimmte Gebietstypen ankam, wurde einem flächendeckenden Stichprobenverfahren eine Vollerhebung innerhalb ausgewählter - möglichst signifikant unterschiedlicher Gebiete - vorgezogen.

Wesentliche Kriterien bei dieser Auswahl waren:

- Stärke der Betroffenheit durch das Beben,
- Eignung als potentielles Entwicklungsgebiet/-zentrum.

Die Wahl unterschiedlich stark betroffener Gebiete sollte die Analyse der auf das Beben zurückzuführenden Einflüsse erleichtern. Die Intention der Untersuchung, einen Beitrag zur Regionalplanung zu leisten, legte es nahe, Testgebiete auszuwählen, die als künftige Arbeitsmarktschwerpunkte eine wichtige Rolle spielen könnten. Das bedeutet, daß aus dem Faktorenbündel, das bei der Beurteilung von Entwicklungsbedürftigkeit und Entwicklungsfähigkeit herangezogen werden kann - und das später noch eingehend geprüft werden soll - a priori entscheidende Kriterien herausgegriffen werden mußten, nämlich zum einen die räumliche Lage in Bezug auf vorhandene Arbeitsmarktzentren und zu versorgendem Gebiet, zum anderen bereits erkennbare Entwicklungsansätze, auf denen Planungsmaßnahmen aufbauen können.

Es boten sich drei Gebiete für die Befragung an:

- das am stärksten betroffene Gebiet mit den Gemeinden Artegna, Buia, Gemona, Magnano, Majano und Osoppo (Gebiet Mitte), das seit der Gründung der Industriezone Osoppo eine stetige Aufwärtsentwicklung verzeichnet hat und durch seine zentrale, verkehrsgünstige Lage gute Voraussetzungen für die weitere Entwicklung aufweist;

- das nicht ganz so stark betroffene Gebiet im Zentrum Karniens mit den Gemeinden Amaro, Moggio, Tolmezzo, Venzone und Villa Santina. Bestehende industrielle Entwicklungsansätze, vor allem in Tolmezzo, sowie die Größe des zu versorgenden Arbeitsmarktes weisen dem Gebiet eine wichtige Aufgabe bei der ökonomischen Entwicklung des Gebirgsraumes zu (Gebiet Nord);

- als nur noch schwach vom Erdbeben betroffenes Vergleichsgebiet wurden die an der Peripherie von Udine gelegenen Gemeinden Martignacco, Pagnacco und Tavagnacco ausgewählt

(Gebiet Süd). Die Branchenstruktur ist hier ähnlich wie im Gebiet Mitte.

Die Verteilung der Betriebe auf die drei Untersuchungsgebiete ergibt folgendes Bild:

Tab. 15: Erfassungsquoten der Industriebefragung

	Gebiet Nord	Gebiet Mitte	Gebiet Süd	Gebiet
Betriebe mit ≥ 20 Beschäftigten	16	37	33	86
dav. befragte Betriebe	16	25	21	62
Erfassungsquote in %	100,0	67,6	63,6	72,1
Beschäftigte in Betrieben mit ≥20 Besch.	2.430	3.881	2.306	8.536
dav. Beschäftigte in befragten Betrieben	2.430	3.220	1.606	7.256
Erfassungsquote in %	100,0	83,0	69,6	85,0

Das Ziel einer Vollerhebung konnte mit 72 % der Betriebe und 85 % der Beschäftigten annähernd erreicht werden. Auffallend war, daß die Bereitschaft zur Mitarbeit von Norden nach Süden deutlich abnahm. Ursache dafür ist sicher die unterschiedliche Betroffenheit durch das Erdbeben mit der daraus resultierenden unterschiedlichen Wahrnehmung der ausländischen Hilfsmaßnahmen sowie die allgemein große Deutschfreundlichkeit im Norden des Friaul.

Welchen Betriebsgrößen und Branchen die befragten Betriebe angehören, zeigt folgende Übersicht:

Tab. 16: Befragte Betriebe nach Betriebsgröße und Gebiet

Beschäftigte	Gebiet Nord		Gebiet Mitte		Gebiet Süd		Gesamt	
	abs.	%	abs.	%	abs.	%	abs.	%
bis 49	9	56	9	36	9	43	27	44
50 - 99	2	13	9	36	7	33	18	29
≧ 100	5	31	7	28	5	24	17	27
Gesamt	16	100	25	100	21	100	62	100

In den Zonen Mitte und Süd ist die Verteilung nach Betriebsgrößen ziemlich ähnlich, lediglich in der Zone Nord dominieren die Kleinbetriebe auf Kosten der Mittelbetriebe sehr stark.

Tab. 17: Befragte Betriebe nach Branche und Gebiet

Branche	Gebiet Nord		Gebiet Mitte		Gebiet Süd		Gesamt	
	abs.	%	abs.	%	abs.	%	abs.	%
Mechanik	1	6	3	12	3	14	7	11
Metall	3	19	5	20	4	19	12	19
Holz-Papier	6	63	2	8	1	5	9	15
Möbel	1	6	6	24	3	14	10	16
Textil-Bekleidung	1	6	5	20	4	19	10	16
Chemie	1	6	2	8	3	14	6	10
Lebensmittel	1	6	-	-	1	5	2	3
Steine-Bau	2	13	2	8	2	10	6	10
Gesamt	16	100	25	100	21	100	62	100

Auch in der Branchenverteilung sind die Gebiete Mitte und Süd sehr ähnlich. Im Norden dagegen hat die Holz- und Papierbranche eine dominierende Stellung.

2.3.3.2. Auswirkungen auf die Beschäftigung

Schnell eingeleitete Förderungsmaßnahmen für den Wiederaufbau der Industrie (siehe III.3.) sowie sofortige Unterstützungsmaßnahmen für die Beschäftigten hielten die Folgewirkungen für diese in Grenzen. Gemäß Nationalgesetz Nr. 336 vom 29.5.76 hatten alle Arbeitnehmer, deren Arbeitsplätze zerstört waren bzw. die wegen des Erdbebens nicht am Arbeitsplatz erscheinen

konnten, Anspruch auf Lohnausgleichszahlungen (Integrazione
Salariale). Damit wurde in den meisten Fällen die Ausstellung
von momentan nicht mehr benötigten Arbeitskräften verhindert.
Die Befragungsergebnisse bestätigen, daß die Auswirkungen auf
die Beschäftigung relativ gering waren.

Tab. 18: Auswirkungen der Beben für die Beschäftigung

	Gebiet Nord		Gebiet Mitte		Gebiet Süd		Gesamt	
	Mai	Sept.	Mai	Sept.	Mai	Sept.	Mai	Sept.
Tote-Invaliden	1	-	40	-	5	-	46	-
Entlassungen	2	14	30	20	7	4	39	38
Emigranten	-	3	17	11	1	-	18	14
nicht wieder eingestellte Evakuierte	-	1	45	56	1	3	46	60
Summe	3	18	132	87	14	7	149	112
Anteil an den Beschäftigten insgesamt in %	0,1	0,7	4,1	2,7	0,8	0,4	2,1	1,5

Quelle: eigene Erhebung (Ind.befr. Frage 18).

Wenn man alle Auswirkungen der Beben auf die Beschäftigten zusammenrechnet, ergibt sich in der Zone Mitte ein erdbebenbedingter Verlust von 4,1 % des Personals (Mai) bzw. 2,7 % (September), während die Anteile in den übrigen Zonen unter 1 % liegen. Daß die Verluste im September fast so hoch sind wie im Mai bedeutet nicht, daß die Betriebe durch das September-Beben wieder stark beschädigt wurden, vielmehr kommen darin Evakuierung und zeitweise Emigration zum Ausdruck.

2.3.3.3. Veränderung von Zuliefer- und Absatzverflechtungen

Mit der Beschädigung und Zerstörung von Industriebetrieben im Friaul wurde nicht nur die Produktion dieser Betriebe beeinträchtigt, durch zwischenbetriebliche Verflechtungen ergaben sich weitere Auswirkungen auch für vom Erdbeben völlig unbetroffene Betriebe.

Betrachten wir zunächst die globale Entwicklung von Absatz und Zulieferungen bei den befragten Betrieben.

Tab. 19: Zulieferschwierigkeiten nach den Erdbeben

Gebiet	ja abs.	%	nein abs.	%	Branche	ja abs.	%	nein abs.	%
Nord	3	19	13	81	Metall-Mechanik	5	26	14	74
Mitte	5	20	20	80	Holz-Papier	-	-	9	100
Süd	3	14	18	86	Möbel	1	10	9	90
Gesamt	11	18	51	82	Textil-Bekleidung	1	10	9	90
					Chemie	-	-	6	100
					Steine-Bau	3	50	3	50

Quelle: eigene Erhebung (Ind.befr. Frage 19).

Rund ein Fünftel von ihnen hatte nach dem Beben Zulieferschwierigkeiten. Wie der nur geringfügig niedrigere Wert im Gebiet Süd (14 %) zeigt, beschränkten sich diese Auswirkungen nicht auf das Bebengebiet. Betroffen waren vielmehr generell Betriebe mit einem hohen Anteil von Zulieferungen aus dem Erdbebengebiet wie im Metall-Mechanik-Bereich und in der Baubranche (vgl. unten).

Etwa 2/3 der Firmen konnten diese Zulieferschwierigkeiten durch Lieferungen aus anderen Gebieten Italiens oder dem Ausland ausgleichen, bei den übrigen ist durch den dadurch bedingten Produktionsausfall mit weiteren Folgewirkungen zu rechnen. Es handelt sich dabei um 6,5 % aller befragten Betriebe (absolut 4). Die indirekten Folgewirkungen durch den Ausfall von Zulieferern halten sich also in engen Grenzen.

Tab. 20: Absatzschwierigkeiten nach den Erdbeben

	kurzfristig abs.	%	langfristig abs.	%	nein abs.	%
Gebiet						
Nord	5	31	4	25	7	44
Mitte	9	37	3	13	12	50
Süd	8	38	4	19	9	43
Branche						
Metall-Mechanik	7	37	2	10	10	53
Holz-Papier	4	44	-	-	5	56
Möbel	2	20	3	30	5	50
Textil-Bekleidung	3	30	4	40	3	30
Chemie	1	17	1	17	4	67
Steine-Bau	4	80	1	20	-	-
Gesamt	22	36	11	18	28	46

Quelle: eigene Erhebung (Ind.befr. Frage 20).

Etwa die Hälfte der befragten Betriebe hatte nach den Erdbeben Absatzschwierigkeiten, davon 2/3 kurzfristig und 1/3 langfristig. Dabei ist allerdings zu berücksichtigen, daß nur ein Teil dieser Probleme auf das Erdbeben zurückzuführen ist. Möbel- und vor allem Textil- und Bekleidungsindustrie setzen nur einen sehr kleinen Teil ihrer Produktion im Friaul ab[1] (vgl. unten), hier sind vielmehr allgemeine Strukturprobleme für den schlechten Absatz verantwortlich. Dagegen sind die Absatzschwierigkeiten in der Metallindustrie und in der Steine-Bau-Branche mit hohen Absatzanteilen innerhalb des Friaul[2] zum großen Teil durch das Erdbeben bedingt.

Diese Aussage bestätigt sich auch, wenn man danach fragt, durch welche Abnehmergruppen diese Absatzschwierigkeiten verursacht wurden.

---

1) Absatzquote innerhalb der Provinz Udine: Möbel 2,5 %, Textil-Bekleidung 1,6 %.
2) Absatzquote innerhalb der Provinz Udine: Metall-Mechanik 28 %

Tab. 21: Absatzschwierigkeiten - verursacht durch folgende Abnehmer

Gebiet	Industrie + Handwerk abs.	%	Handel + Konsum abs.	%	Branche	Industrie + Handwerk abs.	%	Handel + Konsum abs.	%
Nord	6	50	6	50	Metall-Mechanik	6	50	6	50
Mitte	6	43	8	57					
Süd	5	33	10	67	Holz-Papier	3	100	-	-
Gesamt	17	40	24	60	Möbel	-	-	4	100
					Textil-Bekleidung	-	-	7	100
					Chemie	-	-	4	100
					Steine-Bau	7	70	3	30

Quelle: eigene Erhebung (Ind.befr. Frage 22).

Die durch Industrie und Handwerk verursachten Absatzschwierigkeiten sind primär auf das Erdbeben zurückzuführen (Metall-Mechanik, Holz-Papier, Steine-Bau), während Absatzprobleme beim Handel und beim Endverbraucher allgemeine Strukturprobleme kennzeichnen (Möbel, Textil-Bekleidung, Plastik-Chemie).

Bei insgesamt 17 Betrieben (27,4 %) scheint damit das Erdbeben Absatzprobleme verursacht zu haben. Absatzprobleme stellen also ein erheblich größeres Problem als Zulieferschwierigkeiten für die Betriebe im Erdbebengebiet dar.

Neben dieser Gruppe von indirekt geschädigten Betrieben gibt es allerdings auch eine Reihe von Betrieben, die nach den Erdbeben Nachfragesteigerungen zu verzeichnen hatten (vgl. Tab. 22, S.80).

Mehr als 1/3 aller Betriebe hatte also eine positive Nachfrageentwicklung. Es ist auffallend, daß gerade die Branchen, deren Absatzschwierigkeiten am stärksten durch das Beben bedingt sind (Metall-Mechanik, Holz-Papier, Steine-Bau), gleichzeitig die beste Nachfrageentwicklung nach den Beben aufweisen.

Gerade in diesen Branchen wurden kurzfristig vom Beben verursachte Absatzschwierigkeiten schnell durch die Auswirkungen des Wiederaufbaus kompensiert. Steigende Nachfrage nach Baustoffen aller Art (Baustahl, Bauholz, Beton) bewirkte, daß Metall-, Holz- und Bauindustrie zu den Branchen gehören, die von der Katastrophe in gewissem Sinn "profitiert" haben.

Tab. 22: Nachfragesteigerung nach den Erdbeben

Gebiet	ja abs.	%	nein abs.	%	Branche	ja abs.	%	nein abs.	%
Nord	6	38	10	62	Metall-Mechanik	10	53	9	47
Mitte	9	38	15	62	Holz-Papier	3	33	6	67
Süd	6	29	15	71	Möbel	3	33	6	67
Gesamt	21	34	40	66	Textil-Bekleidung	1	10	9	90
					Chemie	1	17	5	83
					Steine-Bau	2	33	4	67

Quelle: eigene Erhebung (Ind.befr. Frage 23).

Wie sich die positiven und negativen Einflüsse des Bebens auf die Struktur der regionalen Liefer- und Absatzverflechtungen ausgewirkt haben, soll der Vergleich der Zeiträume 74/75 und 77/78 zeigen.

Tab. 23: Zulieferungen aus der Provinz Udine (Anteil in %)

	Zeitraum 1974/1975	Zeitraum 1977/1978	Differenz
Gebiet			
Nord	14,3	12,7	-1,6
Mitte	37,4	35,1	-2,3
Süd	26,5	34,0	+7,5
Branche			
Metall-Mechanik	36,2	38,4	+2,2
Holz-Papier	15,6	12,9	-2,7
Möbel	11,9	14,4	+2,5
Textil-Bekleidung	6,2	6,5	+0,3
Chemie	1,4	3,5	+2,1
Gesamt	27,7	29,4	+1,7

Quelle: eigene Erhebung (Ind.befr. Frage 49).

Die Zulieferverflechtungen der befragten Betriebe mit der Wirtschaft des Friaul sind relativ gering. Nur rd. 1/3 der Vorleistungen wird aus dem Friaul bezogen, davon der Großteil aus der Provinz Udine. Die ausgeprägteste interne Verflechtung läßt das Gebiet Mitte erkennen, bedingt durch die Industriezone Osoppo mit den darin enthaltenen Verbundbetrieben, während die Zulieferungen der Zone Nord nur zu rd. 13 % aus der Provinz Udine, aber zu 55 % aus dem Ausland stammen[1].

Gravierende Veränderungen der Zulieferbeziehungen treten nach dem Beben nicht auf. Im Erdbebengebiet ergibt sich ein geringer Rückgang der regionalen Zulieferungen, im Gebiet Süd eine deutliche Zunahme. Die Aufgliederung nach Branchen zeigt, daß negative Auswirkungen des Bebens nicht nachzuweisen sind. Der Rückgang der Zulieferungen aus der Provinz ins Erdbebengebiet dürfte im wesentlichen auf den Einfluß der Holzindustrie zurückzuführen sein, der einzigen Branche mit rückläufiger Bezugsquote aus der Provinz. Die große Stabilität der Zulieferbeziehungen ist ein Beweis für den Erfolg des industriellen Wiederaufbaus und bestätigt, daß das Erdbeben die zwischenbetrieblichen Verflechtungen innerhalb des Friaul nicht beeinträchtigt hat.

Tab. 24: Absatz innerhalb der Provinz Udine (Anteil in %)

	Zeitraum 1974/1975	Zeitraum 1977/1978	Differenz
Gebiet			
Nord	2,4	3,2	+0,8
Mitte	21,3	27,4	+5,9
Süd	12,1	13,9	+2,8
Branche			
Metall-Mechanik	18,8	28,9	+10,1
Holz-Papier	3,4	5,0	+1,6
Möbel	2,4	1,6	-0,8
Textil-Bekleidung	4,8	2,5	-2,3
Chemie	7,7	8,9	+1,2
Gesamt	12,8	18,2	+5,4

Quelle: eigene Erhebung (Ind.befr. Frage 50).

---

[1] die holz- und papierverarbeitende Industrie im Norden des Friaul bezieht ihre Rohstoffe überwiegend aus dem Ausland, insbesondere aus Österreich.

Die regionale Absatzquote ist noch niedriger als die Zulieferquote. Nicht einmal ein Viertel der Produktion wird in der Region abgesetzt, davon 80 % in der Provinz Udine. Die Zunahme dieser Quote in allen drei Gebieten zeigt, daß schon zwei Jahre nach den Beben dessen positive Folgen die negativen überwiegen. Der Ausbau der Pittini-Gruppe in der Industriezone Osoppo schlägt sich sowohl in der Branchenentwicklung (Metall-Mechanik + 10,1 %) als auch in der Entwicklung des Gebietes Mitte (+ 5,9 %) deutlich nieder.

Auch bei den Absatzbeziehungen sind demnach keinerlei negative Folgen des Bebens zu erkennen. Vielmehr deutet alles darauf hin, daß die positiven Einflüsse schon nach kurzer Zeit die Oberhand gewonnen haben.

2.3.3.4. Komplementärwirkungen

Industrielle Verflechtungen können zu Folgewirkungen auch bei ursprünglich gar nicht vom Erdbeben betroffenen Betrieben führen. Wie in Kap. I.2.2. betont wurde, erfordert die Analyse dieser komplexen Folgeeffekte Methoden der Regionalökonomie. Im folgenden soll versucht werden, mit Hilfe dieses - sicher noch verbesserungsfähigen - Instrumentariums die Höhe der Folgewirkungen für die Provinz Udine abzuschätzen (vgl. Abb. 5, S. 83).

Ausgangspunkt des Schemas sind die direkten Produktionsausfälle der betroffenen Branchen. Zusammen mit dem Anteil der innerregional bezogenen bzw. abgesetzten Waren kann dann auf die regionalen Zuliefer-/Absatzausfälle geschlossen werden. Inwieweit diese Zuliefer- und Absatzreduzierung sich als Produktionsrückgang in den verflochtenen Branchen auswirkt, hängt von deren Substitutionsmöglichkeiten durch andere Abnehmer bzw. Zulieferer ab.

Komplementärwirkungen von Erdbebenschäden

Abb. 5

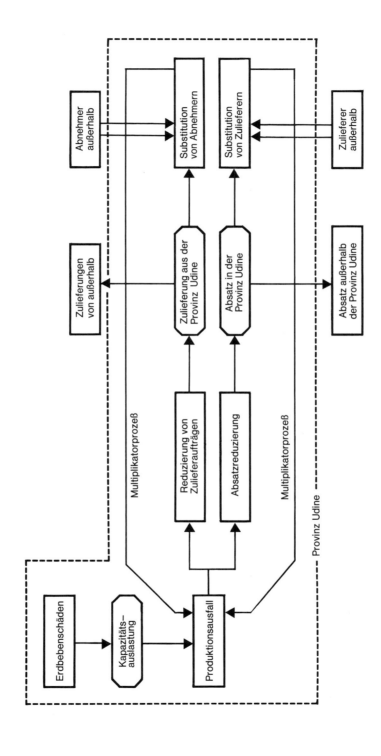

Der induzierte Umsatzausfall der ersten Verflechtungsstufe wird damit folgendermaßen berechnet:

$$\Delta U_{A_{i-j}} = \Delta P_{i-j} \times A_{i-j} \times S_Z \times \frac{U}{V} \times U_{i-j}$$

| durch Absatz-reduzierung induzierter Umsatzaus-fall | Produk-tionsaus-fallquote | Absatz-quote Provinz Udine | Substi-tutions-quote (Zu-lieferer) | <u>Umsatz</u>
Vorlei-stungen | Umsatz |

$$\Delta U_{Z_{i-j}} = \Delta P_{i-j} \times Z_{i-j} \times S_A \times \frac{U}{U_{i-j}} \times U_{i-j}$$

| durch Redu-zierung von Zulieferun-gen induzier-ter Umsatz-ausfall | Produk-tionsaus-fallquote | Zulie-ferquote Provinz Udine | Substi-tutions-quote (Ab-nehmer) | Vorlei-<u>stungen</u>
Umsatz | Umsatz |

i-j = Branchen

Die direkten Produktionsverluste der einzelnen Branchen (ΔP_{i-j}) lassen sich aus den Unterlagen der Industrie- und Handelskammer Udine[1] annäherungsweise bestimmen. Die Zahl der verlorenen Arbeitstage (vgl. oben) wird dabei in Beziehung zur Gesamtarbeitsleistung eines Jahres gesetzt und auf die entsprechenden Umsatzzahlen umgerechnet[2]. Die dabei zugrundeliegende Annahme einer linearen Produktionsfunktion ist nicht haltbar. Bei nicht voll ausgelasteten Kapazitäten lassen sich Arbeitsausfälle bis zu einer gewissen Grenze ohne Umsatzeinbußen auffangen. Da die genaue Auslastung der betroffenen Be-

---

[1] Camera di Commercio di Udine 1977.
[2] Dabei wurde im wesentlichen von den in der eigenen Befragung ermittelten Umsatzzahlen je Beschäftigten ausgegangen. Unterrepräsentierte bzw. vom Branchendurchschnitt abweichende Sektoren (Bau) wurden mit Daten einer Erhebung der Communita Collinare korrigiert.

triebe im Jahr 1976 nicht bekannt ist[1], wurde von der Annahme ausgegangen, daß Arbeitsausfälle, die über einen Zeitraum von vier Wochen hinausgingen, nicht mehr kompensiert werden können. Erst die darüber hinausgehenden Arbeitsverluste wurden daher für die Berechnung der Umsatzausfälle zugrundegelegt. Auch eine Schwelle von 6 oder 8 Wochen hätte am Ergebnis keine entscheidenden Änderungen hervorgerufen, weil die am schwersten betroffenen Betriebe mit mehr als 8 Wochen Arbeitsruhe den Großteil der insgesamt aufgetretenen Arbeitsausfälle verursacht haben.

Tab. 25: Umsatzausfall nach Branche und Gebiet (in % des Jahresumsatzes)

	Gebirgszone	Hügelzone	Zone Udine Cividale	Provinz Udine
Mechanik-Metall	-	20,2	-	2,7
Holz-Papier	1,0	0,9	-	0,5
Möbel	-	11,2	-	1,9
Textil-Bekleid.	2,3	8,4	-	2,5
Chemie	-	3,9	-	0,4
Lebensmittel	-	3,4	-	0,7
Steine-Bau	-	8,6	0,6	1,3
Gesamt	0,5	13,1	-	2,0
abs. in Mio Lire	600	25.000	400	26.000

Quelle: Camera di Commercio di Udine 1977 sowie eigene Berechnungen

Gegenüber Tab. 14 (Arbeitszeitverluste) treten hier die wirklich schwerwiegenden Schäden hervor. Es kristallisieren sich vor allem die Sektoren Mechanik-Metall, Möbel, Textil-Bekleidung und Steine-Bau als schwer betroffen heraus.

Im Rahmen dieser Untersuchung interessieren die durch zwischenbetriebliche Verflechtungen induzierten Auswirkungen vor allem für die Provinz Udine. Die Anteile der aus der Provinz bezogenen bzw. in der Provinz abgesetzten Güter und Vorleistungen wur-

---

[1] In der Stahlindustrie schwankt die Auslastung beispielsweise zwischen 95 % (1974) und 79 % (1977) (Regione F.-V.G., Ass. Industria). Dazu kommen noch die Schwankungen von Betrieb zu Betrieb.

den mit der erwähnten Industriebefragung erhoben (Z_{i-j}, A_{i-j}). Für die Berechnung der Folgewirkungen wurden die Lieferbeziehungen der Periode kurz vor den Erdbeben (74/75) zugrundegelegt (vgl. Tab 23, 24).

Die Substitutionsmöglichkeiten der betroffenen Betriebe durch andere Zulieferer oder Abnehmer (S_Z, S_A) konnten durch die Befragung nur unzureichend erfaßt werden. Zweifellos ist der Ersatz ausgefallener Zulieferungen durch andere Betriebe im oder außerhalb des Friaul leichter möglich als die kurzfristige Erschließung neuer Absatzmärkte. Es wurde daher davon ausgegangen, daß der größte Teil der Zulieferungen ersetzt werden konnte[1]. Beim Absatz wurde dagegen nur bei einem Drittel der Betriebe die Möglichkeit der Erschließung neuer Märkte unterstellt[2]. Die Substitutionsquote wurde demnach - einheitlich für alle Branchen - mit 0,36 (Zulieferungen) und 0,66 (Absatz) festgelegt, wobei 0 vollständige Substitution und 1 keinerlei Ersatz bedeutet.

Schließlich muß noch berücksichtigt werden, daß Umsatzveränderungen bei den direkt betroffenen Betrieben nicht gleichhohe Veränderungen bei den verflochtenen Firmen auslösen.

- Die Stornierung von Zulieferungen durch beschädigte Betriebe löst bei den vorgelagerten Bereichen Umsatzeinbußen in Höhe der - nicht substituierbaren - Zulieferungen aus. Dieser Faktor kann durch den Anteil der Zulieferungen am Umsatz der betroffenen Branchen erfaßt werden (V/U_{i-j})[3].

- Dagegen löst die Reduzierung von Zulieferungen beschädigter Betriebe an andere Betriebe erhöhte Folgewirkungen aus (zusätzliche Wertschöpfung dieser Betriebe). Da neben Industrie auch Handwerk, Groß- und Einzelhandel davon betroffen sein können - deren Zulieferanteile nicht bekannt sind - mußte mit einem approximativen Durchschnittswert gearbeitet werden. Es wurde ein geschätzter Vorleistungsanteil von 62 % zugrunde gelegt, was einer Quote (U/V) von 1,7 entspricht. Damit sind alle Voraussetzungen für die Errechnung der Komplementäreffekte in der ersten Verflechtungsstufe gegeben.

---

1) laut Befragung konnten 64 % der betroffenen Betriebe ausgefallene Zulieferungen durch andere Betriebe substituieren.
2) laut Befragung hatten 54 % der befragten Betriebe Absatzschwierigkeiten, davon 1/3 langfristig.
3) es muß darauf hingewiesen werden, daß viele der hier dargestellten Ergebnisse nur durch die äußerst großzügige Bereitstellung betrieblicher Daten durch die befragten Unternehmen - wie sie in Deutschland kaum vorstellbar wäre - ermöglicht wurden.

Tab. 26: Induzierter Umsatzausfall in der ersten Verflechtungsstufe

| | Direkter Umsatzausfall in erdbebengeschädigten Branchen (I) | | Induzierter Umsatzausfall durch | | | | | |
| | | | Absatzreduzierung | | Zulieferstornierung | | Gesamt | |
	in Mio. Lire	DM	in Mio. Lire	in % von (I)	in Mio. Lire	in % von (I)	in Mio. Lire	in % von (I)
Mechanik-Metall	17.500	50	2.000	11	2.700	15	4.700	27
Holz-Papier	700	2	10	2	30	4	40	6
Möbel	3.100	9	50	2	120	4	170	5
Textil-Bekleidung	2.600	7	80	3	50	2	130	5
Chemie	300	1	20	7	-	-	20	7
Lebensmittel	500	1,5	170	34	40	8	210	42
Steine-Bau	1.500	4	710	47	320	21	1.030	69
Gesamt	26.200	75	3.040	12	3.270	12	6.310	24

Quelle: Camera di Commercio di Udine 1977 sowie eigene Berechnungen

Die in der linken Spalte stehenden Zahlen bedeuten den Umsatzausfall der direkt vom Beben beschädigten Branchen. Diese Umsatzausfälle führen in der Folge zu Umsatzausfällen in verflochtenen Sektoren, d.h. daß der in der rechten Spalte aufgeführte induzierte Umsatzausfall durch die links aufgeführten Branchen ausgelöst wird, aber nicht mehr in diesen selbst auftritt.

Die durch Liefer- wie durch Absatzverflechtungen ausgelösten Folgewirkungen sind nahezu gleich groß. Die höheren regionalen Verflechtungen beim Bezug von Vorleistungen werden durch die Tatsache mehr als ausgeglichen, daß nur der Anteil der Zulieferungen am Umsatz bei Zulieferbetrieben wirksam werden kann, während der vergleichsweise niedrige regionale Absatz als Input bei weiterverarbeitenden Betrieben zu höheren Umsatzausfällen führt. Hinzu kommen noch die unterschiedlichen Möglichkeiten der Substitution bei Bezug und Absatz von Waren. Die relativ stärksten Folgewirkungen gehen vom Bausektor aus (hohe Betroffenheit, hohe regionale Bezugs- und Absatzquote) gefolgt von der Metall- und Mechanik-Branche, die ebenfalls recht hohe regionale Verflechtungen aufweist[1]. Absolut gesehen verursacht die Mechanik-Metall-Branche mehr als zwei Drittel der gesamten induzierten Folgewirkungen. Alle übrigen Sektoren bewirken nur geringfügige Folgeeffekte.

Die induzierten Folgewirkungen der ersten Verflechtungsstufe erhöhen den primären Umsatzausfall um 11,6 % (Absatz) bzw. 12,4 % (Zulieferungen). Bezieht man die weiteren Verflechtungsstufen mit ein, so erhöhen sich diese Werte noch. Für die Berechnung der beiden Multiplikatoren wurden folgende Formeln verwendet:[2]

---

1) dabei blieb die Lebensmittelbranche unberücksichtigt, die relativ hohe Folgewirkungen verursacht, absolut aber unbedeutend bleibt.
2) im Gegensatz zur Berechnung der primären Folgewirkungen wurde hier nicht mehr mit branchenspezifischen, sondern mit Durchschnittswerten gearbeitet - eine durch die Datenlage bestimmte Einschränkung.

$$M_A = \frac{1}{1 - (A \times S_Z \times \frac{U}{V})}$$

A = Absatzquote Prov. Udine
S_Z = Substitutionsquote (Zulieferer)
$\frac{U}{V}$ = Umsatz/Vorleistungen

$$M_Z = \frac{1}{1 - (Z \times S_A \times \frac{V}{U})}$$

Z = Zulieferquote Prov. Udine
S_A = Substitutionsquote (Abnehmer)
$\frac{V}{U}$ = Vorleistungen/Umsatz

M_A = Multiplikator (Absatz)
M_Z = Multiplikator (Zulieferung)

Damit ergeben sich Multiplikatoren von 1,131 (Absatzreduzierung) und von 1,143 (Zulieferstornierung). D.h. die primären Umsatzausfälle erhöhen sich insgesamt um 13,1 % bzw. um 14,3 %. Gegenüber der ersten Verflechtungsstufe ergibt sich in den folgenden Stufen keine wesentliche Steigerung mehr:

Multiplikatoreffekte

Multiplikatoreffekte	Absatzreduzierung	Zulieferstornierung	Gesamt
1. Verflechtungsstufe	11,6 %	12,4 %	24,0 %
folgende Stufen	1,5 %	1,9 %	3,4 %
Gesamteffekt	13,1 %	14,3 %	27,4 %

Der Gesamtmultiplikator beträgt 1,274 und bleibt damit in bescheidendem Rahmen. Die Hauptursache für diesen niedrigen Multiplikatoreffekt ist in der geringen innerregionalen Verflechtung der beschädigten Betriebe zu sehen. In Zusammenhang mit dem Erdbeben erwies sich diese Tatsache als Vorteil, durch den die Folgeschäden für die Region eng begrenzt blieben.

Tab. 27: Wertschöpfungsverlust nach Branchen

	Direkter Wertschöpfungsverlust			Induzierter Wertschöpfungsverlust durch					
				Absatzreduzierung		Zulieferstornierung		Gesamt	
	in Mio. Lire	Ⓘ in Mio. DM		in Mio. Lire	in % von Ⓘ	in Mio. Lire	in % von Ⓘ	in Mio. Lire	in % von Ⓘ
Mechanik-Metall	6.130	17,5		700	11	950	16	1.650	27
Holz-Papier	330	0,9		10	3	20	6	30	9
Möbel	1.540	4,4		20	1	60	4	80	5
Textil-Bekleidung	1.310	3,7		40	3	30	2	70	5
Chemie	120	0,3		10	5	-	-	10	5
Lebensmittel	190	0,5		70	37	20	8	80	44
Steine-Bau	760	2,2		350	46	160	21	520	68
Gesamt	10.380	29,6		1.200	12	1.230	12	2.440	24

Die Verteilung der induzierten Schäden ist ähnlich wie in
Tab. 26, nur auf niedrigerem Niveau. Bezieht man den Wertschöpfungsverlust der weiteren Verflechtungsstufen mit ein,
ergibt sich folgender Überblick über die Höhe der durch das
Erdbeben verursachten Komplementärwirkungen:

Direkte Erdbebenschäden Provinz Udine		Folgeschäden Provinz Udine			
		Wertschöpfungsausfall bei beschädigten Betrieben		induzierter Wertschöpfungsausfall	
Mrd. Lire	Mio. DM	Mrd. Lire	Mio. DM	Mrd. Lire	Mio. DM
50,4	144	10,4	30	2,7	8

Die direkten und indirekten Folgeschäden betragen rd. 13 Mrd.
Lire (37 Mio.DM), das sind etwa 26 % der materiellen Verluste.
Daß die Folgeschäden nicht höher sind, liegt im wesentlichen
am zügigen Wiederaufbau der beschädigten Betriebe, der die
unmittelbaren Produktionsausfälle in Grenzen hielt. Durch die
relativ niedrige interne Verflechtung der Betriebe in der Provinz Udine blieben auch die weiteren induzierten Folgewirkungen eng begrenzt. Eine Verzögerung des industriellen Wiederaufbaus um nur wenige Monate hätte die Folgeschäden auf das
Vielfache ansteigen lassen. Daß das im Friaul nicht eingetreten ist, ist zweifellos das Verdienst der betroffenen Unternehmen, die mit großem Optimismus an den Wiederaufbau gingen,
der Beschäftigten, die trotz ihres schweren Schicksals den
Mut nicht verloren sowie von Staat und Region, die rasch die
erforderlichen Mittel zur Verfügung stellten.

2.3.3.5. Einkommensfolgewirkungen

Produktionsausfall kann in der Regel neben Komplementärwirkungen auch zu Einkommensfolgewirkungen führen. Ob dieser
Effekt auch im Friaul eingetreten ist, soll nun geprüft werden.

Tab. 18 hat gezeigt, daß die direkten Auswirkungen der Beben
auf die Beschäftigung in den beschädigten Betrieben gering
war. Staatliche Ausgleichszahlungen für die Beschäftigten
spielten dabei eine wichtige Rolle. Bis März 1977 wurden dafür rd. 4,3 Mrd. Lire (12 Mio.DM) ausgegeben[1]. Zusammen mit

---

1) Regione F.-V.G., Ass. Pianificazione o.J.

dem schnellen Wiederaufbau und der Verwendung der eigenen Arbeitskräfte bei den Aufbauarbeiten ergaben sich daher nur sehr schwache Auswirkungen auf Beschäftigung und Einkommen. Dabei spielt der Umstand eine gewisse Rolle, daß der Friauler ein sehr vielseitiger Arbeitnehmer ist, der durchaus auch als Bauhandwerker am Wiederaufbau der eigenen Firma mitwirken konnte und wollte, selbst wenn er im Normalfall auf ganz anderen Arbeitsplätzen in der Produktion eingesetzt war.

Folgende Grafik (Abb. 6, S. 93) zeigt die Entwicklung der Beschäftigung in den drei untersuchten Gebieten:

Lediglich in dem am stärksten betroffenen Gebiet ging in den ersten Monaten nach dem Mai-Beben die Zahl der Beschäftigten leicht zurück, erreichte aber schon nach einem halben Jahr wieder das alte Niveau.

Daß sich dieser leichte Beschäftigungsrückgang nicht auf die Einkommensentwicklung auswirkte, zeigt folgende Aufstellung:

Tab. 28: Entwicklung der Personalkosten nach Gebiet

Gebiet	1974/1975 %	1975/1976 %	1976/1977 %
Nord	+22,8	+30,1	+30,6
Mitte	+27,6	+32,3	+44,8
Süd	+12,2	+11,9	+21,3
Gesamt	+20,9	+25,4	+33,6

Quelle: eigene Erhebung (Ind.befr. Frage 48).

Danach weist das am stärksten betroffene Gebiet die höchste Zunahme der Personalkosten auf. Die kurzfristige Abnahme der Beschäftigten nach dem Beben wurde durch die langfristig positive Beschäftigungsentwicklung[1] deutlich überkompensiert. Im Widerspruch dazu stehen die Ergebnisse einer gleichzeitig durchgeführten Befragung bei den Bewohnern von sechs Fraktionen in peripher gelegenen Gemeinden des Friaul[2].

---

1) vgl. unten
2) im Juni 1978 wurden 238 Interviews in den Fraktionen Lusevera (Gemeinde Lusevera), Monteaperta (Taipana), Flagogna und S. Rocco (Forgaria) sowie S. Giorgio und Stolvizza (Resia) durchgeführt (vgl. Karte 32).

Beschäftigtenentwicklung nach Gebiet

Abb. 6

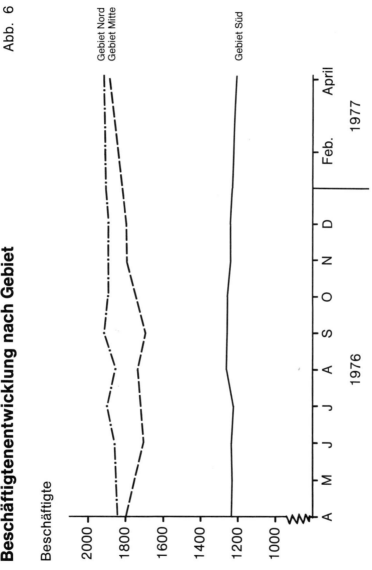

Quelle: eigene Erhebung (Ind. befr. Frage 54)

Tab. 29: Entwicklung des Familieneinkommens nach den Erdbeben

Wirtschaftssektor des Hauptverdieners	Erhöhung %	keine Veränderung %	Reduzierung %	n =
Landwirtschaft	–	(25,0)	(75,0)	4 (100)
Handwerk	13,0	53,7	33,3	69 (100)
Industrie	13,2	52,8	34,0	53 (100)
Dienstleistungen	3,1	68,8	28,1	32 (100)
Rentner-/Hausfrauenhaushalte	14,5	64,5	21,0	76 (100)
Gesamt	12,0	58,5	29,5	234 (100)

Quelle: eigene Erhebung (Bev.befr. Frage 48).

Demnach hat sich vor allem in Industrie und Handwerk eine Einkommensverringerung ergeben, deren Höhe allerdings nicht quantifiziert werden kann. Eine Begründung für diese widersprüchliche Aussage könnte sein, daß in der Industriebefragung nur Betriebe mit mindestens 20 Beschäftigten erfaßt wurden, während möglicherweise die Entwicklung der zahlreichen kleineren Industrie- und Handwerksbetriebe nicht so günstig verlief. Gerade die Beschäftigten in den peripher gelegenen, aber noch stark betroffenen Befragungsgemeinden arbeiten zum großen Teil am Ort und in den nächstgelegenen Zentren[1], wo überwiegend Kleinbetriebe vorhanden sind.

2.4. Zusammenfassende Wertung der Schäden

Zusammenfassend kann festgestellt werden, daß die ökonomischen Auswirkungen des Bebens nicht so stark waren, wie man vielleicht befürchten mußte. Trotz schwerer Schäden im Agrarbereich wurde die - schon lange bestehende - Abwanderung aus der Landwirtschaft nicht verstärkt. Gegenüber den langfristig wirksamen sozioökonomischen Veränderungsprozessen, die den Stellenwert der Landwirtschaft bereits stark reduziert haben, erwies sich das Erdbeben als relativ unbedeutend. Diese Aussage gilt selbstverständlich nicht für die Wohnfunktion der

---

[1] mehr als 50 % der mit der Befragung erfaßten Beschäftigten arbeiten in der Gemeinde oder in den nächstgelegenen Zentren (für Lusevera: Taipana, für Tarcento: Nimis, für Forgaria: San Daniele/Spilimbergo, für Resia: Moggio/Resiutta).

zerstörten Gehöfte, da hier nur von der Produktion gesprochen wurde.

Die Zerstörungen im Bereich der Industrie haben zwar zu merklichen Produktionsausfällen bei den betroffenen Betrieben geführt, der schnelle Wiederaufbau hat aber entscheidend dazu beigetragen, daß dieser Effekt keine größeren Ausmaße annahm. Die geringen innerregionalen Verflechtungen der hier ansässigen Betriebe hielten auch die weiteren Folgewirkungen in Grenzen. Multiplikative Einkommensfolgewirkungen traten zumindest im Bereich der Industrie ebenfalls kaum auf.

Die positive Beschäftigungsentwicklung gerade in dem am stärksten betroffenen Gebiet hat dieses Ergebnis bewirkt. Der Gesamtschaden im Bereich der Industrie dürfte bei rd. 64 Mrd. Lire (183 Mio.DM) liegen, wovon etwa ein Fünftel (13 Mrd. Lire) als Folgeschaden bezeichnet werden kann. Vergleicht man damit die Angaben von di SOPRA eines Folgeschadens von 920 Mrd. Lire (2 628 Mio.DM)[1], - allerdings im gesamten Produktionsbereich -, so wird deutlich, daß die tatsächlichen Folgewirkungen hier weit überschätzt wurden. Neben einer wirklichen Fehleinschätzung dürfte dabei auch ein gewisser Zweckpessimismus eine Rolle gespielt haben, mit dem die Regierung in Rom zu raschem Handeln aufgefordert werden sollte. Welchen Beitrag die staatlichen Maßnahmen für die soziale und wirtschaftliche Entwicklung nach dem Beben bedeutet haben, soll in den nächsten beiden Abschnitten untersucht werden.

3. Staatliche und regionale Planungs- und Förderungsmaßnahmen

3.1. Gesetzliche Regelungen - bisherige Verwendung der Gelder

Die italienische Regierung in Rom und die Regionalregierung in Triest haben schon kurz nach dem Erdbeben versucht, durch gesetzliche Regelungen die erste Not zu lindern und den Wiederaufbau zu ermöglichen. Unter den Gesetzen zur Überwindung der Notsituation sind vor allem Regionalgesetz Nr. 15 vom 10.5.1976 (Gründung eines Solidaritätsfonds) sowie Nationalgesetz 336 vom 29.5.1976 mit detaillierten Regelungen vielfältiger Bereiche zu nennen.

---

[1] Folgeschäden
durch Produktionsrückgang   609 Mrd. Lire/1 740 Mio.DM
    Komplementärwirkungen   200 Mrd. Lire/ 571 Mio.DM
    Einkommenswirkungen   112 Mrd. Lire/ 320 Mio.DM.

Relativ bald wurden von der Region Gesetze für den Wiederaufbau der zerstörten oder beschädigten Arbeitsplätze erlassen. Regionalgesetz Nr. 28 vom 1.7.76 regelt Entschädigungsansprüche im Bereich von Industrie, Handwerk, Handel und Tourismus, während Regionalgesetz Nr. 35 vom 29.7.76 den landwirtschaftlichen Sektor betrifft. Nationalgesetz Nr. 730 vom 30.10.76 enthält weitere Regelungen für verschiedene Bereiche im Rahmen des Krisenmanagements durch den Sonderkommissar. Nach dem Ablauf der Amtszeit von ZAMBERLETTI im Frühjahr 1977 wurden die Kompetenzen für den Wiederaufbau wieder voll an die Region übertragen. Das bedeutet, daß die Verteilung der vom Staat zur Verfügung gestellten Gelder in den Händen der Region liegt, die in eigener Verantwortung mit den entsprechenden Gesetzen - im Rahmen der staatlichen Rahmengesetze - die Verwendung der Gelder regeln kann.

Etwas mehr als ein Jahr nach der Katastrophe verabschiedete das römische Parlament das Nationalgesetz Nr. 546 vom 8.8.77, durch das der Wiederaufbau und die Entwicklung des Friaul langfristig gefördert werden sollen. Mit diesem Gesetz stellt der italienische Staat der Region Friaul insgesamt 3 050 Mrd. Lire (9 Mrd. DM) zur Verfügung, davon 2 375 Mrd. Lire (7 Mrd. DM), verteilt auf die Finanzjahre 77 - 81, für den eigentlichen Wiederaufbau und 675 Mrd. Lire (2 Mrd. DM) für Infrastrukturprojekte, die die Standortnachteile des Friaul langfristig ausgleichen sollen, wie z.B. die Autobahn Udine-Tarvis, den zweigleisigen Ausbau der Pontebbana (Eisenbahnlinie Udine-Tarvis) und die Universität Udine. Insgesamt stellte der italienische Staat 4 347 Mrd. Lire (12,5 Mrd. DM) für das betroffene Gebiet zur Verfügung[1]. Auch im direkten Vergleich zur Höhe der angerichteten Schäden bedeutet das einen erheblichen Investitionsschub für das Friaul. Inwieweit diese Mittel wirksam werden können, hängt freilich davon ab, ob und in welchem Zeitraum diese Gelder dem betroffenen Gebiet tatsächlich zur Verfügung stehen. Im Gegensatz zu den Erfahrungen anderer Erdbebengebiete in Italien scheint die Verteilung der Gelder an die Betroffenen im Friaul weitgehend ordnungsgemäß abzulaufen[2], die größere Gefahr besteht darin, daß die bereitgestellten Mittel durch die Inflation aufgezehrt werden, wenn der Wiederaufbau weiterhin nur schleppend vorankommt[3].

---

1) Regione Cronache Nr. 97/1978, S. 8.
2) der Bürgermeister von Majano und der Sekretär des Sonderkommissars wurden im April 1978 zu 7 bzw. 2 Jahren Haft verurteilt, weil sie von Prefabbricati-Herstellern Schmiergelder erhalten hatten (Messaggero-Veneto 14.4.78).
3) derzeit beträgt die Inflationsrate in Italien rd. 13 %.

Im Zeitraum 1978 - 1981 stehen der Region insgesamt 4 300 Mrd. Lire zur Verfügung[1].

Gewöhnliche Einnahmen	1 533 Mrd. Lire
Solidaritätsfonds	80 " "
Nationalgesetz Nr. 546	2 080 " "
direkte Zahlungen des Staates	410 " "
Finanzierung des Osimo-Abkommens	295 " "

Was diese Summe bedeutet, wird klar, wenn man berücksichtigt, daß für den Zeitraum 1976 - 1979 ein Haushaltsvolumen von 1 200 Mrd. Lire vorgesehen war. Selbst bei der hohen Inflationsrate Italiens ist das mehr als eine Verdoppelung des Etats.

Die außerordentliche Bedeutung, die dem Wiederaufbau und der Entwicklung des Friaul von der italienischen Regierung zugemessen wird, läßt sich auch daran erkennen, daß mit den Erdbeben-Hilfsgeldern der Weiterbau der Autobahn Udine-Tarvis finanziert wird, obwohl sonst in ganz Italien der Bau von Autobahnen gesetzlich gestoppt wurde. Damit wird anerkannt, welch wichtige Rolle die internationalen Verbindungen für die weitere Entwicklung des Friaul spielen.

Die entscheidenden Gesetze für den Wiederaufbau der Häuser wurden am 20.6.77 (Regionalgesetz Nr. 30) und am 23.12.77 (Regionalgesetz Nr. 63) von der Region erlassen. Gesetz Nr. 30 regelt die Reparatur beschädigter Wohnhäuser, Gesetz Nr. 63 den Wiederaufbau zerstörter Häuser. Die Gelder werden entsprechend dem Planungsstand an die einzelnen Gemeinden verteilt. Während die Mittel für die Wiederbelebung der Wirtschaft zum großen Teil bereits ausgegeben wurden, steht der Wiederaufbau der Wohnungen noch am Anfang. Die zeitliche Abfolge der gesetzlichen Regelungen sowie die unterschiedliche Komplexität des Wiederaufbaus haben diese Diskrepanz im wesentlichen verursacht. Im Gegensatz zur Industrie, wo die Entscheidungsgewalt in wenigen Händen liegt, erfordert die Planung des Wiederaufbaus der zerstörten Siedlungen einen wesentlich längeren Zeitraum. So stellen sich vor allem die Notwendigkeit einer Bodenneuordnung angesichts zersplitterter Grundstücksparzellen, einer Vielzahl von teilweise gar nicht mehr im Friaul anwesenden Eigentümern, komplizierte gesetzliche Regelungen, langwierige Genehmigungsverfahren, Differenzen über die Strategie des Wiederaufbaus innerhalb der Gemeinden und eine zumindest anfangs zögernde Auszahlung der Finanzmittel einem schnellen Wiederaufbau der Siedlungen entgegen.

---

[1] Regione F.-V.G., Ass. Pianificazione 1977 B, S. 38-39.

Bis Anfang 1979 wurden 32 000 Anträge nach Gesetz 30 und 28 000 Anträge nach Gesetz 63 gestellt[1]. Während die Antragsfrist für Gesetz 63 am 31.12.78 abgelaufen ist, wurde die Frist für Gesetz 30 bis zum 30.6.79 verlängert.

In der Region wurden 1978 19 211 Baugenehmigungen erteilt, davon 5 608 gemäß Gesetz 30 (= 17 % der gestellten Anträge) und 2 253 gemäß Gesetz 63 (= 12 % der gestellten Anträge)[2]. Insgesamt wurde bisher etwa ein Drittel der rd. 60 000 beschädigten Wohnungen repariert, in den nächsten Jahren müssen also noch rd. 40 000 Wohnungen wiederaufgebaut werden[3].

Ende Mai 1978 lebten noch 48 446 Personen in Prefabbricati[4], wobei der Anteil dieser Personen in den Gemeinden Resiutta, Venzone, Bordano, Lusevera, Cavazzo Carnico, Gemona und Trasaghis noch über 70 % lag[5]. Gegenüber dem April 1977 nahm die Zahl der in Prefabbricati lebenden damit um 16 000 ab.

Der Vergleich der Bevölkerung, die noch in Prefabbricati lebt (Mai 1978: 48 446[6]) mit der Zahl der gestellten Anträge (Anfang 1979: 50 000) bzw. mit der Zahl der noch nicht wiederaufgebauten Wohnungen (Anfang 1979 rd. 40 000) zeigt, daß ein Teil der Betroffenen Wohnmöglichkeiten außerhalb der Prefabbricati gefunden hat (z.B. bei Verwandten). Zudem wurden Anträge auch für Häuser gestellt, die nicht mehr bewohnt waren oder nur noch als Zweitwohnungen genutzt wurden[7].

Von den bereitgestellten staatlichen Mitteln wurden bis zum 30.3.1978 erst 350 Mrd. Lire an die Region zugeteilt. Folgende Tabelle zeigt die Verwendung dieser Gelder nach den wichtigsten Sachbereichen:

---

1) TELLIA 1979, S. 14, M. STRASSOLDO 1979, S. 12.
2) Messaggero Veneto 28.3.1979.
3) M. STRASSOLDO 1979, S. 12.
4) TELLIA 1979, S. 14.
5) TELLIA 1979, S. 14.
6) bei einer durchschnittlichen Familiengröße von 2,4 Personen sind das etwa 20 200 Familien.
7) TELLIA 1979, S. 16.

Tab. 30: Staatliche Finanzmittel für das Erdbebengebiet bis zum März 1978

	in Mrd. Lire	in Mio. DM
Öffentliche Arbeiten	203,7	583
davon Nothilfemaßnahmen sowie öffentliche Bauten	30,2	86
davon Zuschüsse für Wohnungsreparaturen	89,7	256
davon Bau von Prefabbricati	55,8	159
davon Bau provisorischer Schulen	27,0	77
Lokalverwaltung (Personalkosten)	6,1	17
Sozialfürsorge (Kranken- und Altenpflege)	23,8	68
Landwirtschaft	30,3	86
Handwerk	9,5	27
Industrie und Handel	52,5	150
Finanzierungen der EG und der Europäischen Investitionsbank für Landwirtschaft, Industrie und Infrastrukturmaßnahmen	15,1	43
Gesamt	343,9	982

Quelle: Regione Cronache 4-5/1978, S. 4-6.

Rund ein Drittel der staatlichen Finanzmittel wurde für die Wiederbelebung der Wirtschaft ausgegeben, die restlichen zwei Drittel verteilen sich auf Nothilfemaßnahmen, Zuschüsse für Wohnungsreparaturen, Bau von Prefabbricati-Siedlungen und öffentlichen Einrichtungen sowie soziale Maßnahmen. Zu den staatlichen Finanzmitteln kommen noch rd. 58 Mrd. Lire[1] (166 Mio. DM) als Spenden aus dem Ausland hinzu, über deren Verwendung keine detaillierten Angaben vorliegen.

[1] R. STRASSOLDO 1978, S. 197.

3.2. Fördermittel für den industriellen Wiederaufbau

Gerade im Bereich des produzierenden Gewerbes müssen außerdem noch Förderungsmaßnahmen von Institutionen hinzugezählt werden, die schon vor dem Beben bestanden[1] und nach dem Beben vor allem die Vergabe von Darlehen intensivierten. Nach Angaben des Assessorates für Industrie in Triest erhielten die betroffenen Industriebetriebe bis zum Mai 1977 insgesamt 93 Mrd. Lire (266 Mio. DM) in Form von Kapitalzuschüssen und vergünstigten Krediten[2].

Die mit der Industriebefragung erfaßten Betriebe haben im Zeitraum Mai 76 - Mai 78 Fördermittel in Höhe von 48 Mrd. Lire (137 Mio. DM) erhalten. Unsere Untersuchung erfaßte also rd. die Hälfte der insgesamt vergebenen Mittel. Der - selbst genannte - Schaden lag dagegen nur bei 38 Mrd. Lire (109 Mio. DM).

Die Zunahme der öffentlichen Fördermittel nach dem Beben zeigt folgende Tabelle:

Tab. 31: Fördermittel für die Industrie vor und nach dem Erdbeben

Vergebene Fördermittel	1975 bis April 76		Mai 1976 bis Mai 78		Schäden	
	Mrd. Lire	Mio. DM	Mrd. Lire	Mio. DM	Mrd. Lire	Mio. DM
Gebiet Nord	4,2	12	3,4	10	4,0	11
Gebiet Mitte	3,8	11	42,4	121	33,8	97
Gebiet Süd	0,1	0,3	2,4	7	0,5	1
Gesamt	8,1	23	48,2	138	38,4	110
Geförderte Firmen in %	1975 bis April 76		Mai 1976 bis Mai 78			
Gebiet Nord	31,2		81,2			
Gebiet Mitte	44,0		92,0			
Gebiet Süd	9,5		57,1			
Gesamt	29,0		77,4			

Quelle: eigene Erhebung (Ind.befr. Frage 25).

1) hier sind vor allem Fondo di Rotazione, Mediocredito, Friulia, Friulia-Lis zu nennen.
2) Assessorato dell'industria e del commercio 1977.

Die Konzentration schwer betroffener Betriebe im Gebiet Mitte führte dazu, daß hierher auch die Masse der Fördermittel geflossen ist. Über 90 % aller befragten Betriebe erhielten nach den Beben Fördermittel gegenüber 44 % davor. Im Gebiet um Tolmezzo ist lediglich deshalb keine absolute Zunahme der Fördermittel zu verzeichnen, weil ein Großbetrieb schon vor dem Beben umfangreiche Investitionen vorgenommen und dafür auch erhebliche Fördermittel erhalten hat. Der Anteil der geförderten Firmen nahm aber auch hier deutlich zu. Im am wenigsten betroffenen Gebiet Süd liegt der Anteil der geförderten Firmen nach dem Beben zwar am niedrigsten, gegenüber der Periode vor dem Beben ist aber auch hier eine erhebliche Zunahme zu verzeichnen. Das Verhältnis Fördermittel zu Schäden liegt hier sogar am günstigsten.

Welchen Einfluß die mit diesen Fördermitteln verbundenen Investitionen auf die wirtschaftliche und soziale Entwicklung des Friaul ausgeübt haben, soll das folgende Kapitel zeigen.

4. Soziökonomische Entwicklung nach den Beben

4.1. Investitionen in der Industrie

Mit den genannten Fördermitteln sind die Investitionen in der Industrie stark angestiegen, wie folgende Grafik ausweist (vgl. Abb. 7, S.102).

Vor allem in dem am stärksten betroffenen Gebiet zeigen die Investitionen ab 1976 eine steile Aufwärtsentwicklung. Im Gebiet um Tolmezzo (Nord) ist der Aufwärtstrend wesentlich gemäßigter, und im südlichen Gebiet sind die Folgen des Erdbebens bei den Investitionen nur noch schwach spürbar.

Natürlich mußte der Großteil dieser Investitionen für die Behebung der Erdbebenschäden aufgewendet werden. Daß darüber hinaus aber auch Erweiterungsinvestitionen von beachtlichem Umfang angeregt wurden, wird aus der folgenden Tabelle deutlich.

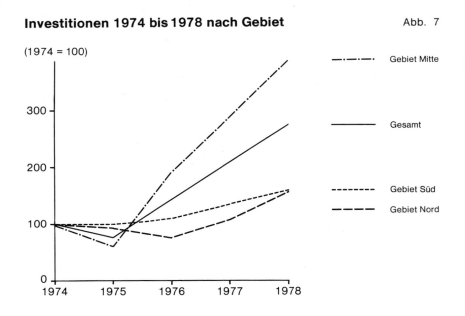

Investitionen 1974 bis 1978 nach Gebiet Abb. 7

Quelle: eigene Erhebung (Ind. befr. Frage 29)

Tab. 32: Erweiterungsinvestitionen nach Gebiet

Gebiet	1974/75		1976		1977/78		74/75	1976	77/78
	abs. in Mrd. Lire/Mio. DM						Anteil an den Gesamt-[1] investitionen in %		
Nord	2,9	8	0,4	1	3,2	9	48	17	41
Mitte	3,2	9	1,7	5	17,8	51	36	15	45
Süd	0,7	2	0,4	1	1,8	5	15	16	30
Gesamt	6,7	19	2,5	7	22,7	65	35	16	42

1) Erhaltungs-, Modernisierungs- und Erweiterungsinvestitionen

Quelle: eigene Erhebung (Ind.befr. Frage 29).

Im Zeitraum vor dem Beben betrug der Anteil der Erweiterungen an den Gesamtinvestitionen rund ein Drittel. Die größere Dynamik der Gebiete Nord (48 %) und Mitte (36 %) gegenüber dem Gebiet an der Peripherie von Udine (15 %) ist schon hier zu erkennen. Im Jahr des Erdbebens fiel der Erweiterungsanteil auf 16 %, verursacht durch die sofort eingeleiteten Wiederaufbauarbeiten. Aber schon in den nächsten beiden Jahren stieg der Anteil der Erweiterungen auf über 40 % und liegt damit höher als vor dem Beben. Die stärker betroffenen Gebiete Nord (41 %) und Mitte (45 %) übertreffen auch nach dem Beben das südliche Gebiet (30 %) deutlich. Damit kommt die positive Wirkung des Erdbebens gerade auf die für Produktion, Einkommen und Arbeitsmarkt so wichtigen Erweiterungsinvestitionen deutlich zum Ausdruck. Die betroffenen Firmen im Friaul haben nach dem Erdbeben die Chance genutzt, mit öffentlichen Förderungsmitteln nicht nur die aufgetretenen Schäden zu beheben, sondern gleichzeitig Erweiterungen von erheblichem Ausmaß vorzunehmen. Welche Branchen dabei die Hauptrolle spielten, zeigt Tab. 33.

Tab. 33: Erweiterungsinvestitionen nach Branchen

Branche	1974/75		1976		1977/78		74/75	1976	77/78
	abs. in Mrd. Lire/Mio. DM						Anteil an den Gesamtinvestitionen in %		
	Lire	DM	Lire	DM	Lire	DM			
Mechanik-Metall	0,7	2	0,6	2	11,1	32	9	11	45
Holz-Papier	5,5	16	0,4	1	5,4	15	68	19	53
Möbel	0,1	0,3	1,2	3	2,4	7	9	10	40
Textil	0,1	0,3	-	-	0,4	1	12	2	25
Chemie	-	-	0,2	0,5	0,4	1	5	25	22
Steine-Bau	0,3	1	0,2	0,5	3,2	9	51	39	84

Quelle: eigene Erhebung (Ind.befr. Frage 29).

Etwa die Hälfte der gesamten Erweiterungsinvestitionen wurde in der Metall- und Mechanik-Branche vorgenommen, die vor allem in der Industriezone Osoppo konzentriert ist. Auch die Holz-Papier- und die Möbelbranche haben nach dem Erdbeben stark erweitert, während die krisenbedrohte Textilindustrie und der Chemiebereich sowohl absolut als auch relativ nur geringe Erweiterungsinvestitionen getätigt haben[1]. Auffällig ist die Zunahme der Erweiterungsinvestitionen in der Baubranche (Baustoffindustrie) auf 84 %, die wohl in Erwartung des durch den Wiederaufbau verursachten Baubooms eingetreten ist.

4.2. Regionale Folgewirkungen der induzierten Investitionen

4.2.1. Theoretischer Überblick

Neben den direkten Folgen der öffentlichen Förderungsmaßnahmen für die geförderten Betriebe sind auch die indirekten Folgewirkungen zu beachten. Wenn die mit den Investitionen verbundenen Aufträge an Firmen im Friaul vergeben werden, steigt der Umsatz dieser Firmen, wodurch wiederum ein Anstieg der Einkommen und der Beschäftigung, aber auch neue Investitionen angeregt werden können. Lieferverflechtungen und Einkommenswirkun-

---

[1] leider konnte die Manifattura von Gemona, eine Textilfabrik, die durch das Erdbeben total zerstört wurde, nicht in die Befragung einbezogen werden. Dieser Betrieb wurde in 2-jähriger Arbeit völlig neu aufgebaut, wobei auch erhebliche Erweiterungen vorgenommen worden sein dürften.

gen können zu weiteren - allmählich abnehmenden - Folgewirkungen führen und damit einen Multiplikatorprozeß in Gang bringen. Abb. 8 verdeutlicht die dabei auftretenden Effekte.

Die Höhe der Folgewirkungen hängt vor allem davon ab, inwieweit die regionale Wirtschaft in der Lage ist, die notwendigen Leistungen zu erbringen, d.h. welcher Anteil der geförderten Investitionssumme im Friaul verbleibt. Das Ausmaß der weiteren Komplementärwirkungen wird primär vom Grad der interindustriellen Verflechtung in der Region bestimmt. Die Einkommenswirkungen schließlich hängen zum einen von der Regionsgröße und der Attraktivität des tertiären Sektors (Kaufkraftströme), zum anderen von der Lieferstruktur des Einzelhandels ab.

4.2.2. Investitionen und deren regionale Verwendung

Die Höhe der durch die Fördermittel angeregten Investitionen sowie den davon im Friaul verbleibenden Anteil zeigt Tab. 34.

Tab. 34: Fördermittel und Investitionen nach Gebiet

Gebiet	Fördermittel		geförderte Investitionen		in Friaul verausgabt in %
	Mrd. Lire	Mio. DM	Mrd. Lire	Mio. DM	
1975 bis April 1976					
Nord	4,2	12	4,4	12	31
Mitte	3,8	11	2,8[1)]	8	31
Süd	0,1	0,3	0,3	1	20
Gesamt	8,1	23	7,5	21	31
Mai 1976 bis 1977					
Nord	3,4	10	4,3	12	58
Mitte	42,4	121	56,8	163	54
Süd	2,4	7	2,8	8	50
Gesamt	48,2	138	64,0	183	54

Quelle: eigene Erhebung (Ind.befr. Frage 25,26,28).

1) die geförderten Investitionen können niedriger sein als die Fördermittel, wenn der Vergabezeitpunkt nicht mit dem Zeitpunkt der Durchführung der Investitionen übereinstimmt.

Folgewirkungen von Investitionen nach einem Erdbeben

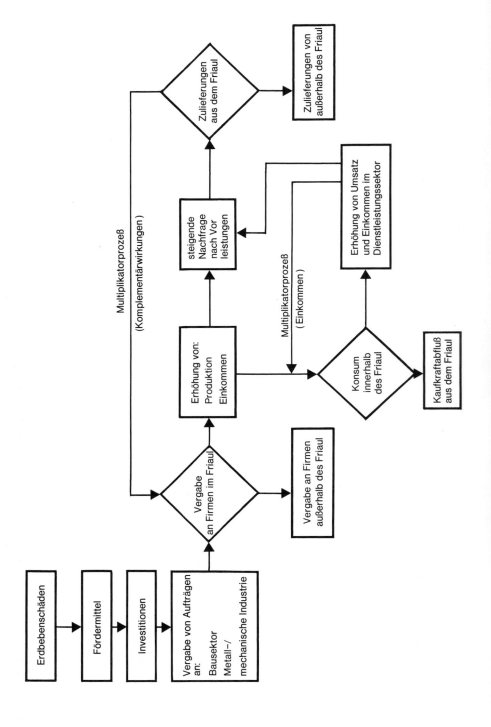

Abb. 8

Neben dem allgemein starken Anstieg der geförderten Investitionen erhöht sich auch der Anteil der im Friaul ausgegebenen Investitionsmittel deutlich. Während vor dem Beben rund ein Drittel der Investitionssumme im Friaul blieb, ist es nachher etwas mehr als die Hälfte. Diese Erhöhung ist vor allem durch die Behebung der Gebäudeschäden und die damit verbundenen Investitionen im Bausektor bedingt. Die technische Ausrüstung wird dagegen nach wie vor zum größten Teil von außerhalb der Region bezogen. Die Wirtschaft des Friaul profitiert demnach zwar von den stark angestiegenen Investitionen, durch den geringen Anteil der Investitionsgüterindustrie bleiben diese Auswirkungen aber überwiegend auf den Bausektor beschränkt.

4.2.3. Komplementärwirkungen

Welche Folgewirkungen werden von den innerhalb des Friaul vergebenen Investitionen hervorgerufen? Geht man davon aus, daß das Verhältnis der Fördermittel zu den geförderten Investitionen, das bei der Befragung ermittelt wurde (0,75), für alle geförderten Betriebe repräsentativ ist, so ergeben sich bei einer Fördersumme von insgesamt 93 Mrd. Lire (266 Mio. DM) geförderte Investitionen in Höhe von 121 Mrd. Lire (346 Mio. DM). Davon verbleiben rd. 54 % im Friaul, also etwa 65 Mrd. Lire. Leider ist nicht bekannt, in welche Sektoren diese Investitionen fließen, hilfsweise wird deshalb angenommen, daß zwei Drittel in den Bausektor (43 Mrd.) und ein Drittel in den Metall-Mechanik-Bereich (22 Mrd.) gehen. Diese Branchen haben einen Vorleistungsanteil von 50 % (Bau) bzw. 65 % (Metall-Mechanik) und beziehen 75 % (Bau) bzw. 40 % (Metall-Mechanik) ihrer Zulieferungen aus dem Friaul. Damit werden bei den Zulieferbetrieben des Bausektors im Friaul weitere 16 Mrd. Lire (43 x 0,5 x 0,75) und des Metall-Mechanik-Bereiches weitere 6 Mrd. Lire (22 x 0,65 x 0,4) als zusätzlicher Umsatz angeregt. Im Metall-Mechanik-Bereich entstehen weitere Multiplikatoreffekte durch Zulieferverflechtungen in Höhe von 2 Mrd. Lire, während bei den Zulieferern des Bausektors (Grundstoffindustrie) kaum weitere Folgewirkungen auftreten dürften. Der Multiplikatoreffekt über Vorleistungsverflechtungen beschränkt sich also auf den Metall-Mechanik-Sektor, dessen primäre Umsatzsteigerung von 6 Mrd. Lire durch einen Multiplikator von 1,35 auf 8 Mrd. erhöht wird.

Von Investitionen in Höhe von 121 Mrd. Lire bleiben also 65 Mrd. im Friaul und dadurch wiederum werden Umsatzsteigerungen in vorgelagerten Bereichen von 24 Mrd. Lire (Bau: 16, Mechanik-Metall: 6 + 2) hervorgerufen. Die gesamte im Friaul hervorgerufene Umsatzsteigerung liegt damit bei 89 Mrd. Lire, also etwa in Höhe der Fördermittel.

Die durch die Fördermittel induzierte Wertschöpfung im Friaul beträgt rd. 42 Mrd. Lire, wie sich aus dem Wertschöpfungsanteil der beiden Branchen (Bau 50 %, Metall-Mechanik 40 %) und den entsprechenden Umsatzsteigerungen (Bau: 59 Mrd., Metall-Mechanik: 30 Mrd.) ergibt.

4.2.4. Einkommensfolgewirkungen

Ein Teil der induzierten Wertschöpfung schlägt sich als Einkommen bei den Beschäftigten der entsprechenden Firmen nieder. Bei einer Lohnquote von 25 % im Baubereich und 10 % im Metall-Mechanik-Sektor betragen die induzierten Einkommenseffekte der ersten Stufe 10,8 (43 x 0,25) bzw. 2,2 (22 x 0,10) Mrd. Lire. In vorgelagerten Bereichen kommen nochmals 1,6 (Baustoffgewerbe 16 x 0,10) bzw. 0,8 (Metall-Mechanik: 8 x 0,10) Mrd. Lire hinzu. D.h. insgesamt werden Einkommen in Höhe von rd. 15 Mrd. Lire hervorgerufen. Dieser Betrag erhöht sich durch Verausgabung innerhalb der Region weiter.

Exakte Angaben zur Berechnung des Einkommensmultiplikators fehlen leider, deshalb soll mit einer groben Schätzung seine ungefähre Größe eingegrenzt werden.

Bei einer Konsumquote von 0,8, einer innerregionalen Einkommensverwendung von 0,9 und einer Importquote der betreffenden Waren (des Einzelhandels) und Dienstleistungen von 0,5 ergibt sich ein Multiplikator von 1,56.

Setzt man alternative Importquoten von 0,6 bzw. 0,4 an, ergeben sich Multiplikatoren von 1,40 bzw. 1,76. Damit dürften sich die Einkommenseffekte auf insgesamt rd. 24 Mrd. Lire erhöhen (Schwankungsbereich ± 5 Mrd. Lire).

4.2.5. Gesamte Folgewirkungen im Vergleich

Auch wenn die aufgeführten Berechnungen eine gewisse Toleranz aufweisen, so wird doch deutlich, daß die Folgewirkungen der Förderungsmaßnahmen die Folgewirkungen des Erdbebens überkompensieren.

Erdbebenschäden – Förderungsmaßnahmen – Folgewirkungen

```
Direkte            ──Folgeschäden──▶   Folgeschäden
Schäden               direkter              gesamt
                 induzierter Wertschöpfungsverlust

Mrd.   Mio.       Mrd.   Mio.    Mrd.   Mio.       Mrd.   Mio.
Lire   DM         Lire   DM      Lire   DM         Lire   DM

64,5   184        10,4   30      2,7    8          13     37

    │
    ▼
geförderte        induzierte Wertschöpfung ──────────▶ positive Folge-
Investitionen          im Friaul                       wirkungen gesamt

                  1. Verflech-    weitere
                  tungsstufe      Stufen

Mrd.   Mio.       Mrd.   Mio.    Mrd.   Mio.       Mrd.   Mio.
Lire   DM         Lire   DM      Lire   DM         Lire   DM

121    346        29     83      11     31         49     140

    │
    ▼
davon im                         ──▶ Einkommens-
Friaul ver-    davon induzierte Einkommen   multiplikator
bleibend

Mrd.   Mio.       Mrd.   Mio.    Mrd.   Mio.       Mrd.   Mio.
Lire   DM         Lire   DM      Lire   DM         Lire   DM

65     186        13     37      2      6          9      26
```

109

Damit wird nochmals klar, daß - ökonomisch gesehen - die positiven Folgen der durch das Beben ausgelösten Reaktionen die negativen Auswirkungen des Bebens bei weitem übertreffen. Die Anregung von Investitionen durch Förderungsmaßnahmen erweist sich als wesentlich bedeutsamer als die Folgen des Produktionsausfalls nach dem Erdbeben. Mit der Modernisierung und Erweiterung der Produktionseinrichtungen werden sich diese positiven Effekte in Zukunft weiter verstärken.

4.3. Beschäftigtenentwicklung

Welche Konsequenzen haben sich nun aus diesen Folgewirkungen für die Beschäftigung ergeben?

Tab. 35: Beschäftigtenentwicklung nach Gebiet

Gebiet	1974 abs.	1976 abs.	1978 abs.	74/76 %	76/78 %
Nord	1.931	1.961	2.174	+ 1,6	+10,9
Mitte	2.258	2.676	3.031	+18,5	+13,3
Süd	1.617	1.577	1.545	- 2,5	- 2,0
Gesamt	5.806	6.214	6.750	+ 7,0	+ 8,6

Quelle: eigene Erhebung (Ind.befr. Frage 44).

Die dynamische Entwicklung des Gebietes um Majano-Osoppo schon vor dem Beben tritt deutlich hervor. Die Steigerungsrate von fast 20 % (1974 bis 1976) konnte zwar nach dem Beben nicht mehr erreicht werden, immerhin führten die getätigten Investitionen aber dazu, daß sich die Aufwärtsentwicklung deutlich fortsetzen konnte. Im nördlichen Gebiet, dessen Beschäftigungsentwicklung vor dem Beben schwach positiv war, führten die Investitionen - möglicherweise in Zusammenhang mit den Folgewirkungen schon vorher getätigter hoher Investitionen - zu einer merklichen Zunahme der Beschäftigten. Demgegenüber konnten die im südlichen Gebiet vergleichsweise gering gestiegenen Investitionen den leicht abwärts gerichteten Beschäftigungstrend nicht aufhalten.

Die differenzierte Analyse der Beschäftigtenentwicklung zeigt also einen eindeutigen Zusammenhang mit der Höhe der Investitionen. Befürchtungen, wonach diese Investitionen primär zur Rationalisierung und damit zur Einsparung von Ar-

beitskräften führen würden, haben sich nicht bestätigt. Die
Zunahme der Erweiterungsinvestitionen hat die Beschäftigtenentwicklung positiv beeinflußt und zusammen mit der Modernisierung des Kapitalstocks den Grundstein für den weiteren
ökonomischen Aufschwung des Gebietes gelegt. Die Vermutung,
daß die langfristig positiven Folgen des Bebens die kurzfristigen negativen Einflüsse überwiegen, hat sich damit im
Fall des Friaul bestätigt.

Neben der quantitativen Zunahme der Arbeitsplätze sind die
qualitativen Veränderungen langfristig von mindestens ebenso
großer Bedeutung. Ob die besprochenen Investitionen zu einer
Verbesserung oder Verschlechterung der Qualifikationsstruktur geführt haben, soll folgende Tabelle zeigen:

Tab. 36: Qualifikationsstruktur nach Gebiet

	1974 %	1976 %	1978 %		1974 %	1976 %	1978 %
Gebiet Nord (n=14)				**Gebiet Mitte** (n=21)			
Angestellte	13,8	14,6	14,3	Angestellte	10,3	11,5	12,4
Facharbeiter	54,7	55,8	54,0	Facharbeiter	54,5	56,6	56,2
sonst. Arbeiter	31,4	29,6	31,7	sonst. Arbeiter	35,2	31,9	31,4
	(100)	(100)	(100)		(100)	(100)	(100)
Gebiet Süd (n=20)				**Gesamt** (n=55)			
Angestellte	11,9	12,0	13,9	Angestellte	12,3	12,9	13,6
Facharbeiter	50,7	51,7	53,4	Facharbeiter	53,3	54,7	54,4
sonst. Arbeiter	37,4	36,3	32,7	sonst. Arbeiter	34,4	32,4	31,9
	(100)	(100)	(100)		(100)	(100)	(100)

Quelle: eigene Erhebung (Ind.befr. Frage 44).

Der Anteil der Facharbeiter liegt generell sehr hoch, dabei
ist aber zu berücksichtigen, daß der Begriff des Facharbeiters
in Italien anders abgegrenzt wird als in Deutschland. Die In-
dustriezählung von 1971 weist für die Provinz Udine in der
verarbeitenden Industrie einen Anteil der Angestellten von
11,7 %, der Facharbeiter von 50,6 % und der sonstigen Arbei-
ter von 33,7 % aus. Die Qualifikationsstruktur der befragten

Betriebe ist 1974 etwas günstiger und verbessert sich bis 1978 weiter.

Ein Einfluß des Erdbebens und der nachfolgenden Investitionen auf die Qualifikationsstruktur ist nicht eindeutig zu belegen. Von 1974 bis 1976 nehmen die Anteile der Angestellten und Facharbeiter in allen drei Gebieten zu. Nach dem Erdbeben ist die Entwicklung nicht mehr so einheitlich. Im südlichen Gebiet verstärkt sich die positive Entwicklung, während im am stärksten betroffenen Gebiet bei den Facharbeitern eine Stagnation eintritt und im nördlichen Gebiet gar eine Verschlechterung zu registrieren ist. Die Verschiebungen der Prozentwerte sind allerdings insgesamt zu gering, um daraus gesicherte Aussagen ableiten zu können. Auf jeden Fall scheinen die neu geschaffenen Arbeitsplätze nicht zu einer wesentlichen Verschlechterung der Qualifikationsstruktur geführt zu haben.

Wie haben sich nun die Veränderungen im Erdbebengebiet auf die industrielle Entwicklung insgesamt ausgewirkt? Mit den Zahlen der Industrie- und Handelskammer Udine kann die Industrieentwicklung in der Provinz Udine für den Zeitraum Dezember 1975 (also kurz vor dem Erdbeben) bis September 1977 verfolgt werden[1].

Tab. 37: Beschäftigte in der verarbeitenden Industrie 1975 bis 1977 nach sozio-ökonomischen Zonen

(ohne Bauindustrie)	1975 abs.	1977 abs.	1975/1977 abs.	%
Gebirgszone	3.158	3.457	+ 299	+ 9,5
Zentrales Hügelland	6.337	6.778	+ 441	+ 7,0
Zone Codroipo	1.474	1.606	+ 132	+ 9,0
Zone Udine-Cividale	22.809	23.246	+ 439	+ 1,9
Tiefebene	4.595	4.854	+ 259	+ 5,6
Provinz Udine gesamt	38.373	39.941	+1.568	+ 4,1

Quelle: Camera di Commercio di Udine 1975, 1977 sowie eigene Berechnungen.

---

[1] auch wenn die Zuverlässigkeit dieser Daten nicht allzu hoch veranschlagt werden kann, sind die Tendenzen der industriellen Entwicklung doch deutlich erkennbar.

In der Provinz Udine nahm die Zahl der Beschäftigten in der verarbeitenden Industrie von Ende 1975 bis September 1977 um etwa 4 % zu. Daraus wird deutlich, daß die positive Entwicklung der 70er Jahre durch das Erdbeben nicht unterbrochen wurde. Die Erdbebengebiete liegen sogar über dem Durchschnitt der Provinz.

Ein differenzierteres Bild ergibt sich, wenn man die Entwicklung nach Gemeinden betrachtet.

Karte 13 zeigt industrielle Wachstumsprozesse, wie sie in ähnlicher Form in vielen Gebieten zu finden sind. Hohe Bodenpreise und Mangel an Ausdehnungsmöglichkeiten führen zu einer Verlagerung der Industrie aus den Ballungskernen in die Randgebiete. So ist auch im Umland von Udine eine auffallende Häufung von Gemeinden mit deutlichem Beschäftigungszuwachs zu verzeichnen, während die Arbeitsplätze in der Stadt selbst zurückgehen. In den übrigen Teilen der Provinz ist die Entwicklung indifferent. Einer kleineren Zahl von an Verkehrsachsen gelegenen, aufstrebenden Industrieorten steht eine Vielzahl stagnierender oder rückläufiger Industriestandorte gegenüber. Auch im Erdbebengebiet sind diese Wachstumskerne gut zu erkennen wie Osoppo und Magnano im zentralen Hügelland oder Tolmezzo im Norden. In einigen anderen, ebenfalls industriell geprägten Orten des Erdbebengebietes wie in Gemona und Majano, sind die Folgen des Bebens noch leicht zu spüren, dürften aber bald überwunden sein.

Die Beschäftigtenentwicklung nach Branchen zeigt folgende Tabelle (vgl. Tab. 38, S.115):

Der Schwerpunkt der neugeschaffenen Arbeitsplätze liegt im Holz-Möbel- sowie im Metall-Mechanik-Bereich. Sowohl im zentralen Hügelland, in dem sich die meisten beschädigten Betriebe befinden, als auch in der Provinz liegen hier die Steigerungsraten zwischen 6 und 13 %. Auch die Lebensmittelindustrie weist eine positive Entwicklung auf, die allerdings quantitativ nicht stark ins Gewicht fällt. Dagegen wird die Entwicklung des Bausektors, die im Erdbebengebiet bereits jetzt deutlich zu erkennen ist (+ 25 %), noch erheblich an Intensität gewinnen.

Eine negative Beschäftigtenentwicklung verzeichnet die Textilindustrie, die lange Zeit die industrielle Entwicklung des Friaul anführte, aber heute - wie überall - einem Schrumpfungsprozeß unterworfen ist, sowie die Chemiebranche, die - abgesehen von der faschistischen Gründung Torviscosa mit 1 400 Beschäftigten - im Friaul noch nicht richtig Fuß fassen konnte.

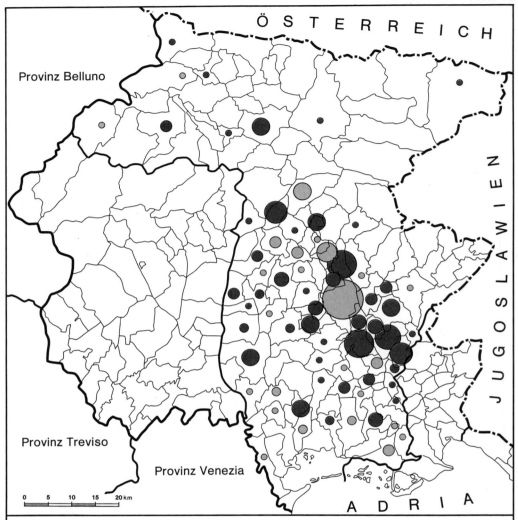

Karte 13

Beschäftigtenentwicklung in der verarbeitenden Industrie 1975–1977: Provinz Udine

● Zunahme
● Abnahme

Quelle: Camera di Commercio, Industria, Artigianato e Agricoltura di Udine

Entwurf: R. Dobler   Kartographie: Geographisches Institut der TUM

Tab. 38: Beschäftigte in der verarbeitenden Industrie 1975 bis 1977 nach Branchen

	Zentrales Hügelland				Provinz Udine			
	1975 abs.	1977 abs.	1975/77 abs.	1975/77 %	1975 abs.	1977 abs.	1975/77 abs.	1975/77 %
Mechanik-Metall	1.926	2.091	+165	+ 8,6	14.334	15.201	+ 867	+ 6,0
Holz-Möbel	1.717	1.916	+199	+11,6	11.718	13.190	+1472	+12,6
Textil-Bekleidung	2.076	2.092	+ 16	+ 0,8	7.108	6.919	- 189	- 2,7
Chemie	262	255	- 7	- 2,7	3.233	2.435	- 798	-24,7
Lebensmittel	356	424	+ 68	+19,1	1.980	2.198	+ 218	+11,0
Bau	894	1.119	+225	+25,2	7.912	8.640	+ 728	+ 9,2
Gesamt (ohne Bau)	6.337	6.778	+441	+ 7,0	38.373	39.941	+1568	+ 4,1
Gesamt (mit Bau)	7.231	7.897	+666	+ 9,2	46.285	48.585	+2300	+ 4,7

Quelle: Camera di Commercio di Udine 1975, 1977 sowie eigene Berechnungen.

Das starke Wachstum der Industrie hat in den letzten Jahren
bereits zu Kapazitätsproblemen auf dem Arbeitsmarkt geführt.
Alle in letzter Zeit durchgeführten Erhebungen haben einen
Mangel an Arbeitskräften ergeben, der sich restriktiv auf die
weitere Entwicklung auswirken könnte. Insbesondere qualifizierte Arbeitskräfte sind nur schwer zu bekommen (von 69 %
aller befragten Betriebe angegeben), während bei unqualifizierten Arbeitskräften kaum Probleme bestehen (nur 11 % der
befragten Betriebe haben hier Schwierigkeiten).

Diese Entwicklung zeigt sich auch in den Arbeitslosenzahlen.
Seit 1969 liegt die Arbeitslosenquote des Friaul unter dem
italienischen Durchschnitt (vgl. Abb. 9).

Während die ökonomische Krise Westeuropas auch Italien erfaßte und seit 1974 zu einem starken Ansteigen der Arbeitslosenquote führte, blieben die Auswirkungen auf das Friaul
eng begrenzt. Auch 1976 ergab sich nur ein sehr geringfügiger Anstieg der Arbeitslosenquote auf 2,7 %. Diese Quote ist
auch innerhalb Norditaliens ein günstiger Wert.

Bei der Analyse des Arbeitsmarktes im Friaul muß an die historische Entwicklung mit starker Abwanderung bis in die sechziger Jahre erinnert werden. Die Folgewirkungen der Abwanderung der besten und qualifiziertesten Arbeitskräfte machen
sich jetzt – in einer Phase stürmischen Wachstums – als Begrenzungsfaktoren bemerkbar.

Bevor wir zu den Folgewirkungen des Erdbebens im Bereich der
Bevölkerung kommen, noch eine abschließende Betrachtung zur
wirtschaftlichen Entwicklung nach dem Erdbeben.

4.4. Die Entwicklung des Regionaleinkommens

Auch die Analyse der Entwicklung des Regionaleinkommens, wie
sie in Abb. 10 gezeigt wird, läßt keinen negativen Einfluß
des Erdbebens erkennen.

In der am stärksten betroffenen Provinz Udine lag die Zunahme
des Regionalprodukts von 1975 bis 1976 mit 23,4 % sogar knapp
über dem Regionsdurchschnitt von 23,1 % (Italien 22,3 %). Die
eingehende Analyse der Schäden sowie der induzierten Folgewirkungen findet also auch in diesen Zahlen eine Bestätigung.
Negative Auswirkungen auf die Entwicklung der beschädigten Betriebe traten nur kurzfristig auf und konnten meist schon im
Lauf des Jahres 1976 überwunden werden. Mit den Wiederaufbauinvestitionen wurde der Grundstein für die weitere positive
Entwicklung des betroffenen Gebietes gelegt. Schon eineinhalb
Jahre nach dem Beben ist – gerade im Erdbebengebiet – eine

Arbeitslosenquoten 1968 bis 1977   Abb. 9

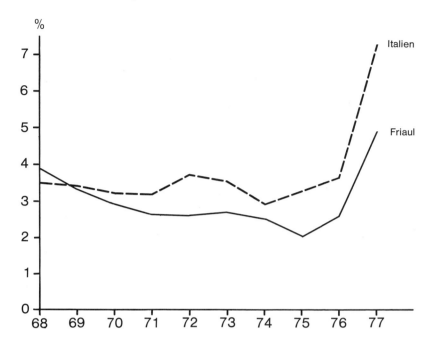

Quelle: Regione F.-V.G., Ass. Pianificazione: Compendio Statistico 1971, 1975, 1978

Regionalprodukt zu Faktorkosten 1970 bis 1976   Abb. 10

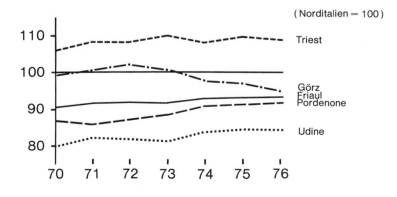

Quelle: Tagliacarne 1978

deutliche Zunahme der Industriebeschäftigten zu verzeichnen, die langfristig auch auf andere Bereiche ausstrahlen wird.

Damit kommen wir zur Analyse der Bevölkerungsentwicklung nach dem Beben. Es geht dabei um die Frage, ob durch das Erdbeben die Emigration wiederbelebt wurde oder ob sich mit den entstandenen wirtschaftlichen Impulsen die seit Anfang der 70er Jahre positive Wanderungsbilanz weiter verschlechtert hat.

4.5. Bevölkerungsentwicklung

4.5.1. im zerstörten Gebiet

Die stärksten Auswirkungen auf die Bevölkerungsentwicklung hatte das Erdbeben in den 45 Gemeinden der Kategorie "comuni disastrati". Die unmittelbaren Folgen des Bebens zeigen sich deutlich in der erhöhten Zahl von Sterbefällen, die um rd. 1 000 (d.h. die Erdbebenopfer) über dem langjährigen Durchschnitt liegt (vgl. Abb. 11).

Die ungünstige natürliche Bevölkerungsentwicklung in den "zerstörten Gemeinden"[1] wurde durch das Erdbeben noch verstärkt.

Auch in der Wanderungsentwicklung sind die Folgen des Erdbebens sichtbar.

Seit Beginn der 70er Jahre besteht in den traditionellen Abwanderungsgebieten des Friaul ein positiver Wanderungssaldo mit dem Ausland, hervorgerufen durch verstärkte Rückwanderung von Emigranten. Wie Abb. 12 zeigt, wurde dieser Prozeß durch das Erdbeben praktisch nicht berührt. Dagegen wurde der Saldo mit dem übrigen Italien, der in den Jahren vor dem Beben nahezu ausgeglichen war, deutlich negativ beeinflußt. Das Erdbeben hat also nicht zu einer Wiederbelebung der Emigration ins Ausland geführt, aber die Abwanderung in andere Regionen Italiens leicht verstärkt. Der vor allem nach dem September-Beben befürchtete Massen-Exodus ist auf jeden Fall ausgeblieben.

Die monatsweise Analyse der Wanderungsentwicklung in den zerstörten Gemeinden[2] zeigt, daß vor allem im Winter 1976/1977

---

1) die Sterberate liegt hier seit Jahren deutlich über dem Regionsdurchschnitt.
2) VALUSSI 1978, S. 395.

Natürliche Bevölkerungsentwicklung in den "zerstörten Gemeinden" 1974 bis 1977

Abb. 11

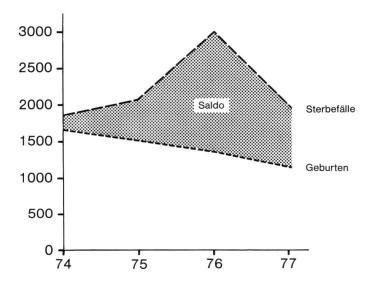

Quelle: Valussi 1978, S. 387

Wanderungssalden 1974 bis 1977 im zerstörten Gebiet

Abb. 12

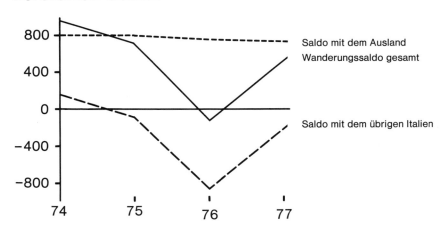

Quelle: Valussi 1978, S. 393

ein Anstieg der Emigration eingetreten ist, daß sich aber schon im Frühjahr 1977 die Lage wieder normalisiert hat. Insgesamt trat daher durch das Erdbeben kein nennenswerter Wanderungsverlust ein. Die meisten der Friauler, die ihrem Land nach dem Erdbeben den Rücken kehrten[1], haben nur kurzfristig bei Verwandten eine Unterkunft gesucht und sind nach der Errichtung der Prefabbricati zurückgekehrt. Die Bevölkerungsentwicklung im Erdbebengebiet wurde also nur durch die direkten Folgen des Bebens, d.h. die Erdbebenopfer, beeinflußt.

Tab. 39: Bevölkerungsentwicklung im zerstörten Gebiet 1974 bis 1977

	1974	1975	1976	1977
Wohnbevölkerung (abs.)	133.202	133.322	131.556	131.302
	74/75	75/76	76/77	
Veränderung (abs.)	+ 120	-1.766	- 254	

Quelle: VALUSSI 1978, S. 387.

Wie schon in Kap. III.1.1. erwähnt wurde, besteht das Erdbebengebiet aus zwei völlig unterschiedlichen Teilen, nämlich den Gemeinden des zentralen Hügellandes und der westlichen Voralpenzone, die sich seit 1970 überwiegend positiv entwickelt haben, sowie den verkehrsmäßig abgelegenen Gebirgsgemeinden, die kontinuierlich an Einwohnern verlieren. Es liegt nahe, zu vermuten, daß in den abgelegenen, auch beim Wiederaufbau benachteiligten Gemeinden eher ein Gefühl der Resignation aufkommt und zu einer stärkeren Abwanderung führt als in den zentraler gelegenen Gemeinden, in denen zumindest die Arbeitsplätze sehr schnell wiederaufgebaut wurden. In der folgenden Tabelle ist die Entwicklung der Gemeinden mit positiver und negativer Wanderungsentwicklung von 1971 bis 1975 gegenübergestellt.

---

[1] man sprach von etwa 20 000 Friaulern, die nach dem Beben abgewandert seien.

Tab. 40: Wanderungssalden im zerstörten Gebiet nach Gemeindetypen

Gemeinden mit:	Wanderungssaldo 1975			Wanderungssaldo 1976		
	Inland	Ausland	Gesamt	Inland	Ausland	Gesamt
positiver Wanderungsentwicklung 1971-1975	+246	+458	+704	-391	+387	- 4
negativer Wanderungsentwicklung 1971-1975	-236	+164	- 72	-392	+213	-179

Quelle: SARACENO 1977, Tab. 32.

Entgegen den Erwartungen ist bei den Gemeinden mit negativer Wanderungsentwicklung 71 - 75 nach dem Erdbeben keine deutliche Verstärkung der Abwanderung eingetreten. Dagegen nehmen die Abwanderungen aus den Gemeinden mit positiver Entwicklung 1971 - 1975 eindeutig zu. Erklärung dafür ist der Einfluß einiger besonders stark betroffener Gemeinden unter den Wachstumsgemeinden wie Gemona, das 1976 einen Wanderungsverlust gegenüber dem Inland von 370 Personen aufweist und damit den negativen Saldo dieses Gemeindetyps (-391) wesentlich verursacht.

Festzuhalten bleibt zunächst die interessante Feststellung, daß in den abgelegenen Entleerungsgemeinden keine Verstärkung der - sich langfristig fortsetzenden - Abwanderung eingetreten ist.

Um diese Darstellung nicht abstrakt bleiben zu lassen, sollen die demographischen Entwicklungstendenzen am Beispiel einiger charakteristischer Gemeinden deutlich gemacht werden.

4.5.2. in charakteristischen Erdbebengemeinden

Gemona (vgl. Abb. 13a) ist die größte und am stärksten betroffene Gemeinde. Seine Entwicklung vor dem Beben war durch einen deutlichen Wanderungsgewinn gekennzeichnet, der zu einer jährlichen Bevölkerungszunahme von rd. 100 Einwohnern führte. Das Beben von 1976 traf Gemona empfindlich. 296 Erdbebenopfer sowie ein Wanderungsverlust von 305 Personen - beides die höchsten Werte aller Erdbebengemeinden - führten zu einem Bevölkerungsrückgang von 640 Personen (5,5 % der Wohnbevölke-

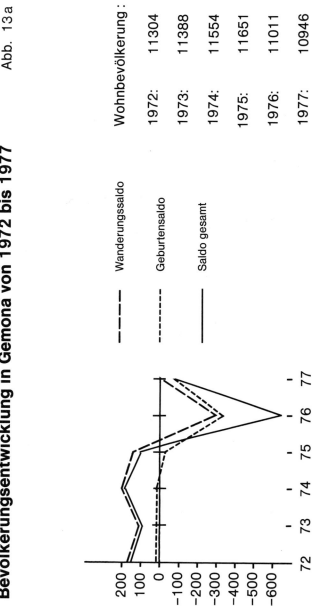

Bevölkerungsentwicklung in Gemona von 1972 bis 1977

Abb. 13a

Quelle: Comunità Montana Gemonese 1978, S. 5

rung). 1977 hat sich die Lage weitgehend stabilisiert, so daß
eine Rückkehr zu der positiven Entwicklung wahrscheinlich ist,
wenn sich der Wiederaufbau nicht zu sehr verzögert.

Die Gemeinden Majano und Osoppo (vgl. Abb. 13b) haben in den
Jahren vor dem Beben eine gute wirtschaftliche Entwicklung
erlebt, die sich auch in den Wanderungszahlen ausdrückt. Im
Vergleich zu Gemona ist hier die Entwicklung der Wanderungen
nach dem Erdbeben wesentlich günstiger. Auch 1976 und 1977
blieb der Wanderungssaldo positiv, wahrscheinlich infolge des
schnellen Wiederaufbaus der Arbeitsplätze und der damit verbundenen psychologischen Auswirkungen.

Lusevera und Tramonti di Sopra (vgl. Abb. 13c) liegen abseits
der Arbeitsplätze in den Julischen (Lusevera) bzw. Karnischen
Voralpen und wurden noch stark vom Beben betroffen. Die negative natürliche Bevölkerungsentwicklung wurde hier allerdings
kaum noch beeinflußt. Auch die chronisch negative Wanderungsbilanz wurde durch das Erdbeben nicht verstärkt. In Lusevera
scheint sogar die Rückkehr von Emigranten angeregt worden zu
sein, ein Phänomen, das auch in einigen anderen Gemeinden zu
beobachten ist wie z.B. in Amaro, Forgaria, Montenars und
Pinzano. Daß die Rückwanderung von Emigranten in peripher gelegenen Gemeinden stärker zum Ausdruck kommt als in den zentralen Industriegemeinden, könnte damit zusammenhängen, daß
der wirtschaftliche Aufschwung in den Hügelgemeinden einen
großen Teil der Emigranten schon vor dem Beben zur Rückkehr
angeregt hat, während die Emigranten aus den Berggemeinden
noch nicht so stark von der Rückwanderung erfaßt wurden.

Mit dieser Darstellung sollte gezeigt werden, daß die demographische Entwicklung bei allen beschriebenen Gemeindetypen -
Ausnahme Gemona - durch das Erdbeben nur gering beeinflußt
wurde. Neben dem tragischen Verlust von fast 1 000 Menschenleben im Mai 76 gab es in der Folgezeit nur eine geringe Abwanderung aus dem Erdbebengebiet - meist in andere Regionen
Italiens - die durch Rückwanderungen aus dem Ausland nahezu
kompensiert wurden. Diese Feststellung, die aus der Analyse
der Bevölkerungsentwicklung des "zerstörten Gebietes" abgeleitet wurde, bestätigt sich auch, wenn wir im folgenden die Entwicklung in den einzelnen Provinzen betrachten.

4.5.3. in den Provinzen

Die rückläufige Geburtenentwicklung hat schon vor dem Beben
zu einer Verringerung des natürlichen Bevölkerungszuwachses
(Provinz Pordenone) oder sogar zu einem Rückgang geführt (Provinz Udine). Mit den Erdbebenopfern hat sich vor allem in der

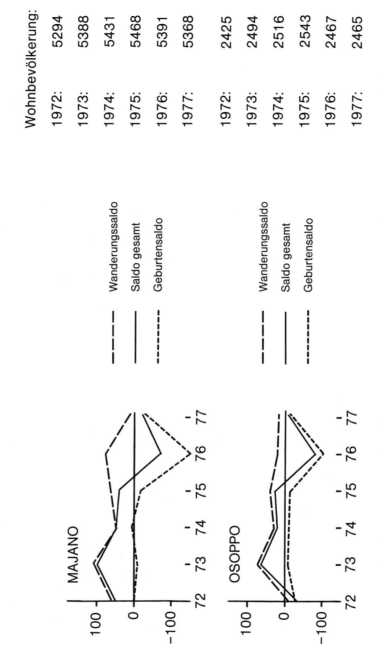

Bevölkerungsentwicklung in Majano/Osoppo von 1972 bis 1977 Abb. 13 b

Quelle: Comunità Montana Gemonese 1978, S. 6 Valussi 1978

Bevölkerungsentwicklung in Lusevera/Tramonti di Sopra von 1972 bis 1977   Abb. 13c

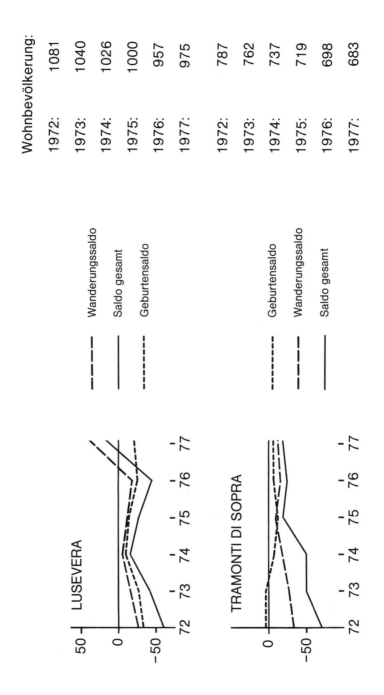

Quelle: Regione F.-V.G., Ass. Pianificazione: Compendio Statistico 1975, 1976, 1977

Provinz Udine die natürliche Bevölkerungsentwicklung weiter verschlechtert. Auch die Abwanderung in andere Regionen Italiens nach dem Erdbeben macht sich vor allem in der Provinz Udine bemerkbar, wo der Saldo von +1.139 auf +60 sinkt, währen in der Provinz Pordenone keine merkliche Veränderung zu registrieren ist. Dagegen bleibt der Wanderungssaldo mit dem Ausland nach dem Beben in beiden Provinzen stabil (vgl. Abb. 14).

Auch wenn die Entwicklung der nächsten Jahre abzuwarten bleibt, so kann doch schon jetzt festgestellt werden, daß die Folgen des Bebens für die Bevölkerungsentwicklung wesentlich geringer waren als man anfangs annehmen mußte.

4.6. Zusammenfassung

Die Erdbeben vom Mai und September 1976 haben ein Gebiet getroffen, das nach jahrhundertelangem Schattendasein erste Anzeichen eines Aufschwungs zeigte. Mit dem Beben wurde diese Aufwärtsbewegung nicht zerstört, großzügig gewährte Fördermittel, vor allem für den Wiederaufbau der Arbeitsplätze, haben vielmehr den Anstoß zu einer verstärkten Entwicklung gegeben. Die baldige wirtschaftliche Erholung führte in einem Gebiet, dessen Bewohner - trotz Emigrationstradition - eine starke Heimatbindung aufweisen, nicht zu dem befürchteten Exodus, sondern zu einer Fortsetzung der jüngsten positiven Trends.

Damit hat sich am Beispiel des Friaul bestätigt, daß Katastrophen in manchen Fällen nicht als Entwicklungsbeeinträchtigung, sondern eher als Entwicklungsimpuls wirken. Wenn die indirekten Folgeschäden durch schnelle Hilfe des Staates in Grenzen gehalten werden und mit dem Wiederaufbau der Arbeitsplätze eine Modernisierung der Produktionsstruktur eingeleitet wird, sind die entscheidenden Voraussetzungen für einen positiven Entwicklungsanstoß gegeben.

Für die Erhaltung dieses Entwicklungsimpulses ist es wichtig, daß mit dem Wiederaufbau nicht nur eine Modernisierung und Erweiterung der Arbeitsplätze, sondern auch eine Erneuerung der Siedlungsstruktur erfolgt. Nur wenn es gelingt, Arbeitsplätze und Wohnungen so zuzuordnen, daß den steigenden Bedürfnissen der jungen Generation Rechnung getragen, andererseits aber auch ein radikaler Bruch mit der Vergangenheit vermieden wird, kann der Wiederaufbau des Friaul langfristig erfolgreich sein. In den folgenden Kapiteln werden diese Probleme im Detail behandelt.

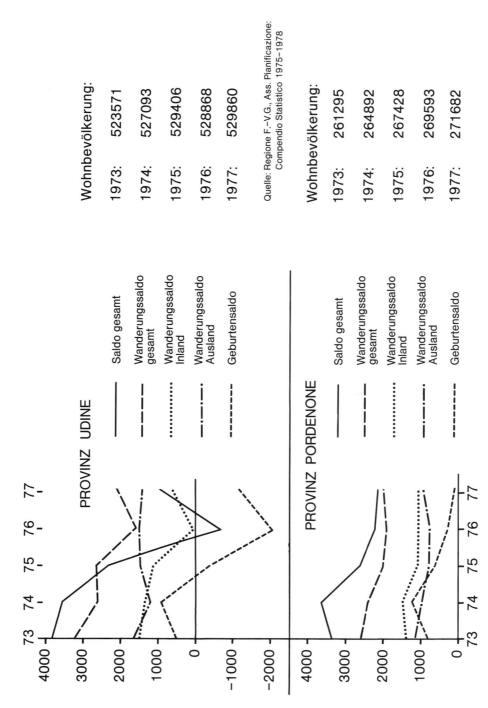

Bevölkerungsentwicklung in den Provinzen Udine u. Pordenone von 1973 bis 1977 Abb. 14

Kapitel IV.:

WIEDERAUFBAUPLANUNG UND REGIONALENTWICKLUNG – EIN PROBLEMAUFRISS

1. Planung für das Friaul - Chance und Notwendigkeit

Wie bereits in Kapitel I.3. betont wurde, ist eine vorausschauende Planung nach dem Eintreten einer Naturkatastrophe unerläßlich. Zum einen muß eine Kumulation negativer Folgewirkungen vermieden werden, zum anderen sollten die positiven Folgeeffekte verstärkt werden. Außerdem ist es Aufgabe der Planung, mit dem Wiederaufbau eine Reduzierung des Risikopotentials anzustreben.

Zu diesen Punkten, die allgemeine Gültigkeit haben, kommt im Fall des Friaul noch hinzu, daß hier ein Gebiet betroffen wurde, das nach jahrhundertelanger Emigrationsgeschichte erste Anzeichen eines Aufschwungs zeigte. Es besteht die große Gefahr, daß diese positiven Entwicklungsansätze durch das Beben wieder zunichte gemacht werden. Um eine erneute Verschärfung der immer noch starken Disparitäten zwischen Gebirgsraum und Ebene zu vermeiden, sind regionalplanerische Maßnahmen in dieser Situation besonders dringend. Nur wenn die vorhandenen Mittel zügig und effektiv für den Wiederaufbau des betroffenen Gebietes eingesetzt werden (vgl. Kap. I.2.3.), kann diese Gefahr abgewendet und eine weitere Aufwärtsentwicklung ermöglicht werden.

Doch bevor wir uns den Problemen der Regionalplanung nach dem Erdbeben genauer zuwenden, muß die Frage gestellt werden, ob das seismische Risiko im Friaul überhaupt eine Förderung der regionalen Entwicklung sinnvoll erscheinen läßt.

2. Seismisches Risiko - Restriktion für die Planung im Friaul?

2.1. Bestehende gesetzliche Regelungen zum Schutz gegen Erdbeben

Das Friaul ist seit langem als seismisch aktives Gebiet bekannt. Historische Aufzeichnungen belegen eine Vielzahl starker Beben seit über 1 000 Jahren[1]. Dennoch waren 1976 Bevölkerung, Politik, Wirtschaft und Verwaltung weitgehend unvorbereitet. Neben der in südlichen Ländern besonders verbreiteten Haltung einer fatalistischen Verdrängung bestehender Gefahren ist dafür auch die Tatsache verantwortlich, daß die schwersten Beben bisher in großen Abständen und zudem meist in dünn besiedelten Gebieten im Norden des Friaul auftraten,

---

1) vgl. BRESSAN 1977, S. 35/Commissione CNEN 1976, S. 39ff/ GLAUSER, HEIMGARTNER 1976, S. 10.

so daß das Erdbebenrisiko den wenigsten Bewohnern voll bewußt war.

Antiseismische Bauvorschriften wurden erstmals 1962 im Friaul eingeführt[1]. Wirtschaftliche Interessen verhinderten jedoch eine Ausdehnung der Vorschriften auf größere Gebiete sowie die Einführung strengerer Auflagen. Deshalb bestanden zum Zeitpunkt des Bebens nur in einem relativ kleinen Gebiet im Norden des Friaul Vorschriften über erdbebensicheres Bauen (vgl. Karte 14).

Dieses Gebiet im Norden des Friaul war lediglich in Gefahrenzone 2 eingeordnet, aber damit zumindest als Gebiet mäßiger Erdbebenhäufigkeit und -stärke klassifiziert. Allerdings sind "die Beschleunigungswerte der Normen und damit die Bemessungswerte ... bedeutend geringer als die eines tatsächlichen Erdbebens der angenommenen Stärke."[2] Die offizielle Erdbebenzone 2 reichte zum Zeitpunkt des Mai-Bebens von Tolmezzo nur bis zu den Gemeinden Venzone, Bordano und Trasaghis. Während aber nun bei den Industrieanlagen in Tolmezzo nur geringe Schäden auftraten, wurden die noch recht neuen Betriebe in Osoppo schwerer betroffen. Wenn auch die Lage zum Epizentrum dabei mit eine Rolle gespielt haben mag, so zeigt sich darin doch auch bereits der Einfluß der besseren Bauweise im Gebiet von Tolmezzo.

Nach dem Mai-Beben wurde allen Verantwortlichen die Notwendigkeit einer Erweiterung der Erdbebenzone klar. Allerdings war eine Verschärfung der Vorschriften auf Gefahrenzone 1 auch diesmal nicht durchzusetzen. So trat die Ausdehnung der Erdbebenzone 2 auf ein Gebiet von 108 Gemeinden am 15.9.1976 (Datum des September-Bebens!) in Kraft (vgl. Karte 14).

Die Auswirkungen der Bauweise auf das Ausmaß der Schäden können auch mit den Daten unserer Industriebefragung belegt werden. Vor dem Beben hatten lediglich 8 % der Betriebe im Gebiet Mitte (Osoppo), aber 63 % der Betriebe im Gebiet Nord (Tolmezzo) antiseismische Kriterien beim Bau der Anlagen berücksichtigt. Entsprechend liegt denn auch der Schaden bei den Firmen im Norden weitaus niedriger als im Gebiet Mitte (vgl. Kap. III.2.3.1.

---

1) Nationalgesetz Nr. 1.684 vom 25.11.1962,
   ergänzt und revidiert durch
   - Nationalgesetz Nr. 64 vom 2.2.1974,
   - Ministerialdekret vom 3.3.1975 (decreto ministeriale),
   - technische Normen für Gebäude in seismischen Zonen 1976 (norme techniche per le costruzioni in zone sismiche).
2) GLAUSER, HEIMGARTNER 1976, S. 7.

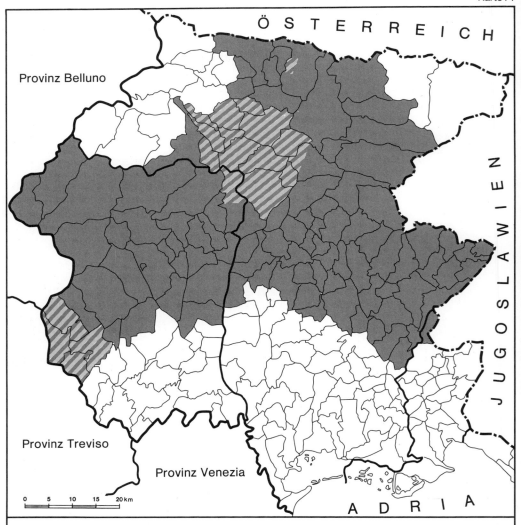

Anti-Seismische Bauzonen im Friaul vor und nach dem Beben

Bauvorschriften nach Gefahrenzone II

 vor dem Erdbeben (Decrete Ministeriale v. 3. 3. 75)

 Neuabgrenzung nach dem Erdbeben
(Decrete Ministeriale v. 15. 9. 76)

Entwurf: R. Dobler   Kartographie: Geographisches Institut der TUM

Tab. 41: Bauweise und Erdbebenschäden in der Industrie

Bauweise vor den Beben	zerstört/schwer beschädigt %	mittel beschädigt %	leicht/nicht beschädigt %	n=
anti-seismisch	9,1	36,4	54,5	22
nicht anti-seismisch	30,8	23,1	46,2	39

Quelle: eigene Erhebung (Ind.befr. Frage 17, 35).

Lediglich 9 % der Betriebe mit antiseismischen Bauvorkehrungen wurden schwer beschädigt, dagegen 31 % der Betriebe ohne solche Vorkehrungen[1]. Berücksichtigt man, daß auch die Bauweise der Betriebe, bei deren Errichtung antiseismische Kriterien beachtet wurden, keineswegs optimal war (vgl. oben), so wird deutlich, daß die Schäden durch die Beben von 1976 zum größten Teil vermeidbar waren. Es muß hier ganz klar gesagt werden, daß Erdbeben von der Stärke wie im Friaul 1976 keineswegs katastrophale Schäden verursachen müssen. Mit entsprechenden konstruktiven Maßnahmen lassen sich bei Beben dieser Stärke größere Schäden weitgehend ausschließen.

Gilt diese Feststellung auch für künftige Beben? Die Beantwortung dieser Frage hängt davon ab, mit welchen Intensitäten bei zukünftigen Beben gerechnet werden muß.

2.2. Seismisches Risiko im Friaul

Karte 15 stellt die seismische Gefährdung im Friaul dar, wie sie sich aus der statistischen Auswertung der bisher bekanntgewordenen Beben durch das Geophysische Observatorium in Triest ergibt.

Die höchste Bebengefahr besteht im Gebiet zwischen Tolmezzo und Gemona. Hier ist durchschnittlich alle 60 bis 80 Jahre mit einem Beben der Stärke IX (Mercalli) zu rechnen, im Gebiet Majano-Osoppo etwa alle 100 bis 200 Jahre und in Udine alle 500 bis 600 Jahre. Die maximal überhaupt zu erwartende Intensität liegt bei X. Legt man einen Beobachtungszeitraum von 150 Jahren zugrunde, tritt dieser Wert nur im Gebiet zwischen

---

[1] der Anteil schwer beschädigter Betriebe liegt nur deshalb nicht noch höher, weil die Stärke des Bebens im Gebiet Süd nur gering war.

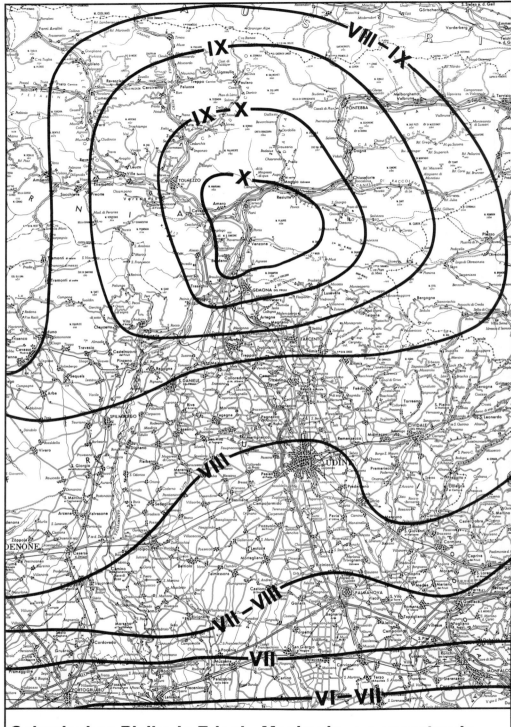

Seismisches Risiko in Friaul : Maximale zu erwartende Intensität (Beobachtungszeitraum 150 Jahre)
Quelle: Osservatorio Geofisico Sperimentale Triest 1978

Gemona und Venzone auf. Von diesem Gefährdungszentrum nimmt das Risiko nach außen ab und erreicht bei Udine den Wert VIII. Auch bei einer Beobachtungsperiode von 850 Jahren treten keine Intensitäten über X auf. Allerdings ist hier die Zone mit einer maximalen Intensität von X wesentlich größer und reicht im Norden bis Villa Santina, im Süden bis Osoppo. Auch in Udine sind demnach noch Beben der Stärke IX bis X möglich.

Welche Schäden sind bei diesen Intensitäten zu erwarten? Eine Übersicht der Münchner Rückversicherungs-Gesellschaft, die zur Berechnung von Versicherungsprämien benutzt wird, zeigt, daß bei entsprechenden baulichen Vorkehrungen schwere Schäden erst ab einer Stärke von IX bis X eintreten dürften.

Tab. 42: Wahrscheinlicher Höchstschaden (PML) in Abhängigkeit von Erdbebenintensität und Bauweise

Bauweise		PML (in %) bei Intensität (Mercalli)						
		VI	VII	VIII	IX	X	XI	XII
modern, mit Berücksichtigung von Erdbebenzusatzlasten	(1)	–	1	5	20	50	80	100
modern, ohne Berücksichtigung von Erdbebenzusatzlasten	(2)	–	5	20	50	80	100	100
Ziegel und Holzrahmen	(3)	1	10	40	80	100	100	100
Primitivbauten (Adobe etc.)	(4)	5	20	70	100	100	100	100

Quelle: Münchner Rückversicherungs-Gesellschaft 1978.

Verluste an Menschenleben können selbst bei Stärke X – XI noch weitgehend ausgeschlossen werden. Der Verlust an Gebäudewerten ist hier allerdings auch bei moderner Bauweise beträchtlich. Bei einer Intensität von IX hingegen kann auch der Verlust an Gebäudewerten noch in engen Grenzen gehalten werden. "Für ein Gebäude der Klasse 1, dessen antiseismische Auslegung und Ausführung (!) in allen seinen Elementen sehr gut ist, kann beispielsweise in Zone 3 (MM = IX) ein PML unter 10 %, im Extremfall sogar von 5 % angesetzt werden ..."[1]. Bei noch stärkeren Beben (MM = X) ist zwar mit spürbaren Schäden zu rechnen, aber solche Beben sind auch in den gefährdetsten Gebieten des Friaul nur sehr selten zu erwarten. Bei einer Abwägung aller Gesichtspunkte scheint das bestehende Risiko daher noch akzeptabel zu sein, wenn - und das muß immer wieder betont werden - in Zukunft konsequent antiseismisch gebaut wird. Die beim Beben von 1976 aufgetretenen Schäden waren zweifellos nur deshalb so groß, weil die beschädigten Gebäude modernen Anforderungen in keiner Weise genügt haben. So ist beispielsweise ein Großteil der beschädigten und zerstörten Wohnhäuser der Bauweise 3 (geschätzter Schaden bei MM = IX: 80 %) und der beschädigten Industrieanlagen im Gebiet von Osoppo der Bauweise 2 (geschätzter Schaden bei MM = IX: 50 %) zuzuordnen. Mit hoher Wahrscheinlichkeit lassen sich bei entsprechender Bauweise die Schäden eines künftigen Erdbebens der Stärke IX bis X auf einen Wert von ca. 30 % (im Epizentrum) reduzieren. Auch wenn man das Friaul mit anderen Erdbebengebieten vergleicht, kommt man zu dem Ergebnis, daß Investitionen hier von der seismischen Gefährdung her noch vertretbar sind. Eine Gegenüberstellung einiger bekannter Erdbeben zeigt nämlich, daß die maximal zu erwartende Intensität im Friaul vergleichsweise gering ist.

Tab. 43: Intensität bekannter Erdbeben

		Richter	Mercalli
Friaul 1976	1976	6,4	IX-X
im Friaul maximal zu erwarten		7,0	X
San Francisco	1906	8,3	XII
Messina	1908	7,5	XI
Tokio	1923	8,3	XII
Alaska	1964	8,4	XII
Usbekistan	1976	7,3	XI
Guatemala	1976	7,5	XI
Tang-shan	1976	8,2	XII

Quelle: eigene Zusammenstellung

Vor allem entlang des zirkumpazifischen Gürtels ist die seismische Gefährdung ungleich größer als im Friaul. In einer

---

[1] Münchner Rückversicherungs-Gesellschaft 1978, S. 14.

"Weltkarte der Naturgefahren"[1] wurde dieser Raum daher - wie viele andere Gebiete in Südeuropa auch - in Gefährdungszone 3 eingeordnet gegenüber weiten Teilen Asiens und Amerikas, die in Zone 4 eingestuft sind. In Zone 3 ist durchschnittlich alle 50 Jahre - der mittleren Lebensdauer von Gebäuden - mit einem Beben der Stärke VIII (MM) zu rechnen, in Zone 4 mit der Stärke IX.

2.3. Schlußfolgerungen für die Planung

Die Schlußfolgerung aus diesen Überlegungen lautet, daß Investitionen im Erdbebengebiet des Friaul verantwortet werden können, wenn alles getan wird, um ein Höchstmaß an Sicherheit zu gewährleisten. Das bedeutet konkret, daß zumindest innerhalb des Gebietes mit einer maximal zu erwartenden Intensität von IX (150 Jahre Beobachtungszeitraum) verschärfte Bauvorschriften eingeführt werden sollten.

Als zusätzliche Maßnahmen können kleinräumige Nutzungsdifferenzierungen (Mikrozonierung) bzw. eine Anpassung der Bauvorschriften an die jeweilige örtliche Situation in Betracht gezogen werden. Die seismische Gefährdung hängt nämlich nicht allein von der großräumigen Lage ab, sondern auch von der geologischen Beschaffenheit des Untergrunds, die auch innerhalb einer Gemeinde sehr verschieden sein kann.

Tab. 44: Veränderung der Intensität von Beben in Abhängigkeit vom Untergrund

Untergrund	mittlere Intensitätsänderung (Mercalli)
Fels (z.B. Granit, Gneis, Basalt)	- 1
verfestigte Sedimente	-
Lockersedimente (Sand, alluviale Ablagerungen)	+ 1
durchfeuchtete Sedimente künstliche Aufschüttungen	+ 1,5

Quelle: Münchner Rückversicherungs-Gesellschaft 1978, S. 12.

---

[1] Münchner Rückversicherungs-Gesellschaft 1978.

"Der Verstärkungseffekt bei weichem Untergrund rührt im wesentlichen von einer Verschiebung der Bodenbewegungen zu längeren und damit für Gebäude gefährlicheren Schwingungen her. Allerdings können in Abhängigkeit von der Mächtigkeit der Sedimente Resonanzeffekte auftreten, die die Bodenbewegungen in einem engen Frequenzbereich um ein Vielfaches verstärken. Die Berücksichtigung dieses Resonanzeffekts erfordert ebenso wie die anderer sekundärer Bodeneffekte (z.B. Liquefaktion, Bodenverwerfung und -setzung, Erdrutsch) detaillierte lokale Untersuchungen."[1]

Solche Untersuchungen sind im Friaul im Gange und haben inzwischen zu ersten Ergebnissen geführt. Für die Planung des Wiederaufbaus, insbesondere für die Ausweisung von Wohn- und Gewerbeflächen sind diese Ergebnisse äußerst wichtig. Mit ihrer Hilfe läßt sich eine detaillierte Risikozonierung erarbeiten, die maximale Sicherheit bei geringstem ökonomischen Aufwand, also ein günstiges Kosten-Nutzen-Verhältnis verspricht. Eine solche Risiko-Zonierung könnte etwa folgendermaßen aussehen:

Seismische Risiko-Planungs-Matrix

Nutzungstyp	maximale zu erwartende Intensität (Mercalli)			
	VIII	IX	X	XI
A	Baustandard 1	Baustandard 1	Nutzung ausgeschlossen	Nutzung ausgeschlossen
B	Baustandard 2	Baustandard 2	Baustandard 1	Nutzung ausgeschlossen
C	Baustandard 3	Baustandard 2	Baustandard 2	Baustandard 1

Nutzungstyp A: in höchstem Maße schutzbedürftige Einrichtungen (Energie- und Wasserversorgung, soziale Einrichtungen, bestimmte Industriebranchen)

Nutzungstyp B: Einrichtungen mit normalem Schutzbedürfnis (mehrstöckige Wohnhäuser, Produktionsanlagen)

Nutzungstyp C: Einrichtungen mit geringerem Sicherheitsrisiko (z.B. einstöckige Wohnhäuser in Leichtbauweise)

Baustandard 1: sehr gute Auslegung und Ausführung

Baustandard 2: gute Auslegung und Ausführung

Baustandard 3: mittlere Qualität

abgeleitet aus: HINOJOSA/GELMAN 1977, S. 36-37.

---

1) Münchner Rückversicherungs-Gesellschaft 1978, S. 12.

Dieses Schema, das selbstverständlich variiert und verfeinert
werden kann, stellt eine gute Grundlage für einen Wiederaufbau dar, der Sicherheit und Wirtschaftlichkeit optimal verbindet. Nutzungsbeschränkungen müssen demnach nur in den Fällen
erlassen werden, in denen es wirklich notwendig ist. Die vorgeschriebenen Baustandards können den jeweiligen Standortbedingungen sowie den Sicherheitsanforderungen der entsprechenden Nutzungen individuell angepaßt werden. Es muß darauf hingewiesen werden, daß Planungsunterlagen dieser Art in allen
seismisch gefährdeten Zonen der Erde nicht erst im Fall eines
Erdbebens, sondern schon lange vorher erstellt werden sollten.
Zum einen könnte dadurch die Planungsphase des Wiederaufbaus
nach einem Schaden wesentlich verkürzt werden, zum anderen
könnte durch eine Berücksichtigung dieser Aspekte in der "normalen" Flächennutzungsplanung das Risikopotential bereits vor
einem Beben beträchtlich reduziert werden.

Konkrete Folgerungen für den Ausbau der Arbeitsplätze sowie
den Wiederaufbau der Wohnungen können erst gezogen werden,
sobald die geologischen Untersuchungsergebnisse für die betroffenen Gemeinden vorliegen. Damit verbundene - kleinräumige - Nutzungsbeschränkungen berühren den in Kap. V und VI
ausgearbeiteten Planungsvorschlag jedoch nicht.

3. Planungsalternativen für das Friaul

3.1. Rahmenbedingungen nach dem Beben

Im Friaul stellen sich nach den Ereignissen von 1976 für die
räumliche Planung die gleichen Probleme wie vorher, aber in
verschärfter Form. Wie in einigen anderen Berggebieten geht
es auch im Norden des Friaul darum, den zunehmenden wirtschaftlichen und sozialen Rückstand zu überwinden. Soweit
man den regionalen Planungsträgern überhaupt einen Einfluß
auf die raumstrukturelle Entwicklung einräumt, bietet sich
in der jetzigen Lage eine einmalige Chance zur regionalen Entwicklungssteuerung. Dabei müssen gezielte Entscheidungen über
die angestrebte Entwicklung getroffen werden. Gerade, wenn
scheinbar Finanzmittel im Überfluß vorhanden sind, besteht
die Gefahr, daß - so oder so - notwendige Entscheidungen hinausgeschoben werden und infolge einer unselektiven Förderungspolitik eine Verstärkung der bestehenden sozioökonomischen
Entwicklung zustandekommt. Diese Tendenz bestand im Friaul
sehr stark in den beiden Jahren nach den Beben, während jetzt,
wo die finanzielle Lage angesichts der Preissteigerungen auf
dem Bausektor zunehmend pessimistischer gesehen wird, der Aspekt einer rationellen Verwendung der staatlichen Gelder all-

mählich wieder mehr in den Vordergrund rückt. Aber auch in
Italien, einem Land, in dem Planung nicht in dem Maße mit
negativen Assoziationen verbunden wird wie in der Bundesrepublik, scheuen sich viele verantwortliche Politiker und Planer, Ziele der Raumordnungspolitik in konkrete Pläne umzusetzen, wenn damit Interessenkonflikte mit bestimmten Gruppen
verbunden sind. Interessengegensätze lassen sich aber nicht
vermeiden, wenn die Frage ansteht, wie die bestehenden Tendenzen in der Entwicklung von Arbeitsplätzen und Bevölkerung
beeinflußt werden sollen.

Die künftige Entwicklung der regionalen Arbeitsmärkte muß
dabei der Kernpunkt aller räumlichen Planungsansätze sein,
weil mit ihr über die großräumige Verteilung von Arbeitsplätzen und Einwohnern entschieden wird. Die historische Entwicklung des Friaul hat hier Tatsachen geschaffen, die von
der jetzigen Planung nicht ignoriert werden können. Dennoch
stellt sich die Frage, ob diese bestehende Entwicklung von
der staatlichen Planung allenfalls modifiziert werden soll
oder ob die jetzt zur Verfügung stehenden Finanzmittel als
Ansatzpunkte für eine aktive, strukturverändernde Planung benutzt werden sollen.

3.2. Entwurf von Zukunftsperspektiven

Mit dem Entwurf zweier Zukunftsszenarios werden mögliche Alternativen regionaler Entwicklungsstrategien für den Wiederaufbau dargestellt, die den Bezugsrahmen für die spätere Auseinandersetzung mit konkreten Entwicklungsvorschlägen bilden
sollen.

3.2.1. Szenario I

Die bisherigen Tendenzen einer Konzentration der Arbeitsplätze im Großraum der Provinzhauptstädte entlang der regionalen
und überregionalen Verkehrsachsen werden bewußt gefördert.
Die bestehenden Agglomerationsvorteile in diesen Räumen lassen damit eine optimale Förderung des regionalen Wirtschaftswachstums insgesamt erwarten und dienen somit dem Ziel der
Verringerung des Entwicklungsrückstands des Friaul im ganzen.
Für diese Strategie spricht auch der im Vergleich zu anderen
Regionen geringe Urbanisierungsgrad, der bisher die Ausbildung oberzentraler Funktionen hemmt. Gleichzeitig müßte die
Siedlungsstruktur zentralisiert und insbesondere das unwirtschaftliche Siedlungsnetz im Gebirge zugunsten moderner neuer
Siedlungen im Hügelland und in der Ebene aufgegeben werden,
die im Zuge des Wiederaufbaus hier zu errichten wären. Damit

könnten die Infrastrukturkosten gesenkt und die Pendelwege der Berufstätigen und Schüler verkürzt werden.

Daß dieses Bild der passiven Sanierung eines Teils der Region durchaus nicht das Ergebnis einer technokratischen Planung sein muß, sondern die unausweichliche Konsequenz einer fehlenden bzw. zu ineffektiven Entwicklungssteuerung sein wird, zeigt ein kurzer Rückblick auf Kap. II. In 50 Jahren (1921 - 1971) verlor der alpine Teil des Friaul 38 % seiner Bevölkerung. Die damit entstandene Altersstruktur macht einen weiteren Bevölkerungsrückgang in vielen Berggemeinden zur Gewißheit (vgl. VI.2.). Das Problem der passiven Sanierung stellt sich daher in weiten Teilen des Friaul ganz akut.

Die Ursachen der problematischen Lage der peripheren Gebiete des Friaul wurden in Kap. II ausführlich dargestellt. Daß mit den oben erwähnten Vorteilen einer passiven Sanierung dieser Gebiete auch schwerwiegende Nachteile verbunden sind, muß klar erkannt werden.

- Passive Sanierung bedeutet auch Aufgabe der vorhandenen Infrastrukturen. Gleichzeitig müßten in den neuen Siedlungszentren diese Infrastrukturen neu erstellt werden, wodurch sich der Wiederaufbau erheblich verteuern würde. Diese Verteuerung würde in der Konsequenz eine zusätzliche Verzögerung des Wiederaufbaus bedeuten und damit die Gefahr der Abwanderung vergrößern. Zudem ergeben sich gerade in der Übergangsphase schwer zu lösende Probleme, die mit großen finanziellen Belastungen verbunden sind und den finanziellen Dispositionsrahmen weiter einengen würden.

- eine weitere Konsequenz dieser Entwicklung wäre die völlige Aufgabe der Landwirtschaft im Gebirge. Ökologische Folgeprobleme dürfen zwar nicht überschätzt werden. Es kommt hier relativ schnell zu einer Wiederbewaldung der früher bewirtschafteten Flächen, die sogar günstige ökologische Auswirkungen haben kann[1]. Die größere Gefahr liegt vielmehr darin, daß die Entwicklung des Fremdenverkehrs, die hier noch am Anfang steht, dadurch weitgehend verhindert würde.

- schließlich kann die passive Sanierung des Gebirgsraumes zu Überlastungserscheinungen in den verdichteten Gebieten führen, wie es in vielen anderen Alpenregionen schon der Fall ist, wo sich Ballungsräume im Voralpenraum herausgebildet haben, während sich die Gebirgstäler entleeren. Dieser Systemzusammenhang zwischen Entleerung und Verdichtung, der

---

1) geringerer Oberflächenabfluß, bessere Wasserspeicherung.

über das Erholungsverhalten wiederum zu Belastungseffekten in besonders attraktiven Berggebieten führt[1], muß auch im Friaul beachtet werden, wenn eine ähnliche negative Entwicklung wie in vielen Gebirgsregionen vermieden werden soll.

- das gravierendste Problem stellen aber zweifellos die sozialpsychologischen Auswirkungen dar, die mit einer derartigen Entwicklungsstrategie verbunden wären. Mit dem Verlust an kulturellen, architektonischen und städtebaulichen Eigenarten würde ein Bruch mit der traditionellen Lebensweise einhergehen, dessen Konsequenzen zum jetzigen Zeitpunkt unüberschaubar sind. Es ist durchaus möglich, daß die inzwischen weitgehend zum Stillstand gebrachte Emigration unter diesen Umständen neu belebt würde. Deshalb hätte eine Politik, die offen die passive Sanierung der Berggebiete anstrebt, auch keinerlei Chancen auf Durchsetzung.

3.2.2. Szenario II

Das regionalpolitische Kontrast-Leitbild räumt der Erhaltung der friauler Kultur, Tradition und Identität beim Wiederaufbau Priorität ein. Das bedeutet, daß die Bevölkerung insgesamt auch im schwer betroffenen Gebirgs- und Hügelland erhalten werden muß. Die Schaffung neuer Arbeitsplätze, sei es in der Landwirtschaft, Industrie oder im Fremdenverkehr, ist dazu notwendige Voraussetzung. Darüber hinaus impliziert dieses Leitbild eine Erhaltung der überkommenen Siedlungsstruktur und damit den Wiederaufbau auch der peripheren Gebirgsdörfer.

Abgesehen von der Bewahrung der friauler Identität liegen die Vorteile dieser zweiten Lösung vor allem im Bereich der politischen Durchsetzbarkeit. Ein Konsens sowohl bezüglich der Verbesserung der Lebensbedingungen im Gebirgsraum insgesamt als auch bezüglich des Wiederaufbaus aller oder zumindest der meisten zerstörten Orte und Dörfer ist leicht herzustellen. Dabei enthält diese Strategie die entsprechenden Punkte als Vorteile, die in Szenario I als Nachteile genannt wurden. Erhaltung bestehender Infrastrukturen, weitere Nutzung des Gebirgsraumes für Landwirtschaft und Fremdenverkehr, Vermeidung von Überlastungserscheinungen in den verdichteten Gebieten der Region sowie die Vermeidung sozialpsychologischer Probleme mit der Gefahr der Abwanderung sind hier zu nennen.

---

[1] vgl. Auswertungsbericht des Seminars über Probleme der Belastung und der Raumplanung im Berggebiet, insbesondere in den Alpen, Grindelwald 1978.

Die weitere Entwicklung unter diesen Voraussetzungen stellt sich so dar: Trotz der Proklamationen zur Verbesserung des Arbeitsplatzangebotes im Gebirge führt der Wiederaufbau der zerstörten Firmen zu einem beschleunigten Wachstum der Gemeinden mit schon bestehender positiver Entwicklung, vor allem im Hügelgebiet. Im eigentlichen Gebirgsraum verpuffen die angebotenen Mittel dagegen, weil unternehmerische Fähigkeiten und betriebliches know how hier eng begrenzt sind. Auch die Landwirtschaft schrumpft weiter, so daß insgesamt die Zahl der Arbeitsplätze rückläufig bleibt. Mit dem sinkenden Arbeitsplatzangebot geht auch die Bevölkerung weiter zurück. Die zumindest teilweise wiederaufgebauten Dörfer im Gebirge, deren Einwohnerzahl ohnehin schon stark dezimiert ist, entleeren sich weiter - vor allem in Gebieten, die außerhalb des Pendelbereichs der Arbeitsplatzzentren liegen. In der Folge sinkt die Auslastung der bestehenden Infrastrukturen, die Steuereinnahmen gehen zurück und der weitere wirtschaftliche und demographische Schrumpfungsprozeß geht seinen Gang. Die Strategie des Aufbaus "tutto come prima" bewirkt also letztlich das gleiche Ergebnis wie in Szenario I, nämlich die völlige Entleerung des Gebirgsraumes.

3.3. Wiederaufbau aus der Sicht der Regionalplanung - Kritik und Problemübersicht

Die bisherige Wiederaufbauplanung, deren wesentliche Elemente durch Nationalgesetz Nr. 546 vorgegeben wurden, entspricht im großen und ganzen Strategie II. Die Förderung großräumiger Infrastrukturen wie der internationalen Verkehrsverbindungen und der Universität Udine als Instrumenten zur Aufwertung der Region insgesamt sind zwar uneingeschränkt zu begrüßen, die direkt mit dem Wiederaufbau verbundenen Investitionen sind aber zu sehr auf Leitbild II zugeschnitten. Der Wiederaufbau der Industrie, eine zweifellos respektable Leistung, nützt zwar dem zentralen Hügelland, trägt aber wenig zur Verbesserung der Arbeitsplatzsituation im Norden bei. Mit dem Verzicht auf eine Steuerung der Siedlungsentwicklung beim Wiederaufbau der Wohnungen[1] ist zwar die Bevölkerungsentwicklung momentan stabilisiert, die weiterbestehenden Umstrukturierungsprozesse werden allerdings dazu führen, daß Teile der noch verbliebenen Bevölkerung, im wesentlichen die jungen Erwerbstätigen, schließlich doch abwandern. Zurück bleiben - noch stärker als bisher - die Alten, aus dem Erwerbsleben ausgeschiedenen, für

---

1) nach den Bestimmungen der Wiederaufbaugesetze liegt die Kompetenz für die Wiederaufbauplanung und -finanzierung im wesentlichen bei den Gemeinden.

die die Länge der Pendelwege keine Rolle mehr spielt und die hier ihre Rente durch die Bewirtschaftung von ein paar Quadratmetern Ackerfläche aufbessern können. Das würde bedeuten, daß ein Großteil der Erdbebengelder letztlich umsonst ausgegeben wurde.

Diese Überlegungen haben natürlich auch in Italien dazu geführt, daß Vorschläge über einen langfristig sinnvollen Wiederaufbau gemacht wurden. VALUSSI (1977) schreibt z.B.: "Es bleibt das Problem eines selektiven Wiederaufbaus, der, den augenblicklichen Tendenzen folgend, das Netz der Wohngemeinden vereinfacht, ein Netz, das im Mittelalter nach den Maßstäben der Agrarwirtschaft und des Handels entstand und heute völlig überholt ist. Es muß nicht darauf verwiesen werden, daß auch unabhängig vom Erdbeben bereits vorher zahlreiche Gebirgsgemeinden halbverlassen und nur mehr von Alten bewohnt waren, für die das Aufgegebenwerden in der knappen Spanne von ein oder zwei Jahrzehnten vorhersehbar war. Es hieße deshalb gegen die Geschichte und die Wirtschaftlichkeit handeln und eine unnütze Verschwendung von Mitteln betreiben, wollte man mit Millionenbeträgen jene im Zustand der Zerstörung oder mehr oder weniger schweren Erdbebenbeschädigungen befindlichen Siedlungszentren wieder aufbauen. ... Es bleibt nicht anderes übrig, als den Wiederaufbau eines vereinfachten Siedlungsnetzes auf der Grundlage der Tendenzlinien vorzuschlagen, die bereits im einen oder anderen Zentrum herangereift sind und Zukunftsaussichten für eine moderne sozialökonomische Entwicklung in sich tragen, und dieses Netz durch eine solide und funktionale Ausstattung zu beleben, wie sie dem Friaul bisher gefehlt hatte, aus einem hierarchisierten Versorgungsnetz von Zentren, die imstande sind, die Besiedlung in einem sozial und wirtschaftlich brauchbaren Status im gesamten Gebiet zu halten."[1]

Diese Überlegungen enthalten das zentrale Problem des Wiederaufbaus im Gebirge, aber auch in weiten Teilen des Hügellandes. Aus humanitären Gründen alles so aufzubauen, wie es vorher war, trägt letztlich nichts zur langfristigen Erhaltung dieser Gebiete als Lebensraum bei. Ein für die Dauer erfolgreicher Wiederaufbau muß vor allem zwei Probleme lösen.

An erster Stelle steht die Stabilisierung der Arbeitsplatzentwicklung im Erdbebengebiet und dem ganzen Gebirgsraum. Diese Stabilisierung wird nur möglich sein, wenn einerseits die bestehenden Ressourcen besser genutzt werden (Land- und Forstwirtschaft, Fremdenverkehr) und damit zumindest einem Teil der

---

1) VALUSSI 1977, S. 125, 126 (übersetzt von R. GEIPEL)

Bevölkerung die Beschäftigung am Wohnort ermöglicht wird und
andererseits in zumutbarer Erreichbarkeit Arbeitsplätze im
außerlandwirtschaftlichen Bereich (Industrie, Handwerk, Dienstleistungen) geschaffen werden, die die Abwanderung vor allem
der Jüngeren verhindert. Der zumutbaren Erreichbarkeit der
Arbeitsplätze soll dabei im folgenden Kapitel besondere Auf-
merksamkeit geschenkt werden. Denn hier bestehen zwei entscheidende Fragen, die im Rahmen der Wiederaufbauplanung geklärt werden müssen.

- Genügt es, die Attraktivität der bestehenden Arbeitsmarktzentren Udine und Pordenone so weit zu verbessern, daß sie
  den gesamten Nordbereich mitversorgen, oder müssen Auffang-
  zentren am Gebirgsrand (z.B. Osoppo) oder im Gebirge (z.B.
  Tolmezzo) ausgebaut werden, um die Abwanderung der Gebirgsbevölkerung zu vermeiden?

- Sollen auch abgelegene Gebirgsgemeinden wieder aufgebaut
  werden? Nur wenn die Distanz zu den Arbeitsplätzen von den
  dort lebenden Erwerbspersonen als zumutbar empfunden wird,
  ist ein Wiederaufbau dieser Gemeinden langfristig sinnvoll.

Diese beiden Fragen können nicht isoliert voneinander gelöst
werden. Eine Entscheidung im Bereich der Arbeitsplätze hat
Konsequenzen für die Siedlungsstruktur und umgekehrt. Maßnahmen im Bereich der Verkehrsinfrastruktur bilden hier eine
zusätzliche Steuerungsmöglichkeit der regionalen Planung für
die künftige Zuordnung von Wohn- und Arbeitsplätzen. Dem sind
allerdings gerade im Gebirge enge Grenzen gesetzt.

Erst an zweiter Stelle steht das Problem, ob das zerstörte
Siedlungsnetz komplett wiederaufgebaut werden soll oder ob
wegen der bestehenden demographischen Entwicklung sowie aus
Infrastrukturgründen ein selektiver Wiederaufbau durchgeführt
werden soll, wie ihn VALUSSI (1977) vorschlägt. Eine positive
Lösung dieses Problems hängt davon ab, ob es gelingt, Baufor-
men zu entwickeln, die eine Kontinuität der friauler Kultur
und Lebensweise ermöglichen[1]. Damit wäre zwar für viele Menschen, die heute in Prefabbricati-Siedlungen am Rande halb-
verlassener Dörfer leben, im Rahmen des Wiederaufbaus ein Umzug in benachbarte Ausbauorte notwendig, andererseits würde
aber die Voraussetzung geschaffen, um einem notwendigerweise

---

1) dieses Thema stand im Mittelpunkt der Entwurfsarbeiten des
   Studienjahres 77/78 am Lehrstuhl für Entwerfen, Raumge-
   staltung und Sakralbau an der TU-München (Prof. KURRENT).
   Die interessantesten Arbeiten wurden im Dezember 1978 in
   Udine ausgestellt.

gestrafften, aber die friauler Kultur respektierenden Siedlungssystem das langfristige Überleben zu sichern.

Diese zuletzt aufgeworfenen Fragen sollen in den folgenden Abschnitten einer Lösung nähergebracht werden.

Kapitel V.:

ENTWICKLUNGSMÖGLICHKEITEN REGIONALER ARBEITSMÄRKTE

1. Theoretische Gundlagen

1.1. Strategien regionaler Entwicklung

Die Diskussion einiger regionaler Wachstumsmodelle bzw. Entwicklungskonzepte erfolgt unter dem Gesichtspunkt, inwieweit sich daraus reale Entwicklungschancen für das Friaul ableiten lassen. Beim heutigen Stand der Regionalforschung können daraus zwar Hinweise, aber keinesfalls zwingende Handlungsanweisungen gewonnen werden.

- Export-Basis-Theorie

Die Export-Basis-Theorie erklärt regionales Wachstum durch Steigerung der Exporte aus der Region. Man unterscheidet zwischen Grundbereich (basic) und Folgebereich (non-basic), wobei die Güter des Grundbereichs exportiert werden und damit Einkommen schaffen, die im Folgebereich der Region ausgegeben werden, wodurch sich weitere Folgewirkungen ergeben (Einkommensmultiplikator). Der auf das Friaul übertragbare Grundgedanke dieser Theorie besagt also, daß mit der Ansiedlung von exportorientierten Wirtschaftssektoren ein Anstoß für weiteres wirtschaftliches Wachstum gegeben werden kann. Dabei sollte bedacht werden, daß die früher negativ zu bewertende Grenzlage des Friaul sich heute als Nahtstelle zwischen EG-Ländern (Italien), dem der EFTA zugehörigen Österreich und Jugoslawien als Land sozialistischer Wirtschaftsordnung erweist und das Friaul damit Chancen erhält, seine wirtschaftliche Entwicklung durch den Ausbau des Handels mit diesen Ländern gezielt zu verbessern[1].

Bei der praktischen Durchführung der regionalen Wirtschaftspolitik sollte darauf geachtet werden, daß die Export-Basis-Theorie nicht wie in der Bundesrepublik zu einer reinen Industrieförderungspolitik umfunktioniert wird[2]. Dabei würde außer acht gelassen, daß heute auch einige Bereiche des Dienstleistungssektors dem basic-Bereich zugerechnet werden können. Außerdem werden die Multiplikatoreffekte bei der Ansiedlung von Industriebetrieben häufig überschätzt. Meist wird unterstellt, "daß jeder im Grundleistungsbereich geschaffene Ar-

---

1) Das Osimo-Abkommen versucht z.B., solche Möglichkeiten der Zusammenarbeit zwischen Jugoslawien und Italien (für Triest) zu eröffnen.
2) Inzwischen werden mit der Gemeinschaftsaufgabe zur Verbesserung der regionalen Wirtschaftsstruktur auch Investitionen im Fremdenverkehr gefördert.

beitsplatz die Existenzgrundlage für einen weiteren Arbeitsplatz im Folgebereich des tertiären Sektors schafft."[1] In Wirklichkeit bestehen aber "nur sehr unzureichende Kenntnisse über die Höhe der unterstellten multiplikativen Wirkungen."[2]

- Theorie der Wachstumspole

Die in den 50er Jahren entwickelte Wachstumspoltheorie[3] bietet eine komplexere Erklärung der ungleichgewichtigen Entwicklung von Zentrum und Peripherie. Wachstumseffekte gehen demnach von sogenannten "motorischen Wirtschaftsbereichen" aus, die auf die übrige Wirtschaft ausstrahlen. Neben dem Einkommensmultiplikator im Sinne der Export-Basis-Theorie treten dabei weitere Polarisierungseffekte auf. Hier sind vor allem die intersektoralen Verflechtungen mit vorwärts- (forward linkages) und rückwärts greifenden Komplementärwirkungen (backward linkages) zu nennen. Das bedeutet, daß eine erfolgreiche Industrieansiedlungspolitik nicht nur eine Steigerung der Exporte, sondern auch eine Intensivierung der innerregionalen zwischenbetrieblichen Verflechtungen anstreben muß.

Auch das Wachstumspolkonzept hat bei der praktischen Durchführung nicht das gehalten, was man sich von ihm versprach. Insbesondere in Frankreich und Süditalien wurde dieses Konzept der staatlichen Planung zugrundegelegt. Verantwortlich für dieses Versagen waren zum einen systemimmanente Mängel in der Theorie selbst, zum anderen Mängel bei der Umsetzung der theoretischen Erkenntnisse in praktische Maßnahmen. Zum ersten Punkt gehört der unklare räumliche Bezug der Wachstumspoltheorie. "Weder gibt sie an, warum ein sektoraler Pol zuerst an bestimmten Raumstellen zu wachsen beginnt, noch wovon die räumliche Verteilung der induzierten Wachstumswirkungen abhängt."[4] Sektorale Polarisierung muß keineswegs auch regionale Polarisierung bedeuten oder anders formuliert, Wachstumseffekte interindustrieller Verflechtungen müssen nicht regional konzentriert auftreten. Wenn, wie im Fall von Italien, der größte Teil der Industrie in Norditalien sitzt, führt die Ansiedlung von Stahlwerken in Süditalien eben zu Wachstumseffekten in Norditalien und nicht dort, wo es erwünscht war. Ein weiterer immanenter Mangel der Wachstumspoltheorie liegt in der zu geringen Beachtung der Infrastrukturausstattung, der Agglomerationsvorteile und des Arbeitskräftepotentials als strategische Größen bei der Beeinflussung

---

1) TÖPFER, SPEHL 1975, S. 9.
2) TÖPFER, SPEHL 1975, S. 10.
3) PERROUX 1955.
4) BUTTLER 1973, S. 67.

des regionalen Wachstums. Schließlich ließ auch die Durchführung der Planung insgesamt zu wünschen übrig. Durch die fast ausschließliche Ansiedlung von kapitalintensiven Betrieben hielten sich die direkten Beschäftigungs- und Einkommenseffekte in engen Grenzen. Der Großteil der Gelder wurde für Subventionen und Zuschüsse verbraucht, so daß für die Verbesserung der Infrastruktur nichts mehr übrig blieb. Außerdem verhinderte eine bürokratische und schwerfällige Planung einen effizienten Einsatz der vorhandenen Mittel zur Erreichung der weitgesteckten Ziele.

Auch mit Hilfe des Wachstumspolkonzeptes konnte also in zurückgebliebenen Gebieten kein eigenständiges Wachstum angeregt werden. Welche Konsequenzen sind daraus für das Friaul zu ziehen? Zunächst bleibt festzuhalten, daß dem sektoralen Verbund bei der Förderung von Ansiedlung und Erweiterung von Betrieben höchste Beachtung geschenkt werden muß. Die Erfahrungen in Süditalien sowie eine Fülle regionaler Untersuchungen[1] zeigen, daß in peripheren Gebieten nicht mit einer eigenständigen Ansiedlung von Zuliefer- und weiterverarbeitenden Betrieben zu rechnen ist. Nur wenn der regionale Verbund der geförderten Betriebe geplant wird, können die erwünschten Multiplikatoreffekte auftreten. Es hängt allerdings von der Durchlässigkeit der Grenzen und dem zukünftigen internationalen Verkehrsausbau ab, ob das Friaul als "peripheres Gebiet" angesehen werden muß, was an sich nur für die Lage innerhalb des Nationalstaates Italien gilt. Darüber hinaus hat sich herausgestellt, daß sektorale Wachstumsförderung nur Erfolg haben kann, wenn gleichzeitig auch die Infrastrukturausstattung verbessert wird. Ein Mindestmaß an bereits vorhandenen Agglomerationsvorteilen scheint dabei eine wichtige Voraussetzung zu sein.

- Regionalpolitik des Mittleren Weges

Aus der Kritik an den bestehenden Konzepten zur Erklärung des regionalen Wachstums, aber auch als Anregung für die praktische Regionalpolitik wurde eine Strategie entwickelt, die als Regionalpolitik des Mittleren Weges bzw. als Konzeption ausgeglichener Funktionsräume bezeichnet wird[2]. Wesentlicher Grundgedanke dabei ist, daß sektorale Wachstumspole mit zentralen Orten kombiniert werden, um neben den interindustriellen Verflechtungen die für regionales Wachstum erforderlichen Agglomerationsvorteile zu gewährleisten[3]. Hauptziel ist der

---

1) BUTTLER 1973, TÖPFER/SPEHL 1975, STRASSERT 1976.
2) MARX 1975, BUTTLER/GERLACH/LIEPMANN 1975.
3) BUTTLER 1973.

Abbau großräumiger Disparitäten durch die Schaffung bzw. den Ausbau von Entwicklungsschwerpunkten, die in bisher zurückgebliebenen Gebieten ein eigenständiges Wachstum ermöglichen und ein differenziertes Angebot an Arbeitsplätzen und Versorgungseinrichtungen sicherstellen sollen. Sowohl die Ausbildung von Agglomerationsvorteilen in geeigneten Entwicklungszentren als auch die Schaffung funktionsfähiger Arbeitsmärkte setzen bestimmte Schwellenwerte an Arbeitsplätzen und Einwohnern im Einzugsgebiet voraus. Innerhalb eines Einzugsbereiches von 60 bis 90 Pkw-Minuten sollten demnach mindestens 100 - 200 000 Arbeitsplätze und 500 000 Einwohner vorhanden sein.

Es wird sich zeigen, inwieweit dieses Entwicklungskonzept auf die konkreten räumlichen Bedingungen des Friaul angewendet werden kann. Dabei muß nochmals betont werden, daß es sich hier um ein großräumiges Konzept handelt, bei dem durchaus nicht alle Arbeitsplätze im Kern konzentriert sein müssen. Regionale Schwerpunkte mit kleineren Einzugsbereichen innerhalb der gesamten Arbeitsmarktregion sind durchaus denkbar, wenn die Erreichbarkeit vor allem der höher qualifizierten Funktionen, die in der Regel im Zentrum angesiedelt sind, für die gesamte Regionsbevölkerung gewährleistet bleibt.

1.2. Schwellenwerte in Regionalforschung und -planung

Die Bedeutung der Agglomerationsvorteile für das wirtschaftliche Wachstum wurde von v. BÖVENTER (1971) untersucht. Demnach nehmen die Agglomerationseffekte mit zunehmender Entfernung zum nächsten Verdichtungskern ab. Von einem gewissen Punkt an (pessimale Entfernung) wächst die Chance eines Ortes, für ein größeres Hinterland zum Zentrum zu werden. Neben der Entfernung spielt dabei auch die Einwohnerzahl eine große Rolle. Je größer die Entfernung zum nächsten Verdichtungskern ist, umso größer muß ein Ort sein, um eigenständig wachsen zu können. Aus den damit gewonnenen Zusammenhängen hat v. BÖVENTER Richtwerte für die Mindestgröße von Entwicklungszentren abgeleitet. Auch wenn die Aussagekraft des Indikators Bevölkerung für die Messung von Agglomerationsvorteilen umstritten ist, lassen sich daraus doch Anhaltspunkte für eine pragmatische Förderpolitik gewinnen.

Tab. 45: Richtwerte für die Mindestgröße von Entwicklungszentren

	Entfernung zur nächsten Stadtregion in km			
	25	50	75	100
Mindesteinwohnerzahl in 1 000 (ohne weiteren Einzugsbereich)	30-40	75-120	120-200	165-350

Quelle: v. BÖVENTER 1971, S. 185.

Die Vorteile großer Arbeitsmärkte für die regionale Entwicklung werden von KLEMMER betont. "Ein - gemessen am Arbeitskraftvolumen - großer Arbeitsmarkt besitzt nicht nur bessere Standortvoraussetzungen für niederlassungswillige Unternehmer, sondern ist gleichzeitig auch im Interesse der Arbeitnehmer, da er einen hohen Diversifikationsgrad der Sektoralstruktur zuläßt. Insofern ist die Schaffung großer Arbeitsmärkte auch eine strategische Notwendigkeit zur Durchsetzung einer stabilitätsorientierten Arbeitsmarktpolitik."[1] Konkret geht KLEMMER von einer Mindestzahl von 30 000 Einwohnern im Arbeitsmarktzentrum sowie von 30 - 40 000 Arbeitskräften bzw. 60 - 100 000 Einwohnern in der Arbeitsmarktregion aus.

Je mehr sich die Diskussion um Mindesteinwohnerzahlen der regionalen Planungspraxis nähert, umso stärker sinken die genannten Schwellenwerte ab. Die meisten Angaben schwanken zwischen 20 000[2] und 50 000[3] Einwohnern, eine Größenordnung, die auch bei der Diskussion um Mittelzentren immer wieder genannt wird. Die Strukturpolitik in der Bundesrepublik geht davon aus, "daß keine Städte zu Schwerpunktorten erklärt werden sollten, in deren Einzugsbereich nicht mindestens 20 000 Einwohner ansässig sind, für wünschenswert wird sogar eine Untergrenze von 40 000 Einwohneren gehalten."[4] Tatsächlich wiesen 1974 nur drei Viertel der Förderorte eine Einwohnerzahl von mehr als 20 000 im Einzugsbereich auf, mehr als 40 000 Einwohner hat nicht einmal die Hälfte aller Schwerpunktorte[5].

---

1) KLEMMER 1975, S. 30/31.
2) JOCHIMSEN/TREUNER 1967.
3) MARX 1968.
4) ERNST 1974, S. 217.
5) ERNST 1974, S. 218.

In diesen doch recht unterschiedlichen Zahlenangaben kommt
die Diskrepanz zwischen regionalwirtschaftlicher Theorie
und praktischer Regionalpolitik deutlich zum Ausdruck. Ursache dafür ist die objektive Schwierigkeit, in ländlichen
Räumen Einzugsbereiche zu bilden, die den theoretischen Forderungen entsprechen sowie das Problem der Durchsetzbarkeit
einer selektiven Förderungspolitik. Darüber hinaus sind die
Differenzen zwischen verschiedenen Konzepten auch auf unterschiedliche Zielsetzungen und Bezugskriterien zurückzuführen.
Um dennoch Anhaltspunkte für die Planung im Friaul gewinnen
zu können, müssen die wesentlichen Zielsetzungen, die bei der
Bildung der verschiedenen Schwellenwerte zugrundeliegen, klar
voneinander getrennt werden.

- Regionales Wachstum durch Agglomerationsvorteile

Mit der Schaffung von Agglomerationsvorteilen soll in bisher
zurückgebliebenen Regionen langfristig ein eigenständiges
Wachstum angeregt werden. Eine entscheidende Rolle spielen
hier weniger die Einwohnerzahlen im gesamten Einzugsbereich
als vielmehr das Angebot an staatlichen und privaten Dienstleistungen (urbanization economies) sowie die Existenz verschiedener Firmen der gleichen Branche (localisation economies). Die Ausbildung dieser Effekte hängt in der Regel von
einer gewissen Mindestgröße des Verdichtungskerns ab, in dem
die zentralen Funktionen des Infrastrukturbereichs konzentriert sind. Bei einer Entfernung von 75 km zur nächsten Stadtregion setzt v. BÖVENTER eine Einwohnerzahl von mindestens
120 000 EW im engeren Einzugsbereich des potentiellen Entwicklungsschwerpunktes voraus. Demnach wäre im Friaul der Raum
Udine am ehesten zur Ausbildung von wachstumsfördernden Agglomerationsvorteilen geeignet (Entfernung Udine-Triest ca. 70 km,
Einwohnerzahl Udine 104 000).

- Schaffung ausgeglichener Arbeitsmärkte

Die Angaben über die Größe ausgeglichener Arbeitsmärkte schwanken je nach den zugrundegelegten Pendeldistanzen sowie den qualitativen Ansprüchen an einen funktionsfähigen Arbeitsmarkt
zwischen 60 000 Einwohnern (KLEMMER) und 500 000 Einwohnern
(MARX, BUTTLER) im Einzugsgebiet. Der Ausgleich am Arbeitsmarkt für hochrangige Qualifikationen könnte demnach nur innerhalb einer größeren Arbeitsmarktregion erfolgen, die praktisch
das ganze Friaul umfassen würde. Daß zumindest für durchschnittliche Qualifikationen regionale Teilarbeitsmärkte geschaffen
werden müssen, mit denen die Pendeldistanzen in den peripheren
Gebieten des Friaul auf ein vertretbares Maß verkürzt werden,
legen die räumlichen Gegebenheiten nahe. In diesem Fall muß ein
Kompromiß zwischen Erreichbarkeit und notwendiger Mindestgröße

gefunden werden, d.h. zum einen sollte die Erreichbarkeit einer ausreichenden Palette an Arbeitsmöglichkeiten auch in peripheren Gemeinden gesichert sein, zum anderen sollte die Bevölkerung im Einzugsbereich eine Mindestschwelle, die bei rd. 60 000 Einwohnern liegen dürfte, nicht unterschreiten. Welche Distanzen dabei im Friaul konkret zugrundegelegt werden können, soll in Abschnitt V.3. und V.4. erörtert werden.

- Versorgung mit Infrastruktureinrichtungen

Schließlich spielen auch Versorgungsaspekte eine wesentliche Rolle bei der Bildung von Schwellenwerten. Für jede Infrastruktureinrichtung existieren bestimmte Mindesteinzugsbereiche, die aus Rentabilitätsgründen erforderlich sind, wenn nicht eine langfristige Subventionierung in Kauf genommen werden soll. Funktionsfähigen Mittelzentren, denen bei der Entwicklung ländlicher Räume zunehmende Bedeutung beigemessen wird[1], ist meist ein Richtwert von 40 000 Einwohnern zugrundegelegt. Da gerade im ländlichen Raum Arbeitsmarktzentren auch die Versorgung mit Infrastruktureinrichtungen sicherstellen bzw. zentrale Orte auch Arbeitsplätze bereitstellen müssen, ist dieser Versorgungsaspekt auch bei der Auswahl von künftigen Arbeitsmarktzentren zu beachten.

1.3. Hierarchie regionaler Arbeitsmärkte

Mit den vorstehenden Ausführungen sollte deutlich gemacht werden, daß die Auswahl der Entwicklungsschwerpunkte von dem zugrundegelegten regionalpolitischen Zielsystem abhängt. Die Schaffung großräumiger Wachstumsimpulse durch Multiplikatorwirkungen erfordert andere Voraussetzungen als eine im wesentlichen auf die Versorgung benachteiligter Gebiete mit Arbeitsplätzen und infrastrukturellen Einrichtungen ausgerichtete Förderungsstrategie. So wird z.B. auch im Bundesraumordnungsprogramm zwischen Entwicklungszentren zum Abbau innergebietlicher und großräumiger Disparitäten unterschieden. Während letztere aus dem Konzept der ausgeglichenen Funktionsräume abgeleitet wurden und entsprechend große Einzugsbereiche erfordern, sind die Zentren zum Abbau innerregionaler Disparitäten stärker auf das System der zentralen Orte bezogen. Es geht also nicht um die Entscheidung "ausgeglichene Funktionsräume mit Wachstumsimpulsen" oder "zentrale Orte", sondern um eine sinnvolle Ergänzung dieser beiden Konzepte, die der jeweiligen Situation angemessen ist[2]. Die Förderung von Entwicklungsschwerpunkten

---

1) STIENS 1977, S. 139-154.
2) vgl. GANSER, KRONER 1976, S. 357.

unterschiedlicher Größe mit jeweils verschiedenen Aufgaben scheint demnach durchaus eine erfolgversprechende Strategie zu sein. "Abweichend vom Konzept der "ausgeglichenen Funktionsräume" ist allerdings zu berücksichtigen, daß auch Funktionsräume ein hierarchisches System bilden, dem ... auch funktional verschiedene Typen von Entwicklungszentren entsprechen. Die Funktionsräume der mittelstädtischen Zentren peripherer Regionen werden einerseits einen Teil der Arbeitsplatznachfrage qualifizierter Arbeitskräfte ebensowenig befriedigen können wie die Nachfrage nach bestimmten hochzentralen Versorgungsleistungen. Solche Funktionsräume mittlerer Ebene können daher bei günstiger Raumstruktur durch die Einzugsbereiche von Zentren überregionaler Bedeutung (Entwicklungszentren 1. Stufe) überlagert werden, welche jene Nachfrage befriedigen können. ... Für die - bezogen auf den Regionskern - peripheren Teilräume mit einem hohen Anteil wenig mobiler Bevölkerungsgruppen sind neben der Entwicklung des Regionszentrums flankierende Maßnahmen erforderlich, da hier die Überlagerung von Funktionsräumen weniger intensiv ist. Hier wäre an den Ausbau von lokalen Arbeitsmarkt- und Versorgungsmittelpunkten (Entwicklungszentren 3. Stufe) zu denken, welche zu voll entwickelten Mittelzentren auszubauen wären und deren Arbeitsmarktsituation - auf freilich niedrigerem Niveau - zu stabilisieren wäre."[1]

Wie diese Hierarchie regionaler Arbeitsmärkte im Friaul konkret aussehen könnte, soll im nächsten Abschnitt untersucht werden.

2. Abgrenzung bestehender Arbeitsmärkte

Grundlage der folgenden Darstellung sind Daten, die 1974 erhoben wurden und die Pendelverflechtungen der Arbeitskräfte für jede Gemeinde der Provinz wiedergeben[2]. Damit können die wesentlichen Merkmale der regionalen Arbeitsmärkte deutlich herausgearbeitet werden.

Ein entscheidender - und nicht völlig objektivierbarer - Ausgangspunkt ist die Festlegung der bestehenden Arbeitsmarktzentren. Es wurden zunächst jene Zentren ausgewählt, die einen deutlichen eigenen Pendlereinzugsbereich bilden. Diese Voraussetzung wurde als erfüllt angesehen, wenn aus mindestens einer der verflochtenen Gemeinden mehr als 40 % der Auspendler in das jeweilige Zentrum pendeln. Um den Einfluß der bestehenden kommunalen Verwaltungsgliederung auszuschalten, wurden benachbarte Gemein-

---

1) FESTER 1976, S. 137.
2) Amministrazione Provinziale di Udine 1977.

den, die erkennbar einen gemeinsamen Arbeitsmarkt bilden, zusammengefaßt.

Auf der Grundlage dieser Auswahl von Arbeitsmarktzentren wurden die bestehenden Einzugsbereiche abgegrenzt. Dabei wurden zwei unterschiedliche Schwellenwerte benutzt. Mit dem schon erwähnten Wert von 40 %[1] läßt sich der eigenständige Einflußbereich der Arbeitsmarktzentren darstellen, während mit einem Schwellenwert von 10 % die äußeren Grenzen der einzelnen Arbeitsmärkte sichtbar werden.

Wie Karte 16 zeigt, weist der Arbeitsmarkt der Provinzhauptstadt Udine den größten und geschlossensten Einflußbereich auf. Ähnlich eigenständige Einflußbereiche existieren sonst nur im Nordteil des Friaul, wenn auch mit wesentlich niedrigeren Bevölkerungszahlen (vgl. Tab. 46). Allerdings ist der Einflußbereich gerade von Tolmezzo nicht so groß, wie es seiner Bedeutung als Zentrum des Nordens eigentlich zukäme. Diese Tatsache ist zum einen durch die immer noch mangelnde Attraktivität Tolmezzos zu erklären, zum anderen durch die Existenz einer Reihe kleinerer Arbeitsorte im Gebirge, auf die sich die Pendlerströme verteilen.

Die - mehr oder weniger - eigenständigen Zentren am Rande des Arbeitsmarktes von Udine sind ihrerseits, zumindest teilweise, auf Udine orientiert (Buttrio, Codroipo, Tavagnacco-Tricesimo-Reana). In gewissem Sinne besteht hier also bereits ein hierarchisches System unterschiedlich starker regionaler Verflechtungen. Die Zentren in etwas größerem Abstand zu Udine sind zwar selbständiger, aber insgesamt noch recht schwach ausgeprägt. Der Einfluß von Udine und das Fehlen geeigneter Kristallisationskerne hat bisher sowohl im Süden (Latisana-Lignano, S. Giorgio-Torviscosa-Cervignano) als auch im Osten (Cividale) und Norden (Majano-Osoppo-Gemona) die Bildung größerer Einflußbereiche verhindert. Die unterschiedliche Reichweite und Bedeutung der einzelnen Arbeitsmarktzentren wird sichtbar, wenn man die Einwohnerzahlen im Kern und im Einflußbereich gegenüberstellt.

---

[1] Anteil der Auspendler einer Gemeinde in das jeweilige Arbeitsmarktzentrum.

Karte 16

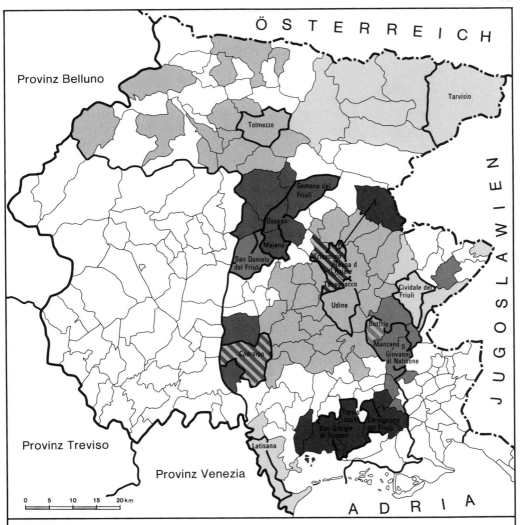

Regionale Arbeitsmärkte – Dominante Einflußbereiche regionaler Arbeitsmarktzentren 1974

 Arbeitsmarktzentrum

Einflußbereich: Gemeinden mit mehr als 40% Auspendlern in das jeweilige Arbeitsmarktzentrum

 Überlagerung von Arbeitsmarktzentren und Einflußbereichen

Quelle: Amministratione Provinciale di Udine 1977

Entwurf: R. Dobler   Kartographie: Geographisches Institut der TUM

Tab. 46: Einwohnerzahlen regionaler Arbeitsmärkte (1976)

	Arbeitsmarkt-zentrum abs.	Einfluß-bereich abs.	Gesamt abs.
Udine	103.627	135.317	238.944
Cervignano-Torviscosa-S. Giorgio di Nogaro	22.671	11.571	34.242
Tolmezzo	10.411	21.633	32.044
Gemona-Majano-Osoppo	18.869	11.011	29.880
Buttrio-Manzano-S. Giovanni al Natisone	15.828	11.096	26.924
Reana del Roiale-Tavagnacco-Tricesimo	21.191	3.898	25.089
Codroipo	13.430	7.702	21.132
Latisana-Lignano	15.879	3.624	19.503
Cividale	11.310	3.999	15.309
Tarvis	6.252	7.986	14.238
S. Daniele	6.850	3.008	9.858

Quelle: Regione F.-V.G., Ass. Pianificazione: Compendio Statistico 1977, eigene Berechnungen.

Auffallend ist vor allem der große Unterschied zwischen Udine und dem nächst folgenden Verflechtungsbereich, der die eindeutige Vorrangstellung von Udine auf dem regionalen Arbeitsmarkt widerspiegelt. Während im unmittelbaren Einflußbereich von Udine 239 000 Personen leben, sind es bei den nachfolgenden Zentren nur rd. 30 000. Wenn die hierarchische Struktur der Arbeitsmärkte verstärkt und damit dem Trend zur Abwanderung aus den peripheren Räumen entgegengewirkt werden soll, muß diese Differenz wesentlich reduziert werden.

Karte 17a zeigt die Gemeinden an, aus denen mindestens 10 % der Auspendler nach Udine orientiert sind. Dabei wird deutlich, daß der Verflechtungsbereich von Udine weit über das engere Einzugsgebiet, wie es in Karte 16 dargestellt ist, hinausreicht. Neben der sozioökonomischen Zone Udine-Cividale sind auch noch die Zonen Codroipo und Zentrales Hügelland relativ stark auf Udine hin ausgerichtet. Sogar im Süden (Tiefebene) und nicht zuletzt im Norden (Gebirgszone) besteht eine deutliche Verflechtung mit der

Karte 17 a

Regionale Arbeitsmärkte
Grenzen des Arbeitsmarktes Udine 1974

 Gemeinden mit mehr als 10% Auspendlern nach Udine

Quelle: Amministrazione Provinciale di Udine 1977

Entwurf: R. Dobler   Kartographie: Geographisches Institut der TUM

Provinzhauptstadt. Häufig ist hier die zweitstärkste Beziehung - nach dem regionalen Zentrum - auf Udine orientiert, während die dazwischenliegenden Arbeitsmarktzentren übersprungen werden.

Karte 17b stellt den 10%-Einzugsbereich der übrigen regionalen Arbeitsmärkte dar und gibt damit grob die Grenzen der Einzugsgebiete an. Gegenüber Karte 16 sind diese zwar hier auch vergrößert, aber bei weitem nicht in dem Maße, wie das bei Udine der Fall ist. Der Einfluß von Tolmezzo beschränkt sich deutlich auf Karnien, der von Tarvis auf den östlichen Gebirgsraum. Daß der Einzugsbereich von Tolmezzo auf der 10% Schwelle genau mit der Provinzgrenze übereinstimmt, wie es auch bei anderen Arbeitsmärkten der Fall ist (Udine, Codroipo), liegt übrigens nicht an fehlenden Daten, sondern an den tatsächlichen Verflechtungen, die durch naturräumliche Elemente (Gebirge, Tagliamento) deutlich beeinflußt werden.

Im zentralen Hügelland überlagern sich die Verflechtungsbereiche von Majano-Osoppo-Gemona, S. Daniele und Tavagnacco-Tricesimo-Reana und verhindern die Ausbildung eines größeren monozentrischen Pendlerraumes. Hier macht sich die Vielzahl kleiner Industrieorte im Umkreis von Udine bemerkbar. Noch stärker sind diese Überlagerungen freilich im Süden und Osten der Stadt, wo ebenfalls eine Reihe kleiner Industriezentren gleichrangig nebeneinanderstehen.

Die weiteren Überlegungen konzentrieren sich auf das Gebiet nördlich von Udine. Entwicklungen im Süden und Osten werden nur noch berücksichtigt, soweit ein unmittelbarer Zusammenhang mit den Problemen im Norden besteht. Es geht im folgenden darum, zu untersuchen, inwieweit die heute bestehende regionale Arbeitsmarktstruktur weiterentwickelt und verändert werden kann. Dabei steht die Frage der Schaffung von Arbeitsmärkten, die ein Gegengewicht gegenüber dem dominierenden Zentrum Udine bilden können, im Vordergrund der Betrachtungen.

3. Abgrenzung künftiger Arbeitsmärkte

Bei der Abgrenzung möglicher künftiger Arbeitsmärkte soll zunächst geklärt werden, inwieweit regionalpolitische Forderungen (vgl. Kap. V.1.) unter den konkreten Bedingungen des Friaul erfüllt werden können. Es soll versucht werden, Einzugsbereiche abzugrenzen, die ein ausreichendes Potential an Bevölkerung und Arbeitsplätzen enthalten und gleichzeitig auch den Bewohnern peripherer Gemeinden zumutbare Pendelzeiten ermöglichen. Ausgangspunkt müssen dabei die bereits bestehenden Ar-

Karte 17 b

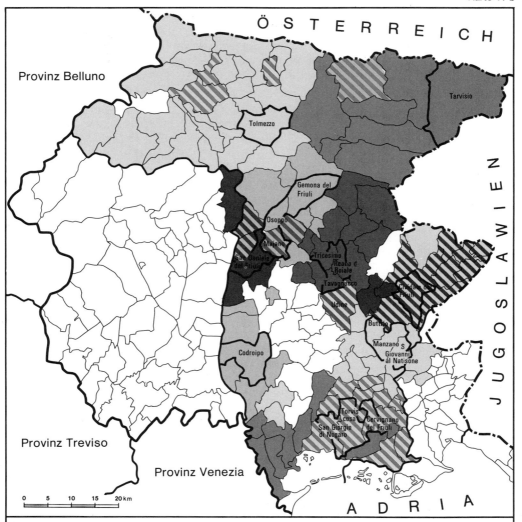

Regionale Arbeitsmärkte –
Grenzen der übrigen Arbeitsmärkte 1974

 Arbeitsmarktzentrum

Gemeinden mit mehr als 10% Auspendlern in das jeweilige Arbeitsmarktzentrum

 Überlagerung von Arbeitsmärkten

Quelle: Amministratione Provinciale di Udine 1977

Entwurf: R. Dobler   Kartographie: Geographisches Institut der TUM

beitsmarktzentren sein (vgl. Karte 16). Ohne ein Mindestmaß
an vorhandenen Arbeitsplätzen und Infrastruktureinrichtungen
wären Förderungsmaßnahmen für künftige Arbeitsmärkte von vornherein zum Scheitern verurteilt. Es geht also um die künftige
Bedeutung heute schon bestehender Arbeitsmärkte und nicht um
die Entwicklung völlig neuer Einzugsbereiche. Die Überlegungen
müssen sich daher auf die künftige Größe und Funktion der Arbeitsmärkte Udine, Majano-Osoppo-Gemona, Tolmezzo und Tarvis
konzentrieren, die den Arbeitsmarkt im Norden des Friaul und
damit auch im Erdbebengebiet maßgeblich bestimmen. San Daniele und Tavagnacco-Reana-Tricesimo wurden ausgeklammert, weil
der Einzugsbereich dieser Orte sehr klein ist und im Fall von
Tavagnacco-Reana-Tricesimo bereits zum engeren Einzugsgebiet
von Udine gehört.

3.1. Bestimmung von Distanzbereichen

Die Entwicklungsmöglichkeiten von Arbeitsmärkten werden entscheidend von den Distanzverhältnissen beeinflußt. Wegen der
unterschiedlichen topographischen Bedingungen sind dabei nicht
Kilometerentfernungen, sondern erforderliche Reisezeiten Ausgangspunkt einer Abgrenzung von Distanzbereichen. Im vorliegenden Fall wurden die tatsächlichen Fahrzeiten im öffentlichen
Nahverkehr[1] bzw. die Fahrzeiten, die aufgrund von Entfernung,
Topographie und Verkehrserschließung zu erwarten sind, zugrundegelegt. Die Durchschnittsgeschwindigkeiten schwanken hier
zwischen etwa 50 km/h auf gut ausgebauten Staatsstraßen und
30 - 35 km/h auf Nebenstraßen im Gebirge. Als Schwellenwerte
für die Distanzbereiche wurden 30, 45 und 60 min. gewählt. Pendeldistanzen von über 60 Minuten kommen kaum vor und sollten auch
künftig nicht in Betracht gezogen werden. Veränderungen an der
Verkehrsinfrastruktur in den nächsten Jahren können allenfalls
die Erreichbarkeiten an der Achse der Pontebbana (Ausbau von
Autobahn und Eisenbahn) verbessern, werden aber in der Fläche
nicht zu einer merklichen Veränderung der Distanzverhältnisse
führen. Man kann deshalb davon ausgehen, daß die aufgrund des
heutigen Straßennetzes abgegrenzten Distanzbereiche im wesentlichen stabil bleiben werden. Lediglich wenn man die Fahrzeiten
mit dem Pkw anstele des öffentlichen Nahverkehrs berücksichtigen würde, käme man - heute wie auch in Zukunft - zu etwas größeren Distanzbereichen. Im Interesse einer gleichmäßigen Versorgung aller Bevölkerungsschichten mit Arbeitsplätzen wurde allerdings von dieser Möglichkeit Abstand genommen.

Den größten Distanzbereich - und damit den größten potentiellen

---

1) Amministrazione Provinciale di Udine 1975.

Einzugsbereich - weist Udine auf, eine Folge der zentralen
Lage in der Ebene mit einem auf die Provinzhauptstadt orientierten, sternförmigen Straßensystem (vgl. Karte 18a). An
zweiter Stelle steht Majano-Osoppo-Gemona, das ebenfalls eine
günstige Verkehrslage aufweist, dessen Einzugsgebiet im Norden allerdings durch das Gebirge beschränkt wird (vgl. Karte
18b). Auch das potentielle Einzugsgebiet von Tolmezzo ist
durch seine zentrale Lage im Gebirge noch relativ groß (vgl.
Karte 18c), während der Einzugsbereich des Grenzorts Tarvis
asymmetrisch ausgebildet und stark begrenzt ist (vgl. Karte
18d). Unter dem Aspekt der regionalpolitischen Erfolgsaussichten einer Förderung dieser Arbeitsmärkte ist allerdings weniger die Flächenausdehnung als vielmehr die Einwohnerzahl in
den Distanzbereichen von Bedeutung.

Tab. 47: Einwohner in den Distanzbereichen regionaler Arbeitsmarktzentren (1976)

	Arbeitsmarktzentrum abs.	30-min-Bereich abs.	45-min-Bereich abs.	60-min-Bereich abs.
Udine	103.627	253.994	415.686	566.231
Majano-Osoppo-Gemona	18.869	109.117	274.624	332.997
Tolmezzo	10.411	44.348	93.762	137.524
Tarvis	6.252	7.867	11.134	12.893

Quelle: Regione F.-V.G., Ass. Pianificazione: Compendio
Statistico 1977, eigene Berechnungen.

Auch bei den Einwohnerzahlen führt Udine mit deutlichem Abstand vor Majano-Osoppo-Gemona, Tolmezzo und Tarvis. Obwohl
diese Zahlen lediglich ein Bevölkerungspotential angeben, also noch nichts über die Einwohnerzahlen in tatsächlichen künftigen Arbeitsmärkten aussagen, lassen sich dennoch bereits
einige Schlußfolgerungen ziehen.

Eine Förderung von Orten unter dem Aspekt der Stimulierung von
Wachstumseffekten durch Agglomerationsvorteile kommt nur für
Udine in Frage. Das Ziel der Schaffung funktionsfähiger Arbeitsmärkte kann dagegen auch in den kleineren Einzugsgebieten von Majano-Osoppo-Gemona und Tolmezzo angestrebt werden.
Immerhin leben hier jeweils rd. 100 000 Personen im 30 min.-
(Majano-Osoppo-Gemona) bzw. 45 min.-Distanzbereich (Tolmezzo).
Inwieweit diese Einzugsbereiche allerdings tatsächlich er-

Karte 18a

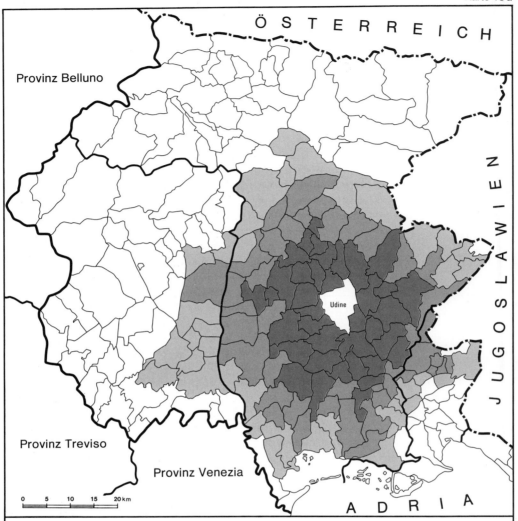

Distanzbereiche regionaler Arbeitsmarktzentren
Udine

Distanz im öffentlichen Nahverkehr

   bis 30 min.

   30 min. – 45 min.

   45 min. – 60 min.

Quelle: Amministrazione Provinciale di Udine 1975 sowie eigene Berechnungen

Entwurf: R. Dobler   Kartographie: Geographisches Institut der TUM

Karte 18 b

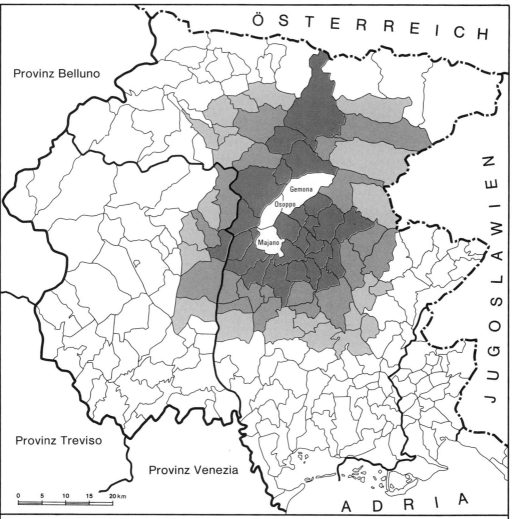

Distanzbereiche regionaler Arbeitsmarktzentren
Majano – Osoppo – Gemona

Distanz im öffentlichen Nahverkehr

 bis 30 min.

 30 min. – 45 min.

 45 min. – 60 min.

Quelle: Amministrazione Provinciale di Udine 1975 sowie eigene Berechnungen

Entwurf: R. Dobler   Kartographie: Geographisches Institut der TUM

Karte 18 c

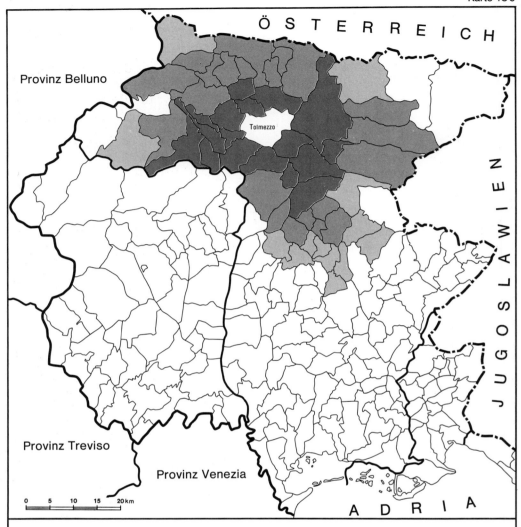

Distanzbereiche regionaler Arbeitsmarktzentren
Tolmezzo

Distanz im öffentlichen Nahverkehr

   bis 30 min.

   30 min. – 45 min.

   45 min. – 60 min.

Quelle: Amministrazione Provinciale di Udine 1975 sowie eigene Berechnungen

Entwurf: R. Dobler   Kartographie: Geographisches Institut der TUM

Karte 18 d

Distanzbereiche regionaler Arbeitsmarktzentren
Tarvis

Distanz im öffentlichen Nahverkehr

  bis 30 min.

  30 min. – 45 min.

  45 min. – 60 min.

Quelle: Amministrazione Provinciale di Udine 1975 sowie eigene Berechnungen

Entwurf: R. Dobler   Kartographie: Geographisches Institut der TUM

reicht werden können, ist damit noch nicht beantwortet.

3.2. Vergleich der Distanzbereiche mit den realen Einzugsbereichen

Der Vergleich der tatsächlichen Einzugsbereiche von 1974 mit den Distanzbereichen ermöglicht die Ableitung planerischer Zielvorstellungen. In den Karten 19a und b sind die 30 min.-Distanz-Bereiche den tatsächlichen Verflechtungsbereichen auf 40 % Niveau gegenübergestellt.

Die relativ beste Übereinstimmung der beiden Bereiche liegt im Fall von Udine vor. Der tatsächliche Einflußbereich geht über die 30 min.-Schwelle hinaus, wenn das Hinterland schwach entwickelt ist (Tarcento, Nimis, Codroipo) und bleibt hinter dieser Schwelle zurück, wenn konkurrierende Zentren vorhanden sind wie etwa in Manzano oder im Süden.

Der Verflechtungsbereich von Majano-Osoppo-Gemona erreicht die 30 min.-Schwelle noch bei weitem nicht, ein Zeichen dafür, daß sich das Gebiet bisher gegenüber Udine noch nicht durchsetzen konnte.

Gegenüber dem 30 min.-Distanzbereich ist der tatsächliche Einflußbereich von Tolmezzo stark verschoben. Während im Süden und Osten kaum ein eigener Einflußbereich vorhanden ist, dehnt sich das Verflechtungsgebiet im Norden und Westen weit über den 30 min.-Bereich aus. Diese scheinbar geringe Distanzempfindlichkeit der Pendler ist zweifellos weniger auf die Attraktivität von Tolmezzo als vielmehr auf das fehlende Angebot alternativer Arbeitsorte zurückzuführen.

Ähnlich ist es bei Tarvis, dessen Verflechtungen ebenfalls deutlich über den 30 min.-Bereich hinausgehen. Auffallend ist dabei, daß die Orte im Canal del Ferro (Moggio, Chiusaforte) eindeutig auf Tarvis orientiert sind, obwohl die Distanz zu Tolmezzo kleiner ist. Hier scheinen kulturelle Faktoren eine Rolle zu spielen.

3.3. Schlußfolgerungen für die künftige Entwicklung der regionalen Arbeitsmärkte - Planungsvorschlag

Welche Schlußfolgerungen können nun aus diesen Überlegungen gezogen werden?
Die räumliche Ausdehnung der künftigen regionalen Arbeitsmärkte hängt von Zahl und Zuordnung der einzelnen Arbeitsmarktzentren zueinander, den Distanzverhältnissen und der Attraktivität der Zentren ab. Nachdem die Distanzverhältnis-

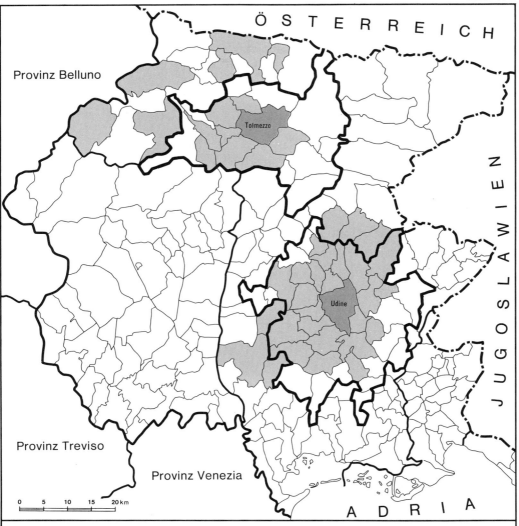

se bei den gegebenen Arbeitsmarktzentren noch erträglich sind (nur zwei Gemeinden weisen eine größere Distanz als 60 min. zum nächsten Zentrum auf) und Verkehrsausbaumaßnahmen im Gebirge enge Grenzen gesetzt sind, scheint eine Einflußnahme auf die Größe der Arbeitsmärkte am ehesten über eine Förderung der Attraktivität einzelner Zentren möglich zu sein.

Wenn die Versorgung mit Arbeitsplätzen in den peripheren Gebirgsgebieten verbessert werden soll, ist eine Stärkung des Subzentrums Tolmezzo unumgänglich. Dagegen bringt eine Förderung von Tarvis keine großen Vorteile, weil die Bevölkerungszahl auch im 60 min.-Bereich sehr gering ist und die Schaffung eines vielfältigen Arbeitsmarktes auf dieser Basis unerreichbar bleibt. Im 60 min.-Bereich von Tolmezzo hingegen lebt eine wesentlich größere Zahl bisher weitgehend unterversorgter Menschen, denen kaum alternative Arbeitsorte zur Verfügung stehen. Eine gezielte Aufwertung Tolmezzos wäre damit auch relativ leicht gegenüber den benachbarten Arbeitsmärkten (Udine, Osoppo) durchzusetzen.

Um die Entwicklung von Subzentren im weiteren Umkreis von Udine nicht zu beeinträchtigen, sollte das Wachstum der Arbeitsplätze im Großraum Udine begrenzt bzw. in die Subzentren umgelenkt werden. Im Raum Udine sollten nur noch die Sektoren gefördert werden, die auf die Agglomerationsvorteile des Zentrums unbedingt angewiesen sind. Die übrigen Sektoren sollten bevorzugt in den Subzentren gefördert werden, um das Arbeitsplatzangebot in den peripheren Gebieten zu verbessern und Überlastungserscheinungen in Udine zu vermeiden. Dieses Konzept bedeutet keine großräumige funktionale Arbeitsteilung in dem Sinne, daß hochwertige Arbeitsplätze in der Region Udine und minderwertige in den peripheren Arbeitsmärkten konzentriert sind, sondern eine sinnvolle Aufgabenteilung innerhalb einer Arbeitsmarktregion "Friaul", in der die hochwertigen Funktionen im Zentrum konzentriert sind, aber auch vom Großteil der Bevölkerung an der Peripherie noch erreicht werden können. Das gilt mit Einschränkungen auch für den Gebirgsraum, der zwar überwiegend außerhalb der 60 min.-Isochrone liegt, aus dem aber dennoch relativ viele Arbeitskräfte nach Udine pendeln (vgl. Karte 17a).

Zwischen den Einflußbereichen von Udine und Tolmezzo besteht eine Lücke, die bisher von den aufstrebenden Orten Majano-Osoppo-Gemona nur unzureichend gefüllt wird. Um die Versorgung vor allem der Gemeinden in den Karnischen und Julischen Voralpen sicherzustellen, sollte dieser Arbeitsmarkt ebenfalls verstärkt ausgebaut werden. Diese Forderung ist vertretbar, da der Abstand zu Udine bereits groß genug ist, um ein Subzentrum zu ermöglichen (28 km) und auch die Distanz zu Tolmezzo ausreicht, um eine zu starke gegenseitige Konkurrenz zu vermeiden (24 km).

Eine Aufwertung des friauler Nordens setzt also vor allem eine Stärkung der Arbeitsmarktzentren Majano-Osoppo-Gemona und Tolmezzo gegenüber Udine voraus. Erst wenn die Attraktivität dieser Subzentren wesentlich höher als heute ist, wird man von einem Erfolg im Kampf gegen die Abwanderung sprechen können. Daß die bestehenden Einzugsgebiete nicht radikal verändert werden können, ist klar und wird bei der Abgrenzung der anzustrebenden künftigen Verflechtungsbereiche berücksichtigt. Der grobe Umriß der künftigen Arbeitsmärkte könnte damit etwa so aussehen:

Tolmezzo:

Im Norden und Westen muß der 60 min.-Bereich voll ausgeschöpft werden, um die Versorgung der Bevölkerung sicherzustellen. Nach Osten sinkt die Attraktivität durch den Einfluß der Konkurrenzorte Tarvis und Majano-Osoppo-Gemona, so daß hier ein maximaler Einzugsbereich von 45 min. angenommen wird. Nach Süden kommt noch die Konkurrenz von Udine hinzu, so daß der Einzugsbereich auf 30 min. sinkt.

Tarvis:

Die Konkurrenz der verstärkten Arbeitsmärkte von Tolmezzo und Majano-Osoppo-Gemona dürfte den Einzugsbereich von Tarvis auf 45 min. zurückdrängen.

Majano-Osoppo-Gemona:

Die Grenze des Arbeitsmarktes reicht im nördlichen Bereich weiter (45 min.) als im Süden, wo der Einfluß von Udine eine stärkere Ausdehnung verhindert (30 min.).

Udine:

Die Grenze des Verflechtungsbereichs wurde hier generell mit 45 min. festgelegt. Kleiner ist der Einzugsbereich keinesfalls zu veranschlagen, weil Udine weiterhin das dominierende Zentrum bleiben wird. Eine Differenzierung des Einzugsbereiches wurde nicht vorgenommen, weil gerade in den Teilen, wo Subzentren bisher schwach ausgeprägt sind, diese ja gezielt verstärkt werden sollen. Einzige Ausnahme ist Taipana in den Julischen Voralpen, das im 60 min.-Bereich von Udine liegt. Taipana wurde Udine zugeordnet, weil hier kein Auffangzentrum in günstigerer Lage zur Verfügung steht.

Mit diesem Konzept bleiben lediglich zwei Gemeinden außerhalb der 60 min.-Distanz zu einem Arbeitsmarktzentrum, nämlich Forni di Sopra und Sauris[1] im äußersten Nordwesten. Eine Reduzierung der Pendeldistanzen erscheint hier möglich, wenn auch Villa Santina in die Förderungsmaßnahmen des Arbeitsmarktzentrums Tolmezzo einbezogen wird.

Karte 20 zeigt, daß die oben erläuterten Verflechtungsbereiche sich vor allem im Gebiet des zentralen Hügellandes und der Kernzone des Gebirges überschneiden. Diese Überlagerung von Verflechtungsbereichen wird zweifellos auch in Zukunft auftreten und damit die Auswahlmöglichkeiten an Arbeitsplätzen in diesem Gebiet vergrößern. In diesen sich überlappenden zukünftigen Verflechtungsbereichen bestanden 1975 folgende Einwohnerzahlen:

Udine	416.920
Tolmezzo	70.089
Majano-Osoppo-Gemona	123.345
Tarvis	10.734

Quelle: Regione F.-V.G., Ass. Pianificazione, Compendio Statistico 1976.

Diese Einwohnerzahlen zeigen, daß die Tragfähigkeit der Bevölkerungsbasis gegeben ist. Auch im Gebirge reicht die Bevölkerungszahl zur Bildung eines bescheidenen, aber entwicklungsfähigen Arbeitsmarktes aus (Tolmezzo). Nur im Gebiet von Tarvis wird die Ausbildung eines funktionsfähigen Arbeitsmarktes auch in Zukunft nur schwer möglich sein. Als Grenzort zu Österreich und Jugoslawien hat es jedoch eine entsprechende Sonderstellung.

Eine eindeutige Zuordnung der Gemeinden zu den einzelnen Arbeitsmärkten ist im voraus nur bedingt möglich. Es können lediglich grobe Anhaltspunkte gegeben werden, wenn man von den bestehenden Verflechtungen ausgeht und die Distanzverhältnisse in planerische Überlegungen einbezieht. Gemeinden im 40 % Einflußbereich eines bestehenden Arbeitsmarktzentrums werden im allgemeinen auch künftig diesem Zentrum zugeordnet. Abweichungen können auftreten, wenn von diesen Gemeinden ein anderes Zentrum, das in Zukunft ausgebaut werden soll, besser erreicht werden kann. Gemeinden, die bisher nicht eindeutig auf einen Ort hin orientiert sind, werden nach den Kriterien Erreichbarkeit und künftige Attraktivität zugeordnet. Die domi-

---

1) Sauris hat als deutsch-sprachige Enklave wegen seiner markanten und vom landläufigen Baustil abweichenden Gehöfte, seiner Höhenlage und damit verbundenen größeren Schneesicherheit gewisse Chancen auf dem Sektor des Fremdenverkehrs, Forni di Sopra vor allem wegen seiner malerischen Lage an einem Stausee.

Karte 20

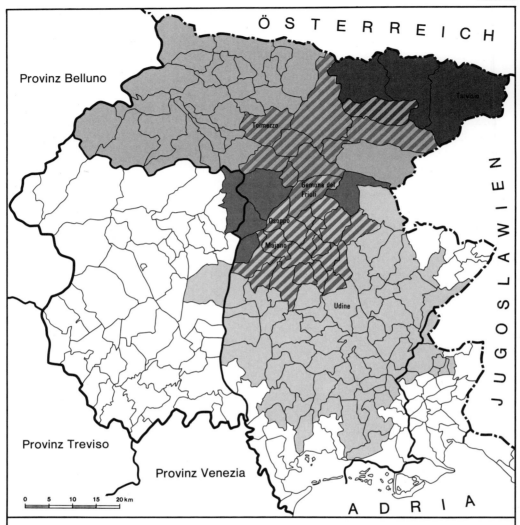

Planungsvorschlag:
Grenzen regionaler Arbeitsmärkte

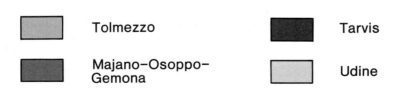

- Tolmezzo
- Majano–Osoppo–Gemona
- Tarvis
- Udine

Überlagerung von Arbeitsmärkten

Entwurf: R. Dobler   Kartographie: Geographisches Institut der TUM

nanten Einflußbereiche könnten damit in Zukunft so aussehen, wie in Karte 21 dargestellt. An den Überschneidungsbereichen der einzelnen Arbeitsmärkte von Karte 20 sollte ein neues Gleichgewicht entwickelt werden, das stärker als bisher auf die Subzentren ausgerichtet ist.

Um eine Vergleichsmöglichkeit zu haben, wurden auch für mögliche Subzentren im Süden und Osten von Udine provisorische Einflußbereiche abgegrenzt. Damit würden sich in den einzelnen Einflußzonen folgende Einwohnerzahlen ergeben:

Tab. 48: Einwohner 1975 in künftigen dominanten Einzugsbereichen

Udine	212.857
S. Giorgio di Nogaro-Torviscosa-Cervignano	80.342
Majano-Osoppo-Gemona	67.661
Tolmezzo	56.958
Manzano	38.007
Codroipo	30.471
Latisana-Lignano	24.956
Cividale	24.429
Tarvis	10.734

Quelle: Regione F.-V.G., Ass. Pianificazione: Compendio Statistico 1977, eigene Berechnungen.

Diese Zahlen zeigen, daß die Notwendigkeit und die Berechtigung von Subzentren am stärksten im Süden (S. Giorgio-Torviscosa-Cervignano) und Norden (Majano-Osoppo-Gemona, Tolmezzo) gegeben ist, während die Einflußbereiche im Osten und Südwesten sowohl von der räumlichen Ausdehnung als auch von den Einwohnerzahlen her nicht unbedingt eine stärkere Förderung vertretbar erscheinen lassen.

Die Realisierbarkeit des eben skizzierten Vorschlages der künftigen Arbeitsmarktentwicklung hängt von verschiedenen Faktoren ab, die in enger Beziehung zueinander stehen. Reicht das Bevölkerungs- und Erwerbstätigenpotential auch in Zukunft aus, um die für funktionsfähige Arbeitsmärkte notwendige Vielfalt an Beschäftigungsmöglichkeiten sicherzustellen? Ist es andererseits überhaupt möglich, die privaten Entscheidungsträger zu Investitionen in den Arbeitsmarktsubzentren zu bewegen? Und sind schließlich die Erwerbstätigen bereit, zu den vorgeschlagenen Arbeitsmarktzentren zu pendeln, oder werden sie trotzdem abwandern? Von der Beantwortung dieser Fragen hängt

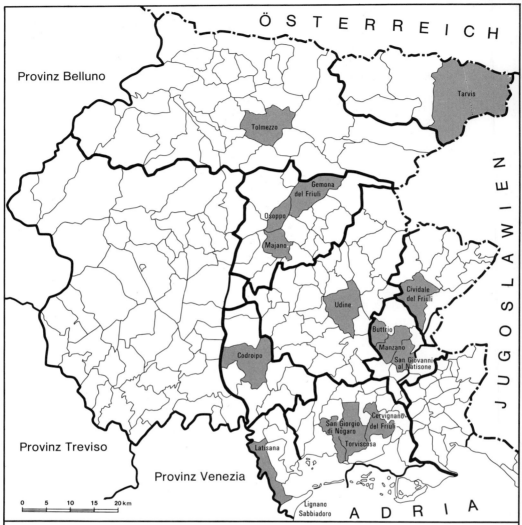

Planungsvorschlag: Dominante Einflußbereiche regionaler Arbeitsmarktzentren

regionales Arbeitsmarktzentrum

künftiger dominanter Einflußbereich: Gemeinden mit mehr als 40% der Auspendler in das Arbeitsmarktzentrum

Entwurf: R. Dobler Kartographie: Geographisches Institut der TUM

es letztlich ab, ob staatliche und regionale Maßnahmen zur
Förderung des Nordens eine Erfolgschance haben.

4. Realisierungschancen des Planungsvorschlags

4.1. Langfristige Entwicklung von Bevölkerung und Erwerbstätigen

Die Förderung der Arbeitsmärkte im Norden hat nur dann Sinn,
wenn die Bevölkerung hier langfristig gehalten werden kann.
Überlegungen über die künftige Bevölkerungsentwicklung sind
deshalb eine notwendige Voraussetzung einer gezielten Arbeitsmarktförderung. Während die Entwicklung der Wanderungen nicht
autonom, sondern nur in Verbindung mit Arbeitsplatzprognosen
vorausgeschätzt werden kann, ist die natürliche Bevölkerungsentwicklung durch die bestehende Struktur bereits weitgehend
festgelegt. Ihre Tendenzen können daher auch aufgezeigt werden, ohne daß detaillierte Arbeitsplatzprognosen vorliegen,
die ihrerseits von der künftigen Regionalpolitik abhängen.
Regionale Analysen und Prognosen sind zwar nicht für Arbeitsmärkte, wohl aber für sozioökonomische Zonen verfügbar, die
in groben Umrissen mit den vorgeschlagenen künftigen Arbeitsmärkten übereinstimmen. Dabei ist die Gebirgszone mit dem Arbeitsmarkt Tolmezzo, die zentrale Hügelzone mit dem Arbeitsmarkt Majano-Osoppo-Gemona und die Zone Udine-Cividale mit
dem Arbeitsmarkt Udine vergleichbar. Zunächst ein kurzer Rückblick auf die bisherige Entwicklung in den genannten Zonen:

Tab. 49: Bevölkerungsentwicklung in den sozio-ökonomischen
Zonen 1951 bis 1975

	Natürliche Bevölkerungsentwicklung (abs.)			Wanderungen (abs.)		
	51/61	61/71	71/75	51/61	61/71	71/75
Gebirgszone	+3.390	+1.705	- 188	- 8.905	-13.550	-1.699
zentrales Hügelland	+1.270	- 614	-1.329	-12.905	-12.112	+2.968
Zone Udine-Cividale	+6.810	+7.299	+1.925	+ 349	+ 3.596	+7.089

Quelle: Regione F.-V.G., Ass. Pianificazione 1976, S. 44-45.
Regione F.-V.G., Ass. Pianificazione 1977 A, S. 33-34.

Die ungünstigste natürliche Bevölkerungsentwicklung weist das zentrale Hügelland auf, während in der Gebirgszone bisher nur ein geringer natürlicher Bevölkerungsverlust entstand und im Gebiet von Udine noch positive Geburtensalden zu verzeichnen sind. Bei den Wanderungen ist die Lage dagegen in der Gebirgszone am schlechtesten. Hier waren jahrelang wie auch im zentralen Hügelland hohe Abwanderungsraten zu verzeichnen, die in den letzten Jahren allerdings stark reduziert und - wie bereits dargestellt wurde - im Hügelland sogar in einen Wanderungsgewinn umgewandelt werden konnten. In der Zone von Udine ist seit den fünfziger Jahren ein steigender Wanderungsgewinn festzustellen. Immerhin zeigen diese Entwicklungsdaten, daß der Bevölkerungsverlust in den benachteiligten Gebieten bereits stark reduziert wurde. Mit entsprechenden Maßnahmen besteht also durchaus die Hoffnung, auch hier eine Stabilisierung der Bevölkerung erreichen zu können.

Tab. 50: Altersstruktur in den sozio-ökonomischen Zonen 1971

	bis 14 Jahre %	15-64 Jahre %	über 64 Jahre %
Gebirgszone	20,6	65,4	14,0
zentrales Hügelland	19,0	64,6	16,4
Zone Udine-Cividale	20,2	67,0	12,8

Quelle: Regione F.-V.G., Ass. Pianificazione 1977 A, S. 34.

Die Überalterung tritt im Gebirge und vor allem im zentralen Hügelland deutlich hervor, eine Gefährdung der Bevölkerungsbasis insgesamt ist allerdings noch nicht gegeben. Das bedeutet freilich nicht, daß diese Gefahr nicht in einzelnen Gemeinden durchaus bestehen kann (vgl. VI.2., Abb. 17).

Welche Folgerungen ergeben sich daraus für die künftige Entwicklung? Die Prognose im regionalen Entwicklungsplan (PUR)[1] kommt zu folgendem Ergebnis:

---

1) Regione F.-V.G., Ass. Pianificazione 1976: Piano Urbanistico Regionale.

Tab. 51: Prognose der natürlichen Bevölkerungsentwicklung
in den sozio-ökonomischen Zonen bis 1984

	Wohnbevölkerung			
	1971 abs.	1984 abs.	1971/1984 abs.	%
Gebirgszone	66.927	67.843	+1.016	+1,5
zentrales Hügelland	87.037	83.286	-3.751	-4,3
Zone Udine-Cividale	236.724	237.419	+ 695	+0,3

Quelle: Regione F.-V.G., Ass. Pianificazione 1976, S. 50.

Die natürliche Bevölkerungsentwicklung hängt weitgehend von Altersstruktur und Geburtenrate ab. Die ungünstige Altersstruktur zusammen mit niedrigen Geburtenraten führt im zentralen Hügelland zu einer negativen natürlichen Bevölkerungsentwicklung, während die relativ hohen Geburtenziffern im Gebirge noch eine leichte Bevölkerungszunahme ermöglichen sollten. Der Vergleich mit Tab. 49 zeigt allerdings, daß dabei die Geburtenziffern im Gebirge überschätzt wurden. Schon von 1971 - 1975 war die natürliche Bevölkerungsentwicklung auch im Gebirge leicht negativ.

Tab. 52: Prognose der natürlichen Bevölkerungsentwicklung
bis 1984 - 15 bis 64-Jährige

	1971 abs.	1984 abs.	1971/1984 abs.	%
Gebirgszone	43.797	43.969	+ 172	+0,4
zentrales Hügelland	56.256	53.483	-2.773	-4,9
Zone Udine-Cividale	158.498	158.182	- 316	-0,2

Quelle: Regione F.-V.G., Ass. Pianificazione 1976, S. 50.

Infolge der Altersstruktur ist die Entwicklung der Erwerbsbevölkerung etwas ungünstiger als die Bevölkerungsentwicklung insgesamt. In der Zone Udine und im Gebirge stagniert die Bevölkerung zwischen 15 und 64 Jahren, im zentralen Hügelland geht sie deutlich zurück. Unter der Annahme unveränderter Erwerbsquoten gegenüber 1971 würde sich damit folgende Entwicklung der Erwerbspersonen ergeben:

Tab. 53: Entwicklung der Erwerbspersonen 1971 bis 1984 - ohne Wanderungen

	1971 abs.	1984 abs.	1971/1984 abs.	%
Gebirgszone	24.464	24.702	+ 238	+1,0
zentrales Hügelland	31.679	30.252	-1.427	-4,5
Zone Udine-Cividale	89.489	89.467	- 22	-

Quelle: Regione F.-V.G., Ass. Pianificazione 1976, S. 50.

In der Gebirgszone ist noch eine leichte Zunahme der Erwerbsbevölkerung zu registrieren, während vor allem im zentralen Hügelland ein deutlicher Rückgang bevorsteht. Ein leichter Rückgang der Erwerbsbevölkerung - der durch Wanderungen noch ausgeglichen werden kann (vgl. unten) - ist hier jedoch eher hinzunehmen als im Gebirge, wo das Ausgangspotential relativ gering ist. Es ist deshalb festzuhalten, daß das Erwerbspotential im Gebirge aufgrund der natürlichen Bevölkerungsentwicklung zumindest bis 1984 stabil bleiben wird. Wenn es gelingt, die Arbeitsmarktlage zu verbessern und damit die Notwendigkeit zur Abwanderung zu reduzieren, ist auch in nächster Zukunft eine ausreichende Bevölkerungsbasis für die Schaffung funktionsfähiger Arbeitsmärkte gegeben.

Die Prognose im regionalen Entwicklungsplan geht bis 1984 von einem Arbeitsplatzdefizit von rd. 1 400 im Gebirge und einem Überschuß von rd. 700 im zentralen Hügelland sowie von rd. 10 000 im Gebiet von Udine aus. Unter der Annahme leicht erhöhter Erwerbsquoten vor allem im Gebiet von Udine werden daraus folgende - ökonomisch induzierte - Wanderungen abgeleitet:

Tab. 54: Wanderungssalden in den sozio-ökonomischen Zonen 1971 bis 1984

Gebirgszone	- 4.244
zentrales Hügelland	+ 1.035
Zone Udine-Cividale	+15.901

Quelle: Regione F.-V.G., Ass. Pianificazione 1976, S. 52.

Die Arbeitsplatzentwicklung würde also vor allem in Udine, in geringem Maße auch im zentralen Hügelland, zu einer positiven Wanderungsentwicklung führen, während im Gebirge die Abwanderung weitergehen würde. Die Bevölkerung würde sich damit insgesamt folgendermaßen entwickeln:

Tab. 55: Bevölkerungsentwicklung 1971 bis 1984 mit Wanderungen

	Wohnbevölkerung			
	1971 abs.	1984 abs.	1971/1984 abs.	%
Gebirgszone	66.927	63.599	- 3.328	-5,0
zentrales Hügelland	87.037	84.321	- 2.716	-3,1
Zone Udine-Cividale	236.724	253.320	+16.596	+7,0

Quelle: Regione F.-V.G., Ass. Pianificazione 1976, S. 52.

Die Prognose im regionalen Entwicklungsplan schreibt die Entwicklungstendenzen Ende der sechziger/Anfang der siebziger Jahre fort und kommt zu dem Ergebnis, daß das weitere wirtschaftliche Wachstum vor allem im Großraum Udine zu einem Anstieg der Bevölkerung führt. Im zentralen Hügelland bewirkt die demographische Entwicklung einen Rückgang der Bevölkerung, während im Gebirge dafür die schlechte Arbeitsmarktlage und die dadurch hervorgerufene Abwanderung verantwortlich ist.

Ein Vergleich dieses Ergebnisses mit der tatsächlichen Entwicklung bis 1975 zeigt, daß die Prognose als zu pessimistisch eingeschätzt werden muß:

Tab. 56: Vergleich Prognose - tatsächliche Entwicklung

Wanderungssalden	1971/1975 (Ist) abs.	1971/1984 (Prognose) abs.	1975/1984 abs.
Gebirgszone	-1.699	- 4.244	-2.545
zentrales Hügelland	+2.968	+ 1.035	-1.933
Zone Udine-Cividale	+7.089	+15.901	+8.812
Wohnbevölkerung insg.			
Gebirgszone	-1.887	- 3.328	-1.441
zentrales Hügelland	+1.639	- 2.716	-4.355
Zone Udine-Cividale	+9.014	+16.596	+7.582

Quelle: Regione F.-V.G., Ass. Pianificazione 1976, S. 52.
Regione F.-V.G., Ass. Pianificazione 1977 A, S. 33-34.

Die prognostizierten Zahlen für die Gebirgszone und die Zone Udine-Cividale erscheinen plausibel, wenn man die tatsächliche Entwicklung bis 1975 betrachtet. Dagegen werden die Wachstumskräfte im zentralen Hügelland merklich unterschätzt. Der prognostizierte Wanderungsgewinn bis 1984 war bereits 1975 um das nahezu Dreifache überschritten. Damit nahm die Bevölkerung hier insgesamt deutlich zu, obwohl bis 1984 ein Rückgang von 2 700 vorausgesagt war. Infolgedessen ist auch die Prognose der Erwerbspersonen für das zentrale Hügelland korrekturbedürftig:

Tab. 57: Entwicklung der Erwerbspersonen 1971 bis 1984 – mit Wanderungen

	1971 abs.	1984 abs.	1971/1984 abs.	%
Gebirgszone	24.464	23.280	− 1.184	− 4,8
zentrales Hügelland	31.679	30.920	− 759	− 2,4
Zone Udine-Cividale	89.489	99.840	+10.351	+11,6

Quelle: Regione F.-V.G., Ass. Pianificazione 1976, S. 52.

Die deutliche Zunahme der Erwerbspersonen in der Zone Udine und die leichte Abnahme im Gebirge sind unter Status-Quo-Bedingungen plausibel. Dagegen spricht die Wanderungsbilanz 1971 - 1975 im zentralen Hügelland eher für eine Zunahme der Erwerbspersonen. Die Analyse der Entwicklung in den 70er Jahren bestätigt, daß unter Status-Quo-Bedingungen Bevölkerung und Arbeitsplätze im Großraum Udine weiter zunehmen und im Gebirge weiter zurückgehen werden. Entgegen den Ergebnissen der Prognose im regionalen Entwicklungsplan werden jedoch Bevölkerung und Erwerbspersonen auch im zentralen Hügelland zunehmen.

Was ist nun die Konsequenz aus dieser Diskussion der voraussichtlichen künftigen Entwicklung?

Die detaillierten Prognoseergebnisse haben gezeigt, daß die Entwicklung der Erwerbspersonen (ohne Wanderungen) im Gebirge bis 1984 noch leicht positiv verlaufen wird. Allerdings besteht die Gefahr, daß ein Teil des nachrückenden Erwerbspotentials abwandert, wenn nicht genügend neue Arbeitsplätze geschaffen werden. Schon die Entwicklung der siebziger Jahre zeigt, daß hier durchaus Erfolge erzielt werden können. Es kommt also darauf an, daß es gelingt, den Arbeitsmarkt quantitativ und qualitativ zu verbessern. Das heute und auch in naher Zunkunft vorhandene Arbeitskräftepotential läßt eine solche Politik durchaus möglich und erfolgreich erscheinen.

Im zentralen Hügelland scheint der wirtschaftliche Aufschwung der siebziger Jahre bereits die Grenzen des Arbeitsmarktes aufgezeigt zu haben. Die weitere Entwicklung dürfte hier weniger von staatlichen Investitionsanreizen als vielmehr von Maßnahmen zur Förderung der Rückkehr von Emigranten und zur Erhöhung der Pendelbereitschaft abhängen. Die Stabilität der Bevölkerung kann hier als absolut gesichert angesehen werden, wenn der Wiederaufbau sich nicht zu sehr verzögert.

Im Großraum von Udine wird sich auch in den nächsten Jahren die kräftige Aufwärtsentwicklung fortsetzen. Um die Entwicklung der angestrebten Subzentren nicht zu gefährden, sollte das Wachstum hier eher gedämpft und in die neuen Arbeitsmarktzentren umgelenkt werden.

Auch nach der Analyse der bisherigen und der Diskussion der zu erwartenden Entwicklungstendenzen scheint eine Strategie der Aufwertung des Nordens erfolgversprechend zu sein. Im zentralen Hügelland hat der wirtschaftliche Aufschwung bereits zu einer Stabilisierung der Bevölkerung geführt und auch im Norden scheint dieses Ziel erreichbar. Eine Politik der Wachstumsverstärkung im Arbeitsmarkt Tolmezzo, der Konsolidierung im Bereich Majano-Osoppo-Gemona und der Wachstumsdämpfung in Udine würde die bestehenden Ungleichgewichte am Arbeitsmarkt abbauen und die innerregionalen Disparitäten verringern.

4.2. Regionale Entwicklungsaussichten der Industrie

Der Erfolg einer Strategie der Aufwertung regionaler Teilarbeitsmärkte hängt entscheidend von der künftigen Entwicklung der industriellen Arbeitsplätze ab. Die Kenntnis der zu erwartenden industriellen Entwicklung ist deshalb eine wichtige Voraussetzung für die Beurteilung von Notwendigkeit und Erfolgsaussichten regionaler Förderungsmaßnahmen. Mit der bereits erwähnten Industriebefragung vom Juni 1978 wurden Firmen in den Arbeitsmärkten Tolmezzo, Majano-Osoppo-Gemona und Udine über die objektive betriebliche Entwicklung und die subjektive Bewertung der künftigen Entwicklungschancen befragt (vgl. III.2.3.3.1.). Damit lassen sich konkrete Anhaltspunkte für eine Einschätzung der Zukunftsaussichten regionaler Arbeitsmärkte gewinnen.

Mit den Investitionen zur Behebung der Erdbebenschäden wurden auch umfangreiche Erweiterungsinvestitionen vorgenommen (vgl. III.4.1.). Die unmittelbaren Auswirkungen auf die Entwicklung

der Beschäftigtenzahlen wurden bereits dargestellt (vgl. III.
4.3.). Wie Tab. 58 zeigt, wird sich die positive Beschäftigungsentwicklung der Jahre 1976 bis 1978 nach den Vorausschätzungen der befragten Unternehmen auch danach fortsetzen.

Tab. 58: Beschäftigtenentwicklung in der Industrie 1976 bis 1980

	1976/1978 %	1978/1980 %
Gebiet Nord	+10,9	+10,8
Gebiet Mitte	+13,3	+13,9
Gebiet Süd	- 2,0	+13,9

Quelle: eigene Erhebung (Ind.befr. Frage 44), vgl. Tab. 35.

Sowohl im Gebiet Mitte (mit den Gemeinden um Osoppo) als auch im Norden (Tolmezzo) ist bis 1980 nochmals eine erhebliche Zunahme der Beschäftigten zu erwarten. Die durch das Erdbeben ausgelösten Impulse werden die nördlichen Arbeitsmarktzentren also auch weiterhin begünstigen. Allerdings profitieren auch die an der nördlichen Peripherie von Udine gelegenen Betriebe, die nur leicht beschädigt wurden, von den Förderungsmaßnahmen nach den Erdbeben. Der ausgleichende Effekt einer Lenkung erheblicher staatlicher Mittel in den strukturschwachen Norden wurde durch dieses Gießkannenprinzip wieder abgeschwächt. Dennoch ist der Einfluß des Erdbebens auf die Entwicklung der Arbeitsplätze positiv zu bewerten. Vor allem im zentralen Hügelland, aber auch im Norden bestehen gute Aussichten auf eine weitere Verbesserung der Arbeitsplatzsituation. Das Ziel einer deutlichen Stärkung der nördlichen Arbeitsmärkte ist damit zwar nähergerückt, aber noch längst nicht erreicht. Um die Stellung der Subzentren im Norden gegenüber Udine langfristig zu verbessern, sind weitere Förderungsmaßnahmen, vor allem im Gebiet von Tolmezzo, nötig.

Für die Entwicklung der industriellen Arbeitsplätze ist die Zukunftsbeurteilung der Unternehmen von entscheidender Bedeutung. Tab. 59 zeigt, wie die befragten Unternehmen die eigenen Entwicklungschancen beurteilen.

Tab. 59: Entwicklungschancen der eigenen Firma

Gebiet	sehr gut %	gut %	mittel %	schlecht %	sehr schlecht %	n=
Nord	18,8	43,8	37,5	–	–	16
Mitte	8,3	41,7	50,0	–	–	24
Süd	4,8	38,1	42,9	9,5	4,8	21

Quelle: eigene Erhebung (Ind.befr. Frage 38).

Am besten schätzen die Firmen im Gebiet von Tolmezzo ihre Zukunftschancen ein. Auch im zentralen Hügelland urteilen die Firmen noch sehr positiv, während die Stimmungslage im Gebiet von Udine deutlich skeptischer ist. Gerade die Betriebe im Erdbebengebiet sehen also mit großem Optimismus in die Zukunft. Diese erstaunliche Feststellung dürfte zum einen auf den schnellen Wiederaufbau der Industrie, zum anderen auf die damit verbundene Modernisierung der Produktionsanlagen zurückzuführen sein, wodurch die Rentabilität wesentlich verbessert wurde. Für diese These spricht auch die Tatsache, daß im Erdbebengebiet die Chancen der eigenen Firma besser beurteilt werden als die der Industrie im Friaul insgesamt.

Tab. 60: Entwicklungschancen

1 = sehr gut 5 = sehr schlecht	der eigenen Firma	der Industrie im Friaul allgemein	n=
Gebiet Nord	2,2	2,3	16
Gebiet Mitte	2,4	2,6	24
Gebiet Süd	2,7	2,6	21

Quelle: eigene Erhebung (Ind.befr. Frage 38).

Die positive Zukunftserwartung der meisten Firmen im Erdbebengebiet hat Befürchtungen einer Abwanderung von Betrieben wegen des Erdbebenrisikos gegenstandslos werden lassen.

Tab. 61: Erdbebenrisiko als Abwanderungsgrund für Betriebe

	ja %	vielleicht %	nein %	keine Antwort %	n=
Gebiet Nord	-	6,3	93,8	-	16
Gebiet Mitte	-	-	96,0	4,0	25
Gebiet Süd	-	-	95,2	4,8	21

Quelle: eigene Erhebung (Ind.befr. Frage 34).

Ein Einfluß des Erdbebenrisikos auf die Verlagerung von Firmen wird von den befragten Betrieben so gut wie ausgeschlossen.

In vielen Fällen hat die positive Bewertung der eigenen Entwicklungschancen bereits zu konkreten Plänen für betriebliche Erweiterungen geführt.

Tab. 62: Betriebserweiterungen in den nächsten Jahren

	ja %	vielleicht %	nein %	keine Antwort %	n=
Gebiet Nord	43,8	31,3	25,0	-	16
Gebiet Mitte	20,0	44,0	36,0	-	25
Gebiet Süd	19,0	28,6	42,9	9,5	21

Quelle: eigene Erhebung (Ind.befr. Frage 31).

Auch bei den Erweiterungsplänen steht das nördliche Gebiet an der Spitze. Die Betriebe im Hügelland sind sich über die Möglichkeiten zusätzlicher[1] Erweiterungen noch nicht im klaren, wie der hohe Anteil in der Antwortkategorie "vielleicht" beweist. Deutlich am schwächsten schneidet auch hier das Gebiet an der Peripherie von Udine ab.

Eine entscheidende Voraussetzung für die Verwirklichung dieser Erweiterungspläne ist ein ausreichendes Angebot an Industrieflächen.

---

[1] schon nach dem Erdbeben wurden hier z.T. umfangreiche Erweiterungen vorgenommen.

Tab. 63: Betriebliche Erweiterungsmöglichkeiten

	auf eigenem Grund %	auf zu erwer- bendem Grund %	nein %	n=
Gebiet Nord	58,3	25,0	16,7	12
Gebiet Mitte	75,0	18,8	6,3	16
Gebiet Süd	83,3	16,7	-	12

Quelle: eigene Erhebung (Ind.befr. Frage 32).

Tab. 64: Reserveflächen der befragten Firmen

	Betriebsfläche insgesamt in ha	davon Reservefläche	
		in ha	in %
Gebiet Nord	89,9	24,6	27,3
Gebiet Mitte	145,0	42,5	29,3
Gebiet Süd	102,4	35,2	34,4

Quelle: eigene Erhebung (Ind.befr. Frage 30).

Beim Großteil der befragten Betriebe ist eine Erweiterung auf der eigenen Betriebsfläche möglich, in den meisten anderen Fällen kann der notwendige Grund erworben werden. Insgesamt haben die Firmen zur Zeit noch knapp ein Drittel der Betriebsfläche für Erweiterungen zur Verfügung. Im auch topographisch stärker eingeengten Norden sieht die Situation etwas schlechter aus als in den anderen Gebieten. Industrieansiedlungen sollten deshalb nicht auf Tolmezzo beschränkt bleiben, sondern auch in den benachbarten Industriezonen von Villa Santina, Amaro und Carnia vorgenommen werden.

Die bisherigen Untersuchungsergebnisse bescheinigen den nördlichen Arbeitsmärkten recht gute Zunkunftsaussichten. Weitere Aufschlüsse lassen sich aus der detaillierten Bewertung der Standortqualitäten der drei Gebiete sowie eines zusätzlichen Vergleichsgebietes[1] durch die befragten Unternehmer gewinnen.

---

[1] Zu Vergleichszwecken sollte ein Standort hinzugefügt werden, der sich deutlich von den drei nördlichen Gebieten unterscheidet. Dafür schien die Hauptstadt der Region, Triest, besonders geeignet.

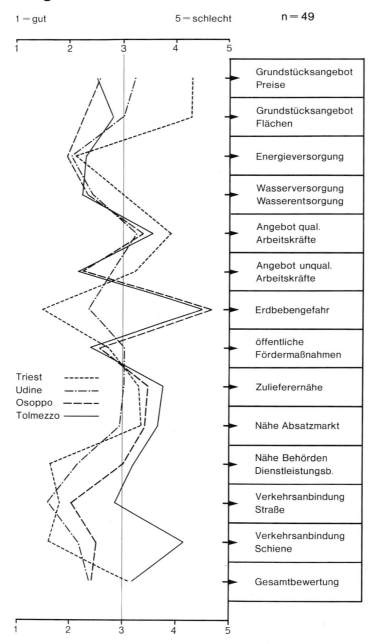

Bewertung von Standortfaktoren einiger ausgewählter Industriestandorte — Abb. 15

Quelle: eigene Erhebung (Ind. befr. Frage 37)

Gleichzeitig gibt diese Bewertung der Standorteigenschaften Hinweise darauf, in welchen Bereichen Förderungsmaßnahmen den größten Erfolg versprechen.

Das Angebot an Industrieflächen wurde am besten in Osoppo-Gemona, am schlechtesten in Triest bewertet. Tolmezzo liegt vor allem wegen seiner günstigen Bodenpreise noch deutlich vor Udine.

Die Energieversorgung und die Wasserver- und -entsorgung wird in allen Gebieten nahezu gleich eingeschätzt. Lediglich in Tolmezzo wird die Energieversorgung, in Triest die Wasserentsorgung schlechter beurteilt.

Beim Arbeitskräfteangebot bestehen ebenfalls nur relativ geringe Unterschiede zwischen den einzelnen Standorten. Während qualifizierte Arbeitskräfte überall schwer zu bekommen sind – vor allem in Tolmezzo und Triest –, scheint unqualifiziertes Personal in Tolmezzo und Osoppo-Gemona noch verfügbar zu sein. In Udine und erst recht in Triest besteht dagegen auch hier schon ein Engpaß. Generell kann gesagt werden, daß die Qualität der Arbeitskräfte im nördlichen Kerngebiet des Friaul von den Unternehmern höher eingeschätzt wird als beispielsweise jene der Industriezone von Monfalcone. Der Friauler gilt als besonders zuverlässig, gewissenhaft und wenig streikwillig. Die Notlage nach der Katastrophe hat diese Eigenschaften eher verstärkt.

Die größten Unterschiede in der Standortbewertung treten beim Erdbebenrisiko auf. Tolmezzo und Osoppo-Gemona werden als sehr gefährdet eingestuft, während in Udine und besonders in Triest nur geringe Gefahren gesehen werden.

Öffentliche Förderungsmaßnahmen werden am ehesten in Tolmezzo und Osoppo-Gemona erwartet, Triest und Udine folgen in geringem Abstand.

Agglomerationsvorteile in Form von Dienstleistungseinrichtungen und räumlicher Nähe von Zulieferern und Absatzmarkt werden am günstigsten in Udine und Triest gesehen. Osoppo-Gemona und Tolmezzo liegen vor allem wegen fehlender öffentlicher und privater Dienstleistungseinrichtungen deutlich zurück.

Auch bei den Verkehrsanbindungen haben Triest und Udine Vorteile. Osoppo folgt mit relativ knappem Abstand, während Tolmezzo sowohl beim Straßen- als auch beim – fehlenden – Eisenbahnanschluß wesentlich schlechter eingestuft wird.

In der Gesamtbewertung führt schließlich Udine ganz knapp vor

Osoppo-Gemona, während Triest und Tolmezzo mit deutlichem Abstand folgen.

Wenn man davon ausgeht, daß diese Bewertung der Standorteigenschaften durch die befragten Betriebe der Realität entspricht, scheinen vor allem Udine und Osoppo-Gemona günstige Entwicklungsvoraussetzungen aufzuweisen.

Zwischen der insgesamt relativ schlechten Bewertung der Standortqualitäten von Tolmezzo und dem großen Optimismus der dort ansässigen Betriebe besteht eine Diskrepanz, die noch erklärt werden muß. Die schwachen Punkte von Tolmezzo liegen vor allem im Bereich der schlechten Verkehrserschließung und der fehlenden Agglomerationsvorteile. In diesem Zusammenhang ist wichtig, daß die schon seit längerem geplanten Maßnahmen zur Verbesserung der Verkehrsanbindung in den letzten Jahren in die Phase der Verwirklichung getreten sind[1]. Damit wird ein wesentlicher Hemmfaktor in der Entwicklung des Nordens beseitigt. Die Erwartung dieser Standortverbesserung dürfte wesentlich zu der positiven Einstellung der Betriebe im Gebiet von Tolmezzo beigetragen haben. Für eine weitere Aufwertung dieses Standortes ist vor allem eine bessere Ausstattung mit Dienstleistungseinrichtungen erforderlich. Dagegen scheint die Erdbebengefahr eine eigenständige Entwicklung des Gebietes nicht zu verhindern (vgl. Tab. 61). Einschränkungen dürften sich hier allenfalls bei Neuansiedlungen von außerhalb ergeben.

Im Gebiet von Osoppo-Gemona können der Mangel an qualifizierten Arbeitskräften, die Ausstattung mit Dienstleistungseinrichtungen und die Marktferne eine weitere Entwicklung beeinträchtigen. Als Instrumente für eine Aufwertung dieser Standortgemeinschaft kommen demnach vor allem Maßnahmen zur Förderung der Arbeitsmobilität (einschließlich Rückwanderung) sowie eine bessere Ausstattung mit Dienstleistungseinrichtungen in Betracht

Es ist damit deutlich geworden, daß die Benachteiligung der nördlichen Arbeitsmärkte mit entsprechenden Maßnahmen durchaus verringert werden kann. Wird der geplante Verkehrsausbau zügig durchgeführt und durch weitere Infrastruktur- und Dienstleistungseinrichtungen ergänzt, so besteht die Aussicht, daß der gerade im Gebirge große Optimismus Investitionen nach sich zieht und eine stetige Aufwärtsentwicklung ermöglicht.

---

1) Fertiggestellt wurde bereits der Teilabschnitt Udine-Carnia der Autobahn Udine-Tarvis sowie der Ausbau der Staatsstraße Carnia-Tolmezzo. Noch in der Vorbereitungsphase befindet sich dagegen die Untertunnelung des Plöckenpasses und der Wiederanschluß von Tolmezzo an die Eisenbahn (Pontebbana).

Tab. 65: Standortbewertung nach Gebiet 1 = sehr gut
5 = sehr schlecht

Gebiet	Tolmezzo	Standorte Osoppo-Gemona	Udine	Triest	n=
Nord	2,8	2,6	2,1	2,9	13
Mitte	3,5	2,1	2,4	2,9	17
Süd	3,2	2,6	2,4	3,3	19
Gesamt	3,2	2,4	2,3	3,1	49
Differenz Eigen-Gesamtbewertung	0,4	0,3	-0,1		Eigenbewertung

Quelle: eigene Erhebung (Ind.befr. Frage 37).

Die Bewertungen der vier Standorte durch die Betriebe der drei Gebiete weichen zwar nicht stark voneinander ab, es fällt aber auf, daß sich der Norden selbst wesentlich besser einschätzt als er von den anderen Gebieten beurteilt wird. Tolmezzo bewertet sich z.B. selbst mit 2,8, kaum schlechter als Osoppo-Gemona (2,6) und sogar etwas besser als Triest (2,9). Dagegen bewerten die Unternehmer aus den anderen Gebieten Tolmezzo deutlich schlechter. Zwar sind Aufwölbungen der Präferenzoberfläche am Standort einer Befragung typisch, doch betragen diese bei Tolmezzo 0,4, bei Osoppo-Gemona 0,3 Punkte, während sich die befragten Unternehmer in Udine sogar unterbewerteten. Diese Diskrepanz zwischen Eigen- und Fremdbewertung kann zum Problem werden, wenn versucht wird, Betriebe von außerhalb anzusiedeln. Eine objektive Verbesserung der Standortfaktoren scheint dazu nicht ausreichend zu sein, vielmehr müssen Maßnahmen zur Imageaufwertung hinzukommen, wenn die Fremdbewertung verbessert werden soll.

4.3. Mobilitätsbereitschaft von Arbeitnehmern in peripheren Gemeinden

Nachdem gezeigt werden konnte, daß von Seiten der Unternehmer die Arbeitsplatzentwicklung in den nördlichen Subzentren weiter positiv verlaufen wird, hängt die künftige Entwicklung entscheidend von der Mobilitätsbereitschaft der Arbeitskräfte ab. Die Grenzen der Entwicklungsfähigkeit einzelner Arbeitsmarktzentren werden wesentlich von den Ausdehnungsmöglichkeiten der Einzugsbereiche bestimmt. Es muß daher geprüft werden, ob die Bewohner in peripheren Gemeinden, d.h. in Randbereichen von Arbeitsmärkten, überhaupt bereit sind, am Wohnort bzw. in der Region zu bleiben und inwieweit sie darüber hinaus bereit sind, angebotene Arbeitsplätze in den vorgeschlagenen Subzentren auch anzunehmen. Im Rahmen dieser Untersuchung wurden diese Fragen in einigen Testgemeinden am Rande der geplanten Einzugsbereiche überprüft. Es handelt sich dabei um die Gemeinden Forgaria, Lusevera/Taipana und Resia, die mit ihren zahlreichen Fraktionen jeweils an der Peripherie oder in Überlagerungsbereichen der geplanten Arbeitsmärkte gelegen sind (vgl. Karte 20, 21 und 22).

Gegenwärtig ist lediglich Forgaria bereits stark auf Majano-Osoppo-Gemona orientiert. Die anderen Gemeinden weisen noch kaum Beziehungen zu den geplanten Subzentren auf, wie die folgende Tabelle zeigt (vgl. Tab. 66, S.193).

Lusevera und Taipana sind trotz der großen Distanz (45 - 60 min.) primär auf Udine bzw. das Gebiet unmittelbar am Rand von Udine (Reana-Tricesimo-Tavagnacco) orientiert. Daneben nimmt auch Tarcento noch einen wesentlichen Teil der Auspendler dieser Gemeinden auf. Nach Majano-Osoppo-Gemona pendelt dagegen bisher fast niemand, obwohl die Distanz nicht größer als nach Udine ist (Lusevera - Osoppo: 30 - 45 min.; Taipana - Osoppo: 45 - 60 min.). Damit zeigt sich, wie sehr die Verkehrslinien auf Udine ausgerichtet sind. Querverbindungen im öffentlichen Nahverkehr fehlen noch weitgehend. Ohne die Schaffung solcher Querverbindungen wäre eine Aufwertung der Subzentren jedoch von vornherein illusorisch.

Resia ist bisher primär auf Tarvis orientiert, Moggio und Resiutta ziehen ebenfalls noch rd. 20 % der Auspendler auf sich. Wirklich überraschend aber ist, daß sogar hier (Resia - Udine 60 - 75 min.) Udine noch 18 % der Auspendler anzieht, wenn man Reana-Tricesimo-Tavagnacco und Moimacco östlich von Udine dazurechnet, sogar 34 %, während das wesentlich näher gelegene Tolmezzo (30 - 45 min.) nur rd. 4 % und Majano-Osoppo-Gemona sogar nur 1 % der Pendler aufnehmen. Auch hier spielt die Gestaltung des öffentlichen Verkehrsnetzes - neben Wahrnehmungsfragen - eine große Rolle. Änderungen in der Struktur des Nahverkehrs stellen deshalb eine unabdingbare Voraussetzung für eine Aufwertung von Tolmezzo, aber auch von Majano-Osoppo-Gemona dar.

Um den Einfluß der Distanz zu den Arbeitsmarktzentren auf die Mobilitätsbereitschaft zu testen, wurden aus jeder Gemeinde zwei Fraktionen mit unterschiedlich verkehrsgünstiger Lage ausgewählt (vgl. Karte 22). Im Fall von Lusevera war das nicht möglich (zu geringe Distanzunterschiede innerhalb der Gemeinde), so daß eine Fraktion aus der Nachbargemeinde Taipana zum

Tab. 66: Arbeitsorte der Auspendler aus den Untersuchungsgemeinden

	Udine	Majano/ Osoppo/ Gemona	Tol- mezzo	Tarvis	San Daniele	Tar- cento	Reana/ Trice- simo/ Tavag- nacco	Moggio/ Resiutta	Moi- macco
	%	%	%	%	%	%	%	%	%
Forgaria	9,3	54,2	2,8	3,7	23,4	–	–	–	–
Lusevera	36,7	–	–	8,3	–	28,3	21,7	–	–
Taipana	38,1	–	–	1,5	–	7,9	49,2	–	–
Resia	17,6	1,4	3,6	36,0	–	–	5,9	19,8	10,3

Quelle: Amministrazione Provinciale di Udine 1977.

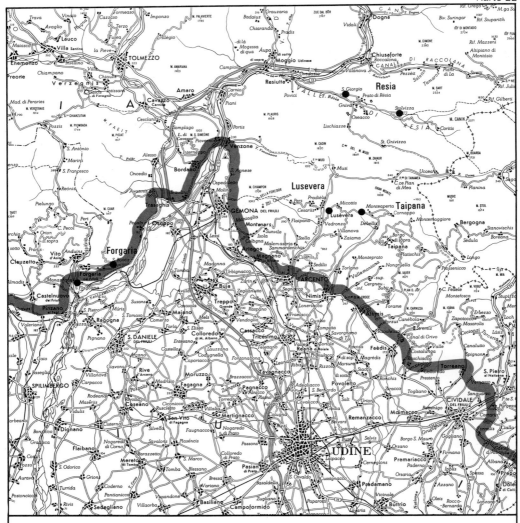

Karte 22

Lage der Untersuchungsgemeinden und – fraktionen

Fraktionen — Gemeinden

Fraktionen	Gemeinden
Lusevera	Lusevera ●
Monteaperta	Taipana ●
Flagogna / S. Rocco	Forgaria ●
S. Giorgio / Stolvizza	Resia ●

0   4   8 km

▬▬▬ Gebirgsgrenze

Vergleich herangezogen wurde.

4.3.1. Abwanderungsbereitschaft

Künftige Abwanderungsbereitschaft kann nur schwer mit Befragungen erfaßt werden. Im vorliegenden Fall wurde versucht, die potentielle Abwanderungsbereitschaft mit einer Frage nach dem Verhalten bei der Suche nach einem neuen Arbeitsplatz zu ermitteln. Mehr als 2/3 aller Befragten würden auf keinen Fall umziehen, etwas mehr als 20 % wären eventuell zu einem Umzug innerhalb des Friaul bereit und rd. 2 % bzw. 6 % würden in andere Regionen Italiens bzw. ins Ausland gehen. Lediglich in der zentralen Fraktion von Resia ist die Bereitschaft zum Umzug innerhalb des Friaul deutlich erhöht (S. Giorgio 43,5 %, Stolvizza 16,7 %), in allen übrigen Fraktionen ist die innerregionale Mobilitätsbereitschaft gering.

Tab. 67: Abwanderungsbereitschaft bei der Suche nach einem neuen Arbeitsplatz

	kein Umzug %	evtl. Umzug in Friaul %	Umzug in Italien %	Umzug ins Ausland %	n=
Lusevera/ Taipana	84,4	15,6	-	-	32
Forgaria	67,7	17,6	2,9	11,8	34
Resia	58,5	31,7	2,5	7,3	41
zentrale Fraktionen	63,3	26,7	1,7	8,3	60
periphere Fraktionen	76,6	17,0	2,1	4,3	47
Gesamt	69,2	22,4	1,9	6,5	107

Quelle: eigene Erhebung (Bev.befr. Frage 50).

Auch eine Abwanderung ins Ausland, die traditionelle Lösung für Arbeitsmarktprobleme, wird kaum noch in Betracht gezogen. Nur in Forgaria denken noch mehr als 10 % der Beschäftigten an eine Abwanderung ins Ausland.

Mobilitätsbereitschaft hängt stark von demographischen und sozioökonomischen Faktoren ab. Im vorliegenden Fall konnten Alter, Geschlecht, Familienstand und -typ, Wohndauer und Qualifikation als Einflußfaktoren nachgewiesen werden. Junge und Unverheiratete sowie höher Qualifizierte nehmen einen Umzug deutlich eher in Kauf als Verheiratete mit kleinen Kindern oder Unqualifizierte. Beim Ausbau der Arbeitsmarktsubzentren kommt es also darauf an, nicht nur quantitativ die Arbeitsplätze zu vermehren, sondern auch Arbeitsmöglichkeiten für qualifizierte Berufe zu schaffen. Nur so kann die Abwanderung dieser wichtigen Gruppe verhindert und die weitere soziale Erosion aufgehalten werden. Allerdings muß die geäußerte Mobilitätsbereitschaft in der Praxis relativiert werden. Auch in den Jahren nach dem Erdbeben haben 22,5 % der Befragten an eine Abwanderung aus dem Friaul und 20,6 % an einen Umzug innerhalb des Friaul gedacht, ohne diesen Gedanken letztlich zu realisieren. Haus- und Grundbesitz sowie Heimatverbundenheit waren dafür wohl die ausschlaggebenden Motive. So verwundert nicht, daß auch bei den Arbeitslosen keine höhere Mobilitätsbereitschaft als bei den Beschäftigten festzustellen ist. Sieben der zehn befragten Arbeitslosen glauben, ihren Wohnort auf jeden Fall beibehalten zu können, zwei denken an einen Umzug innerhalb des Friaul, und einer wird vielleicht ins Ausland gehen.

Die insgesamt geringe Abwanderungsbereitschaft wird auch durch die Angaben zum Wiederaufbau bestätigt.

Tab. 68: Wiederaufbaupläne der Bevölkerung in den Befragungsgemeinden

	schon mit dem Wiederaufbau begonnen %	Wiederaufbau geplant		trifft nicht zu/wohnt bereits in neuem Haus %	n=
		ja %	nein %		
Lusevera/ Taipana	11,0	52,4	18,3	18,3	82
Forgaria	24,6	53,6	6,0	15,9	69
Resia	27,5	48,7	22,3	1,3	80
zentrale Fraktionen	19,5	44,9	16,1	19,5	118
periphere Fraktionen	22,1	58,4	15,9	3,6	113
Gesamt	20,8	51,5	16,0	11,7	231

Quelle: eigene Erhebung (Bev.befr. Frage 50).

Nur rd. 16 % der Befragten wollen nicht an den Wiederaufbau
gehen. 12 % wohnen in einem neuen oder nicht beschädigten Haus,
21 % haben schon mit dem Wiederaufbau begonnen und 51 % wollen
das in absehbarer Zeit tun. In den meisten Fällen, in denen
nicht mehr an Wiederaufbau gedacht wird, sind das Alter der
Betroffenen und damit zusammenhängende Faktoren dafür verantwortlich. Die Hauptgründe, daß der geplante Wiederaufbau bisher nicht begonnen wurde, sind Probleme rechtlicher und finan-
zieller Art. Auch in peripheren Gemeinden ist der Wille zum
Wiederaufbau also sehr stark. Lediglich Alte und Kranke, deren Anteil hier höher liegt als in anderen Gemeinden, sehen
sich nicht mehr in der Lage, den Wiederaufbau ihres Hauses
selbst durchzuführen. In allen anderen Fällen hängt die Reali-
sierung des Wiederaufbaus nur noch von der Planung durch Gemeinde und Gemeindeverbände sowie der Mittelverteilung durch
Region und Gemeinde ab. Wenn der Wiederaufbau allmählich von
der Planungsphase in die Verwirklichungsphase übergeht, ist
damit zu rechnen, daß die Abwanderung auch in den peripheren
Gemeinden nicht über das niedrige Niveau der letzten Jahre
hinausgeht. Man kann also annehmen, daß - unter der Voraussetzung einer weiteren positiven Wirtschaftsentwicklung in
Majano-Osoppo-Gemona und Tolmezzo sowie eines geregelten Wiederaufbaus - das Erwerbstätigenpotential auch an den Rändern
der Arbeitsmärkte stabil bleiben wird.

4.3.2. Bereitschaft zum Pendeln

Die weiteren Überlegungen müssen sich deshalb darauf konzentrieren, ob die Erwerbstätigen in diesen Gebieten - mehr
als das bisher der Fall war - bereit sind, neue Arbeitsplätze
in den Subzentren auch anzunehmen. Zur Beantwortung dieser
Frage wurde zunächst nach der zumutbaren Länge des Arbeitsweges gefragt und die dabei genannte Distanz mit der tatsächlichen Länge des Arbeitsweges verglichen (vgl. Tab. 69, S.198).

Insgesamt halten 70 % der Beschäftigten einen Arbeitsweg bis
zu 30 min., 18 % einen Weg von 30 - 45 min. und 11 % einen
Weg von mehr als 45 min. für zumutbar. Tatsächlich haben 58 %
aller Beschäftigten ihren Arbeitsplatz innerhalb einer Distanz
von 30 min., 13 % in einer Distanz von 30 - 45 min., 9 % in
einer Entfernung von 45 - 60 min., 6 % in 60 - 75 min. Entfernung und 14 % sogar weiter als 75 min. vom Wohnort entfernt. Diese Diskrepanz zwischen Wunsch und Wirklichkeit kommt
vor allem in den Distanzen über 60 min. zum Ausdruck. Nur 2,5 %
der Beschäftigten halten eine Distanz von mehr als 60 min. zum
Arbeitsplatz für zumutbar, tatsächlich ist das aber bei 20,2 %
der Fall.

Tab. 69: Länge des Arbeitsweges – Wunsch und Wirklichkeit

		- 30 min. %	30 - 45 min. %	45 - 60 min. %	60 - 75 min. %	75 - 1) min. %	n =
Lusevera/ Taipana	tatsächlich zumutbar	64,4 70,0	15,6 25,0	8,9 5,0	4,4 -	6,7 -	40 40
Forgaria	tatsächlich zumutbar	68,7 72,8	14,6 12,1	6,3 15,1	8,3 -	2,1 -	33 33
Resia	tatsächlich zumutbar	46,2 69,6	9,2 17,4	10,8 6,5	6,2 2,2	27,6 4,3	46 46
zentrale Fraktionen	tatsächlich zumutbar	70,6 71,4	8,2 22,9	7,1 5,7	4,7 -	9,4 -	70 70
periphere Fraktionen	tatsächlich zumutbar	43,9 69,4	17,8 12,2	11,0 12,2	8,2 2,0	19,2 4,1	49 49
Gesamt	tatsächlich zumutbar	58,2 70,6	12,7 18,5	8,9 8,4	6,3 0,8	13,9 1,7	119 119

1) einschließlich Fernpendler

Quelle: eigene Erhebung (Bev.befr. Frage 15, 41).

Die ungünstigen objektiven Distanzverhältnisse in den peripheren Fraktionen schlagen sich auch in der subjektiven Distanzempfindlichkeit nieder. 18 % der Befragten in den peripheren Fraktionen halten Distanzen von über 45 min. für zumutbar, in den zentralen Fraktionen nur 6 %. Hier werden erst Distanzen von 30 - 45 min. von einem nennenswerten Teil der Beschäftigten für akzeptabel gehalten.

Um den Wünschen von über 2/3 der Befragten gerecht zu werden, dürften die Arbeitsplätze daher nicht weiter als 30 min. vom Wohnort entfernt sein. Diese Forderung ist mit den vorgeschlagenen Subzentren nur im Fall von Forgaria erfüllbar. Lusevera liegt dagegen im 30 - 45 min.-Bereich von Majano-Osoppo-Gemona, Resia im 30 - 45 min.-Bereich von Tolmezzo und Taipana im 45 - 60 min.-Bereich von Udine bzw. Majano-Osoppo-Gemona. Es ist klar, daß die vorgeschlagenen Subzentren keine optimale Erreichbarkeit der peripheren Gemeinden sicherstellen können. Es ist aber zu bedenken, daß heute in Lusevera-Taipana 20 % und in Resia sogar 45 % der Beschäftigten Entfernungen von mehr als 45 min. zurücklegen. Mit der Stärkung der Subzentren im Norden können zwar keine Wunschträume erfüllt werden, wohl aber kann die Notwendigkeit zur Inkaufnahme von Pendeldistanzen über 45 min. deutlich reduziert werden.

Gleichwohl deuten diese Aussagen darauf hin, daß ein erheblicher Teil der Befragten nicht zu einer Arbeit in den vorgeschlagenen Orten bereit sein dürfte. Das bedeutet, daß neben der Konzentration von Arbeitsplätzen in den Subzentren auch weiterhin ein gewisser Anteil an Arbeitsplätzen in Wohnortnähe bereitgestellt werden muß. Da eine Ansiedlung von Industriebetrieben hier nicht in Betracht kommt, bleibt im wesentlichen eine bessere Ausnutzung der vorhandenen Ressourcen in Land- und Forstwirtschaft, Fremdenverkehr und Handwerk. Ohne eine Stärkung dieser Bereiche würde einem Teil der Bevölkerung die Existenzgrundlage entzogen. Die Revitalisierung der Landwirtschaft (vgl. die Problemdarstellung in Kap. II.3.1.1.) und die Schaffung einer Fremdenverkehrsinfrastruktur (vgl. Kap. II.3.1.4.) ist durch die irreversiblen Entwicklungen in der Vergangenheit sehr erschwert; wenn vermieden werden soll, daß das Gebiet ganz aufgegeben wird, müssen die Anstrengungen in dieser Richtung deshalb erheblich verstärkt werden.

Abstrakte Fragen zur Distanzempfindlichkeit enthalten immer die Gefahr, daß realitätsferne Wunschvorstellungen geäußert werden. Es wurde deshalb auch ganz konkret gefragt, inwieweit bestimmte Arbeitsorte für akzeptabel gehalten werden.

Tab. 70a: Akzeptable alternative Arbeitsorte im Friaul - Gemeinde Lusevera/Taipana

Fraktion	(geeignet + akzeptabel in % aller Antworten)			
	Udine %	Osoppo-Gemona %	Tolmezzo %	n=
Lusevera	83,3	50,0	22,2	18
Monteaperta	65,0	35,0	30,0	20
Lusevera + Monteaperta	73,7	42,1	26,3	38

Quelle: eigene Erhebung (Bev.befr. Frage 25).

In beiden Fraktionen besitzt Udine die größte Attraktivität als Arbeitsort. Hier arbeiten auch derzeit schon die meisten Auspendler aus Lusevera und Monteaperta. Dennoch bestehen durchaus Chancen, in Zukunft Pendler für Majano-Osoppo-Gemona zu gewinnen, denn immerhin halten 50 % der Beschäftigten in Lusevera und 35 % der Beschäftigten in Monteaperta Osoppo-Gemona für akzeptable Arbeitsorte. Im Planungsvorschlag wurde Lusevera dem Arbeitsmarkt Majano-Osoppo-Gemona zugeordnet, Taipana dagegen Udine. Nach den Ergebnissen der Befragung scheint es unter Umständen möglich, auch Taipana dem Einzugsbereich von Majano-Osoppo-Gemona zuzuordnen, denn die Differenz in der Bewertung gegenüber Udine ist nicht größer als bei Lusevera.

Tab. 70b: Akzeptable alternative Arbeitsorte im Friaul - Gemeinde Forgaria

Fraktion	(geeignet + akzeptabel in % aller Antworten)			
	Udine %	Osoppo-Gemona %	Tolmezzo %	n=
Flagogna	72,7	68,2	31,8	22
S. Rocco	64,3	42,9	21,4	14
Flagogna + S. Rocco	69,4	58,3	27,8	36

Quelle: eigene Erhebung (Bev.befr. Frage 25).

Auch in Forgaria stellt Udine das attraktivste Arbeitsmarktzentrum dar. Aber zumindest in der zentralen Fraktion Flagogna folgt Osoppo-Gemona mit nur geringem Abstand. Da auch gegenwärtig schon eine deutliche Orientierung auf Majano-Osoppo-Gemona besteht, kann die getroffene Zuordnung aufrechterhalten werden. Bei einer weiteren Stärkung des Gebietes um Osoppo dürfte die Ausrichtung auf diesen Arbeitsmarkt noch stärker werden.

Tab. 70c: Akzeptable alternative Arbeitsorte im Friaul - Gemeinde Resia

Fraktion	(geeignet + akzeptabel in % aller Antworten)			
	Udine %	Osoppo-Gemona %	Tolmezzo %	n=
S. Giorgio	65,4	65,4	57,7	26
Stolvizza	42,1	52,6	63,1	19
S. Giorgio + Stolvizza	55,6	60,0	60,0	45

Quelle: eigene Erhebung (Bev.befr. Frage 25).

Alle drei Arbeitsmarktzentren werden von der Mehrheit der Befragten für akzeptabel gehalten. Während das talauswärts gelegene S. Giorgio die entfernteren Zentren Udine und Osoppo-Gemona höher einschätzt als Tolmezzo, ist das beim abgelegenen Stolvizza umgekehrt. Hier wird scheinbar eine kritische Distanzschwelle überschritten und daher dem nähergelegenen Tolmezzo der Vorzug gegeben. Zur Zeit zieht von den drei vorgeschlagenen Arbeitsmarktzentren lediglich Udine einen nennenswerten Anteil Auspendler aus Resia an sich. Eine Orientierung der Pendler nach Tolmezzo hängt daher zum einen von einem deutlichen Arbeitsplatzzuwachs in diesem Subzentrum, zum anderen von begleitenden Maßnahmen im öffentlichen Nahverkehr (vor allem Schaffung einer Querverbindung Canal del Ferro - Tolmezzo) ab. Unter diesen Voraussetzungen bestehen gute Aussichten, daß Tolmezzo von einem großen Teil der Pendler aus dem Resia-Tal angenommen wird.

Mit den gewählten Testgemeinden konnte die vorgeschlagene Abgrenzung der künftigen Arbeitsmärkte natürlich nur lückenhaft überprüft werden. Bereits die daraus gewonnenen Erkenntnisse reichen aber aus, um sagen zu können, daß die Arbeitsmärkte Majano-Osoppo-Gemona und Tolmezzo auch von den Arbeitskräften her in Zukunft eine größere Rolle spielen können. Gerade in den Grenzbereichen der Arbeitsmärkte Udine, Osoppo und Tolmezzo besteht heute schon eine wesentlich größere Bereitschaft, in den nördlichen Zentren zu arbeiten als das in den realen Pendlerverflechtungen erkennbar ist. Die tatsächliche Ausdehnung dieser Arbeitsmärkte hängt deshalb im wesentlichen vom Ausbau der Arbeitsplätze und der Umstrukturierung des öffentlichen Nahverkehrs ab.

Zusammenfassend kann festgestellt werden, daß eine Stärkung der nördlichen, erdbebenbetroffenen Arbeitsmärkte sowohl von der Seite der Unternehmer als auch der Arbeitskräfte realisierbar erscheint. Förderungsmaßnahmen zur qualitativen und quantitativen Verbesserung des Arbeitsplatzangebotes, verbunden mit einer Neugestaltung des öffentlichen Verkehrsnetzes, hätten daher eine echte Erfolgschance, so daß der wirtschaftliche und soziale Niedergang der Berggebiete des Friaul endlich in eine positive Entwicklung umgewandelt werden könnte.

Kapitel VI.:

ENTWICKLUNGSMÖGLICHKEITEN DER SIEDLUNGSSTRUKTUR

Während die künftige Gestaltung der regionalen Arbeitsmärkte eine Aufgabe der Regionalplanung ist, wird die Entwicklung der Siedlungsstruktur weitgehend auf der Ebene der Gemeinden entschieden, da ihnen im Rahmen der Wiederaufbaugesetze die Kompetenz für die Verwendung der Mittel beim Wiederaufbau der zerstörten Gebäude gegeben wurde. Es muß deutlich darauf hingewiesen werden, daß mit der Planung des Wiederaufbaus die künftige Siedlungsentwicklung festgelegt wird. Im folgenden soll daher versucht werden, einen Beitrag zur Diskussion über eine selektive Wiederaufbaupolitik zu leisten, wie es schon in Kap. IV.3.3. angedeutet wurde.

1. Bevölkerungsentwicklung und Versorgungsstandards - Zentralproblem in den Berggebieten

Die langfristigen Entwicklungschancen erdbebenbetroffener Gemeinden und Gemeindefraktionen hängen von der Lage zu zentralen Orten und Arbeitsplätzen sowie von der zu erwartenden Bevölkerungsentwicklung ab. Auch zwischen diesen Einflußfaktoren besteht ein enger Zusammenhang.

Die zukünftige Bevölkerungsentwicklung wird zum einen durch die bestehende Altersstruktur, zum anderen durch Wanderungen bestimmt. Während altersstrukturbedingte Bevölkerungsveränderungen dem planerischen Eingriff weitgehend entzogen sind, bestehen auf dem Gebiet der Wanderungen - in begrenztem Umfang - Steuerungsmöglichkeiten. Können die benötigten zentralen Einrichtungen in zumutbarer Entfernung bereitgestellt werden, so wird die Notwendigkeit der Abwanderung reduziert. Allerdings ist es dabei nicht möglich, wirtschaftliche Überlegungen völlig auszuklammern. Mindestgröße und -auslastung zentraler Einrichtungen stellen ökonomische Rahmenbedingungen dar, die durch Subventionen zwar abgeschwächt, aber nicht völlig aufgehoben werden können. Lassen sich die notwendigen Infrastrukturen aber auf Dauer nicht mehr vorhalten, so steigt die Abwanderungsbereitschaft vor allem der jüngeren Einwohner, und zurück bleibt eine Restbevölkerung, die sich mit einem anspruchslosen Leben begnügt. Es wird also im folgenden zu klären sein, ob - bei gegebener Bevölkerungsentwicklung - die notwendigen Einrichtungen heute und in naher Zukunft noch angeboten werden können. Dabei geht es weniger um den Bereich der mittel- und oberzentralen Einrichtungen - hier stellt sich die Lage ähnlich dar wie bei den Arbeitsplätzen (vgl. Kap. V.) -, sondern um die Grundversorgung am Wohnort und im Nahbereich.

In der Diskussion über die verschiedenen Stufen zentraler Orte haben sich gewisse Richtwerte herausgeschält, die auch im

Friaul zugrundegelegt werden können[1]. Wenn man von Kapazität und Auslastung der wichtigsten Einrichtungen der Grundversorgung[2] ausgeht, sollten in einem Nahbereich etwa 5 000 - 8 000 Einwohner leben. Unterhalb der Ebene der Nahbereiche besteht eine Gruppe von Einrichtungen, die etwa 1 500 - 2 000 Einwohner erfordern. Diese Einrichtungen - Kindergarten, Grundschule, Lebensmittelgeschäfte, Arzt, Zahnarzt - sollten nach Möglichkeit zu Fuß erreicht werden können, zumindest aber zum Ausstattungsstandard auch der peripheren Gemeinden zählen.

Nachfolgend wird zunächst die Bevölkerungsentwicklung innerhalb eines Randgebietes von Friaul untersucht. Durch den Vergleich mit den aufgeführten Einwohnerrichtwerten lassen sich bereits wesentliche Aussagen über die Entwicklungschancen einzelner Gemeinden bzw. Gemeindefraktionen ableiten.

Anschließend werden die Ausstattungswünsche von Bewohnern peripherer Gemeinden der tatsächlichen Ausstattung mit zentralen Einrichtungen gegenübergestellt. Diese Bestandsaufnahme der Situation führt zur Frage, ob die zunehmend größer werdende Versorgungslücke in Zukunft den Impuls zur Abwanderung verstärken wird. Unter Beachtung der gewonnenen Erkenntnisse werden Planungshinweise für die künftige Entwicklung der Siedlungsstruktur in peripheren Gebieten des Friaul erarbeitet. Die Realisierbarkeit dieses Vorschlags wird schließlich mit Befragungsergebnissen in zwei Beispielsgemeinden überprüft.

2. Demographische Entwicklung in peripheren Gemeinden des Friaul

Die ungünstige Bevölkerungsentwicklung vor allem in den Gebirgsgemeinden wurde in Kap. II.3.2. bereits dargestellt. Praktische Aussagen zum Wiederaufbau der Wohnorte erfordern allerdings eine detaillierte Analyse der Entwicklungen innerhalb einzelner Gemeinden, so wie sie E. LICHTENBERGER in einer ersten Besprechung des DFG-Projektes Friaul vorgeschlagen hat[3]. Als Beispiel wurde eine derartige Untersuchung für die Berggemeinschaft[4] "Valli del Torre" durchgeführt, zum einen, weil sich die Probleme in diesem Gebiet besonders deutlich aufzei-

---

1) vgl. BREITLING 1974.
2) z.B. Hauptschule, Postamt, Supermarkt, Bankfiliale, Gastwirtschaft, Mehrzweckhalle.
3) E. LICHTENBERGER 1979.
4) Comunità Montana = Zusammenschluß benachbarter Gemeinden zum Zweck der überörtlichen Planung in Berggebieten Italiens.

gen lassen, zum anderen, weil die Datenbasis hier relativ gut ist.

Tab. 71: Bevölkerungsentwicklung in den Gemeinden der Berggemeinschaft Valli del Torre 1951 bis 1978

	1951 abs.	1971 abs.	1978 abs.	51/71 %	71/78 %	51/78 %
Attimis	3.133	1.963	1.854	-37,3	- 5,6	-40,8
Faedis	4.703	3.253	3.262	-30,8	+ 0,3	-30,6
Lusevera	2.290	1.140	976	-50,2	-14,4	-57,4
Magnano i.R.	2.626	2.078	2.184	-20,9	+ 5,1	-16,8
Nimis	4.398	2.868	2.950	-34,8	+ 2,9	-32,9
Povoletto	4.834	4.153	4.722	-14,1	+13,7	- 2,3
Taipana	2.841	1.251	1.198	-56,0	- 4,2	-57,8
Tarcento	11.687	9.207	9.129	-21,2	- 0,8	-21,9
Berggemeinschaft V.d.T.	36.512	25.913	26.275	-29,0	+ 1,4	-28,0
Provinz Udine	550.731	516.910	529.860[1]	- 6,1	+ 2,5[1]	- 3,8[1]

1) die Vergleichsdaten der Provinz Udine liegen bisher nur für 1977 vor.

Quelle: Comunità Montana delle Valli del Torre 1979, Regione F.-V.G., Ass. Pianificazione: Compendio Statistico.

Der nordöstliche Teil der Berggemeinschaft Valli del Torre gehört zu den Julischen Voralpen und grenzt unmittelbar an Jugoslawien, die südlichen Teile sind dem zentralen Hügelland zuzurechnen (vgl. Karte 23). Topographie und Lage haben die Entwicklung besonders im nördlichen Teil stark negativ beeinflußt. Im Gebiet der Berggemeinschaft nahm die Bevölkerung von 1951 bis 1978 um ca. 30 % ab, während die Bevölkerung in der Provinz Udine insgesamt nur leicht zurückging. Besonders gravierend war der Rückgang in den Gebirgsgemeinden Taipana (57,8 %) und Lusevera (57,4 %). Dagegen blieben die Verluste in den vorgelagerten Gemeinden bei durchschnittlich 20 bis 30 %. Hier ist auch deutlich ein Umschwung in den siebziger Jahren erkennbar, während die Berggemeinden weiter an Bevölkerung verlieren.

Wie stellt sich die Lage innerhalb der Gemeinden dar? Der Einfluß der räumlichen Lage auf die Entwicklung der Wohnbevölke-

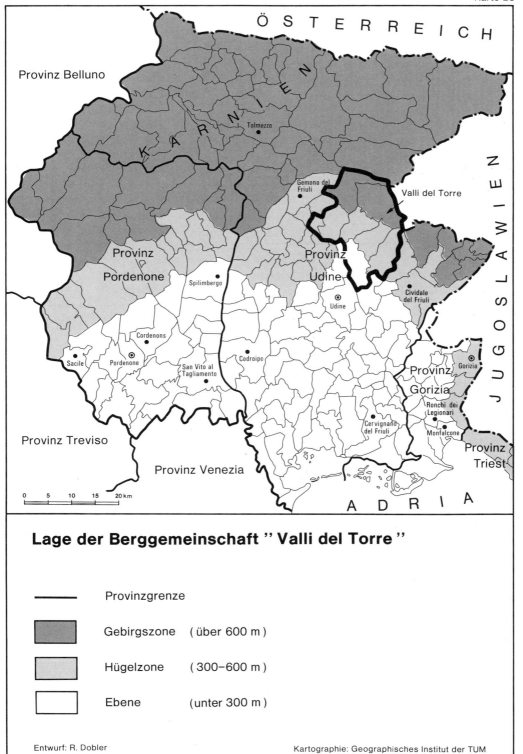

rung wird in Karte 24 sehr deutlich. Abgelegene Fraktionen im Gebirge haben von 1951 bis 1976 mehr als die Hälfte, in einigen Fällen bis zu 75 % ihrer Bevölkerung verloren. Am Gebirgsrand und im Hügelbereich ist die Entwicklung wesentlich günstiger, aber auch hier bestehen große Unterschiede - innerhalb einer Gemeinde - zwischen zentralen und peripheren Fraktionen. Den großen Einfluß der Höhenlage auf die Bevölkerungsentwicklung macht auch folgende Tabelle deutlich.

Tab. 72: Bevölkerungsentwicklung in der Berggemeinschaft Valli del Torre nach Höhenzonen

	1951 abs.	1971 abs.	1976 abs.	51/71 %	71/76 %
≥ 500 m	6.083	2.369	2.066	-61,1	-12,8
300-499 m	11.939	8.820	8.370	-26,1	- 5,1
bis 299 m	18.337	14.724	15.012	-19,7	+ 2,0

Quelle: Comunità Montana delle Valli del Torre 1979 sowie eigene Berechnungen.

Vor allem die über 500 m hoch gelegenen Fraktionen haben stark an Einwohnern verloren. Hier geht die negative Entwicklung auch im Zeitraum 1971 bis 1976 weiter, während in den tiefer, d.h. außerhalb des Gebirges, gelegenen Fraktionen ein Umschwung erkennbar ist. Karte 25 zeigt die Konzentration der Bevölkerung auf die dem Gebirge vorgelagerten Orte und die Entvölkerung des Gebirges.

Tab. 73: Verteilung der Fraktionen nach Größenklassen und Höhenzonen 1976

Höhenlage	Einwohnerzahl (abs.)					
	≥1.000	600-999	400-599	200-399	100-199	-99
≥ 500 m	-	-	-	4	5	7
300-499 m	1	-	1	4	3	3
-299 m	2	7	7	6	2	1

Quelle: Comunità Montana delle Valli del Torre 1979 sowie eigene Berechnungen.

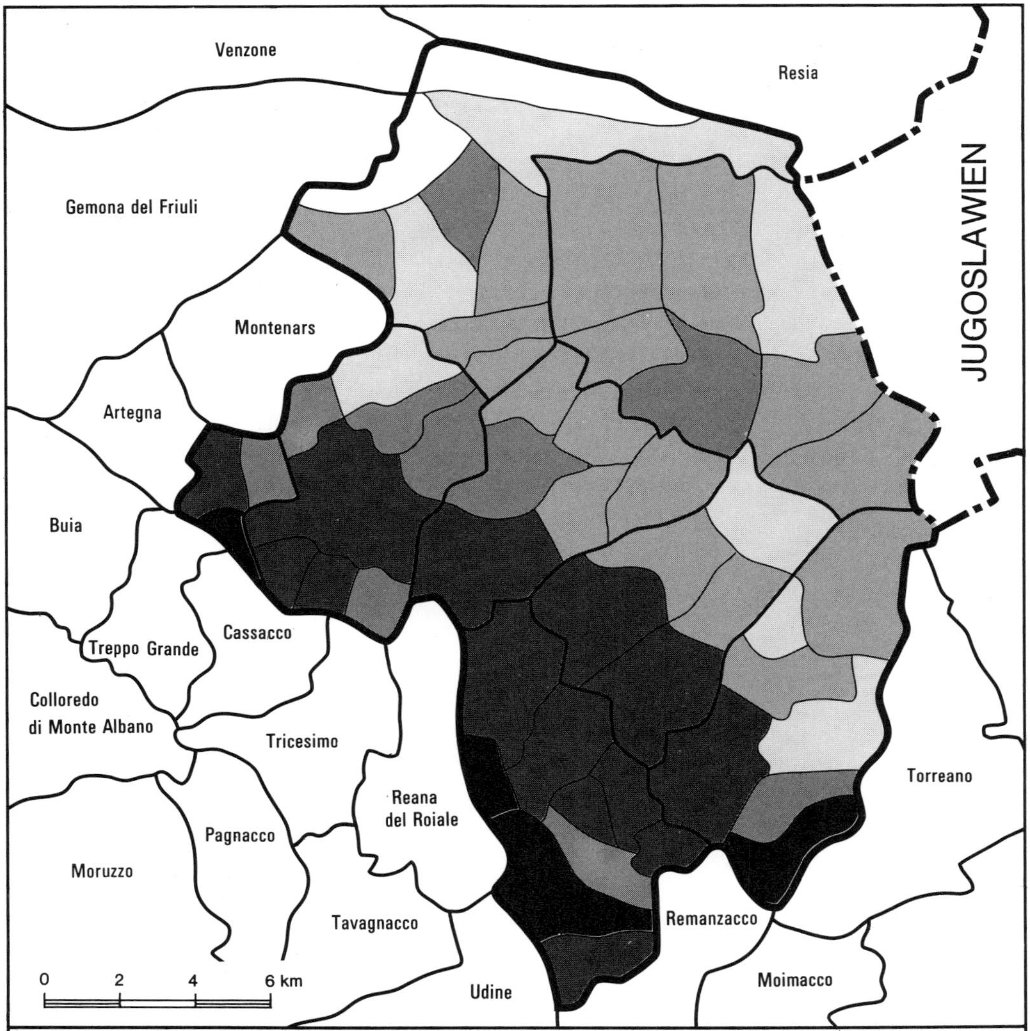

Karte 24

Bevölkerungsentwicklung in der Berggemeinschaft Valli del Torre von 1951 – 1976

Abnahme

- unter 10%
- 10 – 30%
- 30 – 50%
- 50 – 70%
- über 70%
- Gemeindegrenze
- Fraktionsgrenze

Quelle: Comunita Montana delle Valli del Torre 1979

Entwurf: R. Dobler   Kartographie: Geographisches Institut der TUM

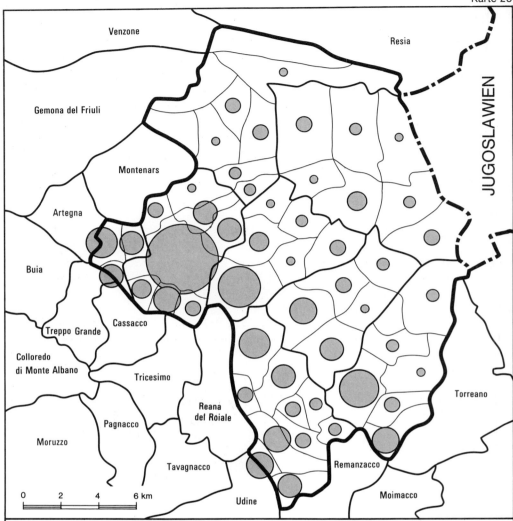

Bevölkerungverteilung in der Berggemeinschaft Valli del Torre 1976

Quelle: Comunita Montana delle Valli del Torre 1979

Entwurf: R. Dobler

Kartographie: Geographisches Institut der TUM

In einer Höhenlage über 500 Meter haben mehr als 3/4 aller Fraktionen weniger als 200 Einwohner, während im Bereich unterhalb von 300 Metern der Schwerpunkt bei 400 - 1 000 Einwohnern liegt. Damit sind die Möglichkeiten einer ausreichenden örtlichen Versorgung im Gebirge stark eingeschränkt.

Getrennte Daten für natürliche Bevölkerungsentwicklung und Wanderungen liegen nach Fraktionen leider nicht vor. Aus den Gemeindedaten läßt sich aber entnehmen, daß für den starken Bevölkerungsrückgang in den peripheren Gebieten nicht nur die Wanderungsentwicklung, sondern auch die natürliche Bevölkerungsentwicklung verantwortlich ist.

Tab. 74: Geburten- und Wanderungssalden in der Berggemeinschaft Valli del Torre 1967 bis 1975

(Durchschnitt auf 1.000 Einwohner pro Jahr)	Saldo der natürlichen Bevölkerungsentwicklung		Wanderungssaldo	
	1967-1971	1972-1975	1967-1971	1972-1975
Attimis	-10,3	- 6,9	-10,4	- 6,9
Faedis	- 6,5	- 5,0	-27,5	+ 2,1
Lusevera	-11,9	-18,8	-35,9	-14,2
Magnano i.R.	- 3,7	- 0,3	-14,6	+11,6
Nimis	- 9,7	- 8,6	-18,9	+13,3
Povoletto	+ 1,4	+ 1,4	- 7,1	+18,2
Taipana	-10,4	-13,6	-25,6	+13,3
Tarcento	- 5,9	- 6,4	- 1,7	+11,3
Berggemeinschaft Valli del Torre	- 6,1	- 5,7	-11,3	+ 9,6
Provinz Udine	+ 1,0	+ 0,4	- 4,7	+ 5,0

Quelle: Comunità Montana delle Valli del Torre 1979.

In den angesprochenen Gebirgsgemeinden (Lusevera, Taipana) ist sowohl der Wanderungssaldo als auch der Saldo der natürlichen Bevölkerungsentwicklung negativ. In den meisten anderen Gemeinden ist der Geburtensaldo zwar ebenfalls negativ, jedoch nicht so ausgeprägt wie in Lusevera und Taipana. Abb. 16 zeigt diese Unterschiede in der natürlichen Bevölkerungsentwicklung deutlich. Die Geburtenrate ist im Gebiet der Berggemeinschaft ganz allgemein recht niedrig. In den Gemeinden Lusevera und Taipana erreicht sie sogar nur knapp die Hälfte des Provinzdurchschnitts. Gleichzeitig ist die Sterberate stark überhöht. Demgegenüber ist die Entwicklung in den Gemeinden des Hügellandes (Magnano,

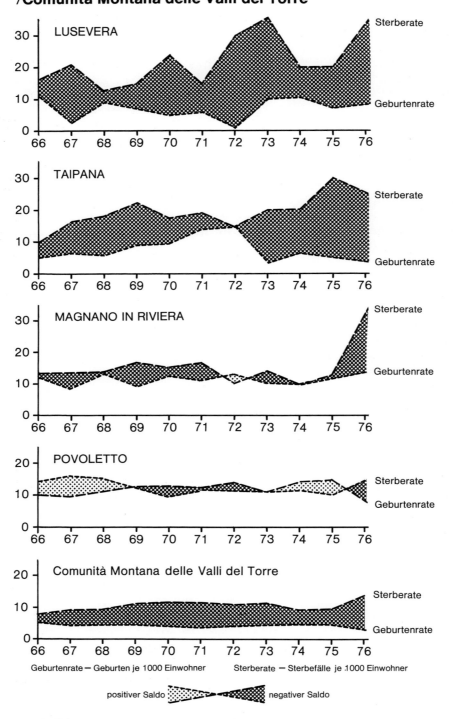

Povoletto) wesentlich ausgeglichener.

Mit der ungünstigen natürlichen Bevölkerungsentwicklung hat sich das Problem der Überalterung in den Berggemeinden drastisch verschärft. Der Anteil der über 65jährigen stieg in Lusevera von 10,0 % (1951) auf 29,6 % (1976) und in Taipana von 10,4 % auf 29,8 %. Gleichzeitig sank der Anteil der Kinder im Alter bis zu 5 Jahren von 9,5 % auf 3,1 % (Lusevera) bzw. von 8,1 % auf 4,0 %. Konkret bedeuten diese Zahlen, daß z.B. in Lusevera nur noch 30 Kinder im Alter bis zu 5 Jahren und 56 Kinder von 6 bis 13 Jahren vorhanden sind, aber 283 Personen, die älter als 64 sind. Demgegenüber war die Entwicklung in den Gemeinden am Gebirgsrand wesentlich günstiger.

Analysiert man die Altersstruktur nach Fraktionen, treten die Probleme noch deutlicher hervor (vgl. Karte 26). Wie nicht anders zu erwarten, erreichen die abgelegenen Gebirgsdörfer die höchsten Werte. Anteile von 30 bis 40 % sind nicht ungewöhnlich, Spitzenwerte von bis zu 50 % treten in einigen Fraktionen von Taipana auf.

Während die Altersklassen über 60 in den peripheren Fraktionen weit überproportional vertreten sind, schrumpft die Zahl der Kinder. Nur in zwei von sieben Fraktionen der Gemeinde Lusevera leben noch mehr als 25 Kinder und Jugendliche bis zu 20 Jahren (Lusevera, Pradielis). Damit verschärfen sich die Probleme der Versorgung mit Infrastruktureinrichtungen zusehends wie am Bereich der schulischen Versorgung exemplarisch gezeigt werden kann. 1968 gab es in der Berggemeinschaft Valli del Torre 45 Elementarschulen[1] mit 122 Lehrern und 1 713 Schülern. Das entspricht einem Durchschnitt von 38 Schülern pro Schule und 14 Schülern pro Lehrer. Ein Drittel aller Schulen hatte einen Lehrer, ein weiteres Drittel 2 Lehrer zur Verfügung. Schulen und Schüler verteilen sich folgendermaßen auf die einzelnen Größenklassen:

---

1) scuola elementare: entspricht der Grundschule in Deutschland.

Karte 26

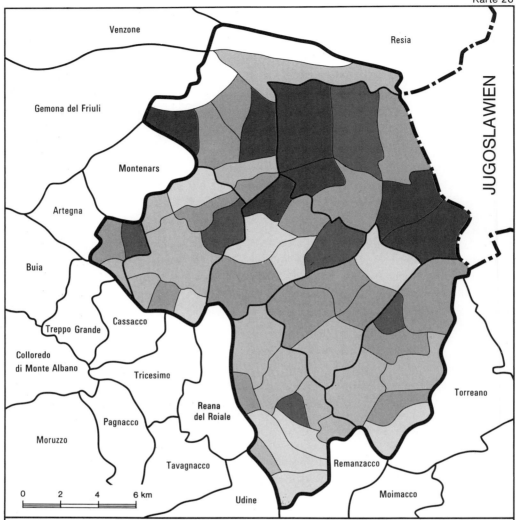

Altersstruktur in der Berggemeinschaft Valli del Torre
1976 — Anteil der über 59 jährigen

- 15 – 20%
- 20 – 25%
- 25 – 30%
- 30 – 35%
- über 35%
- Gemeindegrenze
- Fraktionsgrenze

Quelle: Comunita Montana delle Valli del Torre 1979

Entwurf: R. Dobler   Kartographie: Geographisches Institut der TUM

Altersstruktur 1951/1976 — Lusevera/Taipana/Magnano/Povoletto/Comunità Montana delle Valli del Torre

Abb. 17

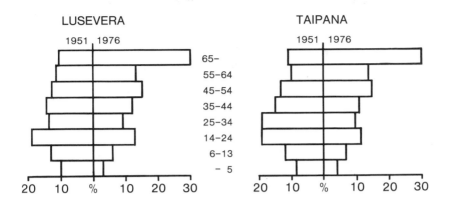

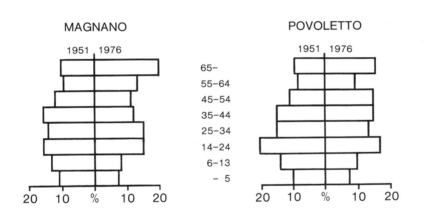

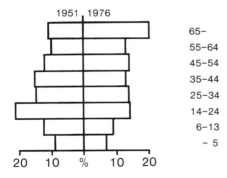

Quelle: Comunità Montana delle Valli del Torre 1979

Tab. 75: Schulgrößen in der Berggemeinschaft Valli del Torre 1968

Schulgröße	Schulen abs.	Schüler %
bis 9 Schüler	12	26,7
10-19 Schüler	10	22,2
20-39 Schüler	9	20,0
40-59 Schüler	7	15,6
60-99 Schüler	3	6,7
≧100 Schüler	4	8,9
Gesamt	45	1.713 (100)

Quelle: di SOPRA 1970, Tab. 15 sowie eigene Berechnungen.

Fast die Hälfte aller Schulen hatte nicht einmal 20 Kinder, verteilt auf vier Jahrgangsstufen. Der durchschnittliche Einzugsbereich betrug 580 Einwohner gegenüber einem von di SOPRA angegebenen Standard von 3 000 Einwohnern. Die Problemgebiete schulischer Versorgung treten in Karte 27 deutlich hervor. Die rückläufigen Schülerzahlen[1] führten nach dem Erdbeben zu einer Straffung des Schulsystems. Mit der Einrichtung zahlreicher Schulbuslinien wurde die Anzahl der Elementarschulen auf 15 reduziert. Karte 28 zeigt dieses neu geordnete Schulsystem schematisch auf.

Am Beispiel der schulischen Versorgung sollte deutlich gemacht werden, welche Probleme in den Bergebieten des Friaul bei weiter schrumpfender Bevölkerung zu erwarten sind. Bereits heute kann in den meisten Orten im Gebirge keine angemessene Versorgung der Bevölkerung gewährleistet werden. Die zur Sicherstellung einer akzeptablen Grundversorgung notwendigen Einwohnerzahlen von 1 500 - 2 000 werden hier auch nicht annähernd erreicht. Auch durch Herabsetzung der Versorgungsstandards und durch verstärkte Subventionierung wird keine langfristige Sicherung der Versorgung möglich sein. In der Gebirgsgemeinschaft Valli del Torre bestehen 16 über 500 Meter hoch gelegene Fraktionen, von denen keine mehr als 400 Einwohner aufweist. Auch bei einer Konzentration aller Einrichtungen auf den zentralen Ort der Gemeinde würde nur eine Einwohnerzahl von rd. 1 000 (Lusevera) bzw. 1 200 (Taipana) im Versorgungsgebiet erreicht.

---

1) im Schuljahr 1977/78 besuchten 1 409 Kinder die Elementarschulen und damit rd. 18 % weniger als 1968.

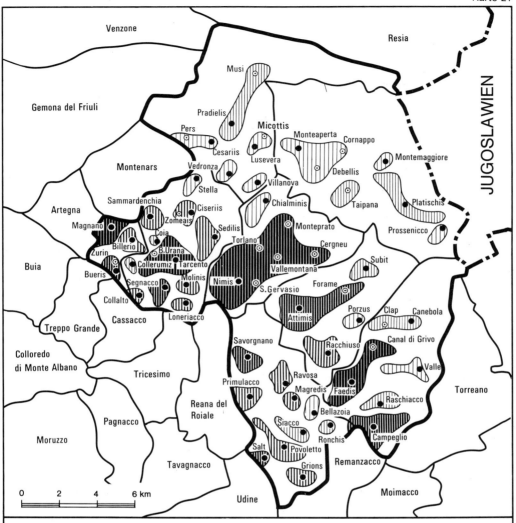

Elementarschulen in der Berggemeinschaft Valli del Torre

Einzugsgebiete und Schülerzahlen 1968

	bis 9 Schüler			50 – 99 Schüler
	10 – 19			über 100
	20 – 49			Schulort / Einzugsgebiet

Quelle: Di Sopra 1974

Entwurf: R. Dobler   Kartographie: Geographisches Institut der TUM

Im Fall von Taipana würden dabei Entfernungen von rd. 10 km
zwischen Gemeindezentrum und peripheren Fraktionen auftreten.
In der Ebene, wo die vorhandenen Kleinstfraktionen ihre Versorgungsfunktion ebenfalls immer schlechter erfüllen können,
ist die Konzentration der Einrichtungen auf das Gemeindezentrum durch die günstigeren Verkehrsverhältnisse eher möglich.

Das Beispiel der Grundschulen hat gezeigt, wie weit der Entvölkerungsprozeß in bestimmten Gebieten des Friaul bereits
fortgeschritten ist. Damit ist nicht nur die Existenz zahlreicher Zwergschulen, sondern auch der Gebirgsdörfer an sich bedroht. Die dargestellten Tendenzen werden nämlich dazu führen,
daß die Einwohnerzahlen der peripheren Orte weiter sinken. Diese Entwicklung ist - auch bei in letzter Zeit zurückgegangener
Abwanderung - allein durch die bestehende Altersstruktur bedingt. Wenn man von den gegenwärtigen Geburten- und Sterberaten ausgeht, ist bereits in zehn Jahren mit einem natürlichen
Bevölkerungsverlust von 15 - 20 % zu rechnen.

Tab. 76: Modellrechnung zur Bevölkerungsentwicklung peripherer Gemeinden des Friaul

	optimistische Annahme	pessimistische Annahme
Geburtenrate (auf 1.000 Einwohner)	10	5
Sterberate (auf 1.000 Einwohner)	25	30
Saldo (auf 1.000 Einwohner)	-15	-25
Bevölkerungsrückgang pro Jahr	- 1,5 %	- 2,5 %
Bevölkerungsrückgang in 10 Jahren	-14,0 %	-22,5 %

Die Bevölkerung in den Gemeinden Lusevera und Taipana wird damit - allein aufgrund der natürlichen Bevölkerungsentwicklung -
wie folgt zurückgehen:

Tab. 77: Bevölkerungsentwicklung 1978 bis 1988 in Lusevera-Taipana (ohne Wanderungen)

	Ausgangs-bevölkerung 1978 abs.	Bevölkerung 1988	
		optimistisch abs.	pessimistisch abs.
Lusevera	976	839	756
Taipana	1.198	1.030	928

Ein Rückgang der Bevölkerung in Lusevera auf rd. 800 und in Taipana auf rd. 1 000 im Jahr 1988 ist also bereits vorprogrammiert. Diese "natürliche" Bevölkerungsabnahme wird mit hoher Wahrscheinlichkeit durch Abwanderungen verstärkt werden. Inwieweit dabei die Frage der Ausstattung mit Infrastruktureinrichtungen eine Rolle spielt, soll im nächsten Abschnitt untersucht werden.

3. Versorgungsansprüche der Bevölkerung

Im Rahmen der von uns durchgeführten Erhebungen im Juni 1978 wurden die Bewohner von sechs Fraktionen auch nach der Bedeutung bestimmter Einrichtungen für eine Gemeinde befragt (Abb. 18). Ein großer Teil der Befragten hält eine ganze Reihe von Einrichtungen für sehr wichtig. An der Spitze liegen soziale Einrichtungen wie Ambulatorium, Apotheke, Mittelschule und Kindergarten. Altersheim, Zahnarzt und Sozialzentrum werden ebenfalls noch von mehr als der Hälfte der Befragten als sehr wichtig bezeichnet, während Dienstleistungseinrichtungen wie Geschäfte oder Sparkasse niedriger eingestuft werden. Gravierende Unterschiede zwischen zentralen und peripheren Fraktionen treten nicht auf, wenn man davon absieht, daß einige Einrichtungen in den peripheren Fraktionen stärker nachgefragt werden.

Wie sieht nun die tatsächliche Versorgungslage aus? Kindergarten und Grundschule sind nach der Schulreform nicht mehr in allen Gebirgsfraktionen vorhanden (vgl. Karte 28). Bereits die Hauptschulen (scuola media inferiore), die von vier Fünftel der Befragten in der Gemeinde gewünscht werden, finden sich nur noch in den vorgelagerten zentralen Orten Tarcento, Nimis und Faedis, weiterführende Schulen hat das

Versorgungsansprüche: sehr wichtige Einrichtungen einer Gemeinde (in % aller Antworten) Abb. 18

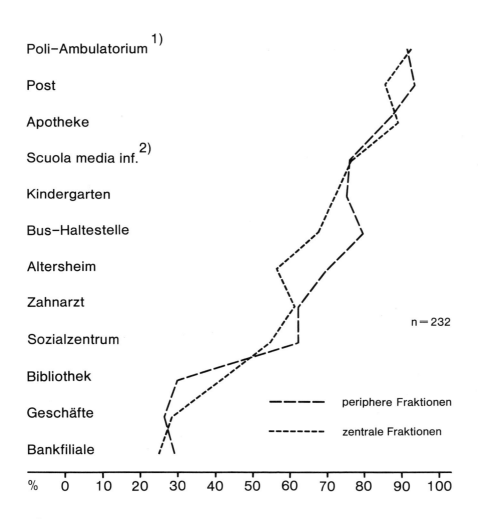

1) Ärztliches Kleinversorgungszentrum

2) Die Scuola media inferiore schließt an die Scuola elementare an. Sie steht etwa zwischen Haupt- und Realschule in Deutschland.

Quelle: eigene Erhebung (Bev. befr. Frage 42)

Gebiet der Berggemeinschaft Valli del Torre überhaupt nicht[1].

Berufsschüler und Gymnasiasten müssen bis nach Gemona, Udine oder Cividale pendeln. Die ärztliche Versorgung ist in den meisten Gemeinden gesichert. Jeweils ein Arzt betreut das Gebiet einer Gebirgsgemeinde und damit etwa 1 000 - 1 500 Einwohner. Apotheken sind dagegen nur in den Orten am Gebirgsrand (Tarcento, Nimis, Attimis, Faedis) vorhanden. Das kann für abgelegene Fraktionen Wege von bis zu einer Stunde bedeuten. Geschäfte des täglichen Bedarfs finden sich noch in allen Fraktionen. Dabei muß berücksichtigt werden, daß der Einzelhandel im Friaul noch sehr kleingewerblich organisiert ist. Sollte sich auch hier ein verändertes Konsumverhalten durchsetzen, wäre die Basis dieser Kleinstbetriebe bedroht und damit auch die Versorgung der traditionell eingestellten Konsumenten gefährdet. Güter des periodischen Bedarfs werden im allgemeinen nur in den zentralen Orten außerhalb des Gebirges angeboten.

Bei der Bestandsaufnahme privater und öffentlicher Dienstleistungen fällt auf, daß in den Gebirgsgemeinden nahezu keine Konzentration von Einrichtungen auf die zentralen Ortsteile besteht. Die wenigen vorhandenen Einrichtungen sind vielmehr auf die verschiedenen Fraktionen verteilt. Auch nur geringfügig höherrangige Einrichtungen wie Grundschule oder Apotheke sind dagegen weder im Gemeindezentrum noch in den übrigen Fraktionen vorhanden, sondern erst in den zentralen Orten außerhalb des Gebirges. Die Diskrepanz zwischen Versorgungsansprüchen der Bevölkerung und tatsächlichem Angebot ist also sehr groß. Auch in Zukunft wird sie nicht kleiner werden, denn bei schrumpfender Bevölkerung erscheint eine Ausweitung des Infrastrukturangebotes illusorisch. Gerade bei den Gruppen, die auf eine gute Versorgung mit öffentlichen Einrichtungen angewiesen sind (z.B. Eltern mit schulpflichtigen Kindern), dürfte damit der Impuls zur Abwanderung in Zukunft noch verstärkt werden. Die Abwanderung der Jüngeren, die zur Zeit durch die Rückwanderung älterer, meist schon pensionierter Emigranten verdeckt wird, geht deshalb wohl auch künftig weiter, wobei freilich andere Gründe wie vor allem die Distanz zu den Arbeitsplätzen hinzukommen.

---

[1] lediglich in Tarcento existiert eine Berufsschule für einen speziellen Ausbildungsgang.

4. Siedlungsstruktur und Wiederaufbau – ein Planungsvorschlag

Die Analyse der Ausgangssituation hat gezeigt, daß in vielen Gebirgsdörfern nur noch eine kleine, überalterte Restbevölkerung vorhanden ist. Die bestehende Altersstruktur, die schlechte Versorgung mit Infrastruktureinrichtungen und die große Distanz zu den Arbeitsplätzen werden die Bevölkerung in den nächsten Jahren weiter schrumpfen lassen und damit die Versorgungsprobleme verschärfen. Unter diesen Umständen ist es unrealistisch, mit dem Wiederaufbau auch eine Wiederbelebung dieser Orte erreichen zu können. Anstatt eine unvermeidbar gewordene Entwicklung aufhalten zu wollen, erscheint es sinnvoller, sie so zu steuern, daß die Lebensfähigkeit der peripheren Gebiete insgesamt gesichert bleibt. Dabei geht es vor allem um die Vermeidung einer großräumigen Abwanderung, wie es auch schon mit dem Vorschlag zur Entwicklung der Arbeitsmärkte angestrebt wird (vgl. Kap. V.). Im Bereich der Siedlungsstruktur sind dazu die geeigneten Ergänzungen notwendig. Zunächst sollten entwicklungsfähige Fraktionen ausgewählt werden, auf die sich Bevölkerung und Versorgungseinrichtungen künftig konzentrieren sollen. Als Kriterien können dabei verwendet werden: Einwohnerzahl, Bevölkerungsentwicklung, Altersstruktur, Lage innerhalb der Gemeinde sowie zum nächsten zentralen Ort. Im folgenden wird versucht, mit diesen Kriterien ein Auswahlschema zu entwickeln, das auch praktisch angewendet werden kann.

- Die <u>Einwohnerzahl</u> von 1976 ist der Ausgangspunkt für planerische Maßnahmen. Je höher sie ist, umso besser ist das bestehende Versorgungsangebot wie auch die Möglichkeit von Infrastrukturverbesserungen in der Zukunft.

- Die <u>Bevölkerungsentwicklung</u> von 1951 bis 1976 stellt einen Indikator für die Bewertung der Lebensverhältnisse durch die Bevölkerung dar. Nur wenn die Abwanderung noch nicht zu stark war, sind Entwicklungschancen gegeben.

- Der <u>Anteil</u> der Personen, die <u>älter als 59 Jahre</u> alt sind, gibt Hinweise auf die Bevölkerungsentwicklung der nächsten Jahre. Zudem zeigt er die Stärke der selektiven Abwanderung Jüngerer und damit die Struktureigenschaften einer Fraktion an.

- Neben diesen bevölkerungsbezogenen Kriterien hängt die Entwicklungsfähigkeit auch direkt von der <u>Lage</u> der jeweiligen Fraktionen ab. Während die Lage innerhalb der Gemeinde wegen der Versorgung aller Fraktionen mit den notwendigen Einrichtungen des Grundbedarfs wichtig ist, steht bei der Lage zum nächsten zentralen Ort die Versorgung mit höherrangigen Gütern und Dienstleistungen sowie vor allem mit Arbeitsplätzen im Vordergrund.

Am Beispiel der Gemeinde Taipana soll nun die Anwendung des Auswahlschemas demonstriert werden (vgl. Tab. 78, S. 225).

Anstelle eines starren Bewertungsschemas, bei dem - evtl. mit Gewichtungsfaktoren - die einzelnen Kriterien zu einem Gesamtwert zusammengefaßt werden, wird vorgeschlagen, die Informationen der Bewertungsmatrix in ihrer Gesamtheit zu würdigen und daraus die notwendigen Schlußfolgerungen zu ziehen. Im Fall der Gemeinde Taipana ist klar zu erkennen, welche Fraktion die günstigsten Voraussetzungen für eine gezielte Förderung bietet.

Die bereits namengebende Fraktion Taipana ist mit Abstand die größte innerhalb der Gesamtgemeinde, der Bevölkerungsrückgang von 1951 bis 1976 liegt mit 39 % deutlich unter dem Durchschnitt, und die Altersstruktur ist ebenfalls relativ günstig. Hinzu kommt, daß diese Fraktion auch von der Lage her die besten Voraussetzungen innerhalb der Gesamtgemeinde aufweist.

Was soll mit den übrigen Fraktionen geschehen? Treffen geringe Einwohnerzahl, starker Bevölkerungsrückgang, hohe Überalterung und ungünstige Lage zusammen, so ist die Vornahme größerer Investitionen zweifellos nicht mehr sinnvoll. In der Gemeinde Taipana trifft dieser Sachverhalt mit nur geringfügigen Unterschieden auf alle übrigen Fraktionen zu. Die gesetzlichen Regelungen zum Wiederaufbau sehen vor, daß jeder Bewohner eines zerstörten oder beschädigten Hauses Anspruch auf finanzielle Unterstützung durch staatliche Gelder hat. Da der Großteil der Bewohner auch in abgelegenen Fraktionen mit dem Wiederaufbau möglichst bald beginnen möchte (vgl. Tab. 68), ist eine radikale Veränderung von vorneherein ausgeschlossen. Darüberhinausgehende Investitionen, soweit sie nicht im Interesse der verbleibenden Bevölkerung unumgänglich erforderlich sind, sollten dagegen auf den zentralen, entwicklungsfähigen Teil der Gemeinde beschränkt werden. Gleichzeitig sollten hier zusätzliche Maßnahmen im Bereich des Wohnungsbaus erfolgen, um den Bewohnern peripherer Fraktionen einen Anreiz zu geben, ins Gemeindezentrum umzuziehen sowie um den Einkommensgruppen, die nicht in der Lage sind, den Wiederaufbau selbst zu finanzieren, wenigstens das Verbleiben in der Gemeinde, wenn schon nicht mehr in ihrer Fraktion, zu ermöglichen. Dabei ist insbesondere an Wohnungen für junge Familien mit Kindern zu denken, aber auch an Altenwohnungen. Außerdem wäre hier durch verstärkten Wohnungsbau rückkehrwilligen Emigranten ein besonderer Anreiz zu geben. Wenn dieses Angebot an zusätzlichen, preisgünstigen Wohnungen im Gemeindezentrum von den Betroffenen angenommen würde, könnte die Versorgungssituation innerhalb der Gemeinde wesent-

Tab. 78: Auswahlschema zur Bestimmung förderungswürdiger Fraktionen

	Taipana	Cornappo	De Bellis	Monteaperta	Montemaggiore	Platischis	Prosenicco
Einwohnerzahl 1976	356	109	40	257	79	149	236
Bevölkerungsentwicklung 1951-1976	-39,2	-51,3	-64,3	-58,2	-76,3	-66,7	-55,0
Anteil $\geq$ 60-Jährige	28,3	36,6	24,6	41,4	28,2	23,1	33,0
Lage innerhalb der Gemeinde	zentral	peripher	peripher	peripher	peripher	peripher	peripher
Lage zum nächsten zentralen Ort	relativ günstig	ungünstig	relativ günstig	ungünstig	ungünstig	sehr ungünstig	sehr ungünstig

lich verbessert und die Lebensfähigkeit der Gemeinde insgesamt gestärkt werden.

Ein großer Teil der Bevölkerung wird trotzdem in den peripheren Fraktionen bleiben. Es wird sich nicht vermeiden lassen, daß die Versorgung dieser Einwohner zunehmend über die Gemeindezentren erfolgt. Besonders für den weiter steigenden Anteil alter Menschen in den abseits gelegenen Dörfern ist dabei an die Einrichtung mobiler Versorgungsdienste (Ärzte, Apotheke, Essen auf Rädern) zu denken, die vom Gemeindezentrum aus die entlegenen Fraktionen regelmäßig bedienen[1]. Damit ließen sich Übergangsprobleme in peripheren Dörfern lösen, ohne die Versorgung der dort Lebenden zu gefährden oder deren Recht auf Verbleiben am Heimatort in Frage zu stellen. Gleichzeitig könnte der zentrale Teil der Gemeinde gestärkt und als Kernpunkt friauler Tradition im Gebirge erhalten werden.

Parallel zu einer Stärkung der Gemeindezentren im Gebirge sollte eine Aufwertung der zentralen Orte am Gebirgsrand gehen. Durch den Bau von preisgünstigen Wohnungen über den Eigenbedarf hinaus könnten Bewohner aus schrumpfenden Gemeindefraktionen am Gebirgsrand bzw. im Hügelland zu einem Umzug angeregt sowie Abwanderer aus dem Gebirge aufgefangen werden. Flankierend müßte die Infrastrukturausstattung dieser Orte verbessert werden. Dabei spielt auch eine Rolle, daß die zentralen Orte am Gebirgsrand in Zukunft noch stärker als bisher Versorgungsaufgaben für Berggemeinden übernehmen müssen. Um diese Aufgabe erfüllen zu können, müssen zusätzlich die Verkehrsverbindungen zwischen Gebirge und zentralen Orten verbessert werden. Dabei ist weniger an den Ausbau der Straßen als vielmehr an eine Erhöhung der Verkehrsfrequenz durch den Einsatz von Kleinbussen oder Sammeltaxis zu denken.

Der Vorschlag für die künftige siedlungsstrukturelle Entwicklung im Gebiet der Gebirgsgemeinschaft wird in Karte 29 veranschaulicht. Welche Funktionen die einzelnen Ortstypen in Zukunft übernehmen sollen, läßt sich am besten in einer tabellarischen Übersicht darstellen (vgl. Tab. 79, S. 228).

Es muß nochmals betont werden, daß der Vorschlag einer Konzentration der Siedlungsstruktur auf entwicklungsfähige Orte den Versuch darstellt, aus bestehenden, zum Teil irreversiblen Entwicklungen das Beste zu machen. Mit der Stärkung der Siedlungskerne im Gebirge und der zentralen Orte am Gebirgsrand wird die Attraktivität des Gebirgsraums insgesamt erhöht, die Versorgungslage verbessert und die Distanz zu den Arbeitsplät-

---

1) vgl. GEIPEL 1977, S. 182/183.

Planungsvorschlag zur siedlungsstrukturellen Entwicklung in der Berggemeinschaft Valli del Torre

- ⦿ Mittleres Versorgungszentrum
- ◉ Nahversorgungszentrum
- ○ Siedlungskern
- • übrige Fraktionen

Entwurf: R. Dobler   Kartographie: Geographisches Institut der TUM

Tab. 79: Siedlungsstrukturelle Entwicklung – künftige Funktionsdifferenzierung

Ortstyp	Ausbauziele in den einzelnen Funktionsbereichen		
	Versorgung	Wohnen	Arbeiten
A = mittleres Versorgungszentrum	Stärkung der zentralörtlichen Bedeutung durch Schaffung zusätzlicher mittelzentraler Einrichtungen	Zunahme der Wohnbevölkerung durch Zuwanderung aus C und D	Schaffung zusätzlicher Arbeitsplätze in Gewerbe und Dienstleistungssektor
B = Nahversorgungszentrum	Schaffung einer vollwertigen Ausstattung im Bereich der Nahversorgung	Zunahme der Wohnbevölkerung durch Zuwanderung aus C und D	Schaffung zusätzlicher Arbeitsplätze in Handwerk und Dienstleistungssektor
C = Siedlungskern	Verbesserung der Grundversorgung durch Konzentration der wichtigsten Einrichtungen auf den Siedlungskern	Zunahme der Wohnbevölkerung durch Zuwanderungen aus D	Erhaltung der bestehenden gewerblichen Arbeitsplätze. Schaffung neuer Arbeitsplätze in Landwirtschaft und Dienstleistungssektor
D = übrige Fraktionen	Versorgung im wesentlichen durch C sowie durch mobile Versorgungsdienste	Rückgang der Wohnbevölkerung. Abwanderung nach A, B und C	Erhaltung und Ausbau der Arbeitsplätze in Landwirtschaft und Fremdenverkehr

zen verkürzt. Von dem romantisch verklärten, aber schon lange
nicht mehr existenten Idyll einer heilen Welt kleiner, agrarisch geprägter Bergdörfer gilt es allerdings Abschied zu nehmen. Die meisten dieser Dörfer sind - zumindest unter den Bedingungen des Friaul - auf Dauer nicht überlebensfähig. Ein gestrafftes und damit attraktiveres Siedlungsnetz bietet bessere
Voraussetzungen, friauler Tradition und Verhaltensweisen weiter zu pflegen und zu erhalten. Nur wenn das gelingt, wird man
den Wiederaufbau als wirklichen Erfolg bezeichnen können.

5. Realisierungschancen des Planungsvorschlags: Mobilitätsbereitschaft in peripheren Gemeinden

Umzüge aus den peripheren Fraktionen in entwicklungsfähige zentrale Orte spielen eine wichtige Rolle in dem oben angeführten
Planungskonzept. Die Realisierbarkeit dieses Vorschlags hängt
deshalb wesentlich von der Mobilitätsbereitschaft der Bevölkerung in den betroffenen Orten ab. Für die Beantwortung der Frage, inwieweit die Bewohner peripherer Gemeinden bereit sind, in
zentralere Orte umzuziehen, wurde zunächst allgemein nach dem
bevorzugten Wohnorttyp gefragt (vgl. Tab. 80, S. 230).

Rund ein Viertel der Befragten würde bei einem Umzug eine größere Stadt oder deren Nähe bevorzugen. Etwa ein Drittel würde
sich für eine Klein- oder Mittelstadt entscheiden, ebensoviele
für die zentrale Fraktion einer kleinen Gemeinde und nur 13 %
für ein abgelegenes Dorf. Nur 12 % der Befragten, die zur Zeit
in einem solchen abgelegenen Dorf leben, würden diesen Ortstyp
im Fall eines Umzugs wieder wählen. Die Vorteile von zentral
gelegenen Siedlungen werden also auch hier klar gesehen. Während in der Gunst der nicht (mehr) Erwerbstätigen die zentrale
Fraktion einer kleinen Gemeinde am höchsten steht (34,9 %), bevorzugen die Erwerbstätigen kleine und mittlere Städte (42,3 %).
Die zentrale Fraktion rangiert hier deutlich niedriger (27,0 %),
ebenso die abgelegene Fraktion (9,0 %).

Demnach ist damit zu rechnen, daß im Fall eines Umzugs etwa
ein Drittel der Betroffenen ins Gemeindezentrum, ebenfalls
etwa ein Drittel in eine Klein- oder Mittelstadt und 20 % in
eine größere Stadt gehen würden. Dabei würden die Erwerbstätigen tendenziell eher Klein- und Mittelstädte, nicht mehr Erwerbstätige eher die zentrale Fraktion einer kleinen Gemeinde
bevorzugen. Die vorgeschlagene Aufwertung der Gemeindezentren
sowie der zentralen Orte am Gebirgsrand scheint also, wenn das
entsprechende Angebot an Wohnraum bereitgestellt wird, durchaus realisierbar zu sein.

Wie sieht das Ergebnis aus, wenn man nicht allgemein, sondern

Tab. 80: Bevorzugter Wohnorttyp im Fall eines Umzuges

	größere Stadt %	Nähe einer größeren Stadt %	Mittel- stadt %	Klein- stadt %	zentrale Fraktion %	abgelegenes Dorf %	n=
Erwerbstätige	4,5	17,1	18,0	24,3	27,0	9,0	108
übrige Befragte	5,7	17,0	9,4	16,0	34,9	17,0	103
zentrale Fraktionen	4,6	14,7	17,4	14,7	33,9	14,7	109
periphere Fraktionen	5,9	20,6	10,8	21,6	29,4	11,8	102
Gesamt	5,2	17,5	14,2	18,0	31,8	13,3	211

Quelle: eigene Erhebung (Bev.befr. Frage 40).

ganz konkret nach bestimmten alternativen Wohnorten fragt? In beiden Fraktionen ist die Bereitschaft am größten, entweder im nächstgelegenen zentralen Ort, Tarcento bzw. Nimis, oder gleich in Udine zu wohnen. Für Osoppo und Gemona können sich dagegen deutlich weniger Befragte entscheiden. Wesentlich markanter als die Unterschiede zwischen den beiden Fraktionen sind die Unterschiede zwischen Erwerbstätigen und den übrigen Befragten, im wesentlichen Hausfrauen und Rentner. Die Mobilitätsbereitschaft der Erwerbstätigen ist deutlich höher als die der übrigen Befragten. Das gilt besonders für Lusevera, in abgeschwächtem Maße auch für Monteaperta.

Tab. 81: Alternative Wohnorte im Friaul (Wohnen in ... vorstellbar?)

	nächstes Zentrum		Osoppo		Gemona		Udine		n=
	ja %	evtl. %	ja %	evtl. %	ja %	evtl. %	ja %	evtl. %	
Lusevera									
Erwerbstätige	50,0	22,7	9,1	27,3	27,3	22,7	45,5	36,4	22
übrige Befragte	33,3	-	13,3	-	-	20,0	20,0	13,3	15
Gesamt	43,2	13,5	11,1	13,9	13,9	22,0	25,1	27,0	37
Monteaperta									
Erwerbstätige	27,8	33,3	5,5	38,9	11,1	33,3	44,4	11,2	18
übrige Befragte	33,3	18,5	11,1	14,8	22,2	14,8	40,7	11,1	27
Gesamt	31,1	24,4	8,9	24,4	17,8	22,2	42,2	11,1	45

Quelle: eigene Erhebung (Bev.befr. Frage 39).

Ein relativ großer Teil der Befragten - vor allem Erwerbstätige - könnte demnach unter Umständen bereit sein, an den nächsten zentralen Ort zu ziehen. Während dieses Ergebnis im Sinne des angeführten Planungsvorschlags recht erfreulich ist, läuft ihm die geäußerte positive Einschätzung von Udine als Wohnort zuwider. Eine Abwanderung aus den peripheren Gebieten in das dominierende Zentrum muß unter allen Umständen vermieden werden, wenn die Disparitäten innerhalb des Friaul nicht weiter verschärft werden sollen. Eine Abwanderung in Richtung Gemona oder Osoppo dagegen ist weniger schädlich, da hier ein Arbeitsmarktsubzentrum gestärkt würde, dessen Ausbau in Kap. V. als notwendig bezeichnet wurde. Gleichwohl sollte versucht werden, die Bevölkerung möglichst im Nahbereich zu halten. Um dieses Ziel zu erreichen, ist die Erhöhung der Anziehungskraft der zentralen Orte am Gebirgsrand (vor allem Tarcento und Nimis) dringend erforderlich.

Zusammenfassend kann festgestellt werden, daß eine Strategie der Aufwertung von Gemeindezentren und zentralen Orten am Gebirgsrand realisierbar erscheint. Auch wenn aus der gestellten Frage über alternative Wohnorte sicher keine konkrete Abwanderungsbereitschaft abgeleitet werden kann, wie die Antworten auf Frage 22 nahelegen (vgl. Tab. 67), so kann man doch davon ausgehen, daß ein Teil der Betroffenen das Angebot eines Wohnortwechsels - unter entsprechenden Voraussetzungen - annehmen würde. Das gilt besonders für die jüngeren, mobileren Gruppen der Bevölkerung. Wenn in den Gemeindezentren und zentralen Orten durch den Bau preisgünstiger Wohnungen und die Verbesserung der Infrastrukturausstattung Anreize geschaffen werden, ist damit zu rechnen, daß gerade der Personenkreis, der für die Zukunft des Friaul entscheidend ist, von diesem Angebot Gebrauch macht. Dagegen wird der Großteil der aus dem Erwerbsleben Ausgeschiedenen wohl auch weiter in den abgelegenen Dörfern bleiben. Es ist das Hauptziel des vorgeschlagenen Konzeptes, einerseits denen, die in den peripheren Fraktionen bleiben wollen, diesen Wunsch zu ermöglichen, andererseits aber auch der jüngeren Generation die Zukunftschancen zu geben, die in der heutigen Gesellschaft notwendig sind.

ZUSAMMENFASSUNG

In den Kapiteln II. und III. wurden die Entwicklungstrends vor und nach dem Erdbeben analysiert und dabei der Nachweis geführt, daß das Friaul in mancher Hinsicht aus der Katastrophe mit einer ganzen Reihe neuer Impulse hervorgegangen ist. Diese Impulse betrafen im wesentlichen die Industrie, indem sie zu einer Verjüngung des Kapitalstocks, zu Betriebserweiterungen und zur Schaffung neuer Arbeitsplätze geführt haben. Die in Kapitel I. herausgearbeitete These, daß sich Katastrophen unter bestimmten Voraussetzungen nicht als Entwicklungsbeeinträchtigung, sondern als Entwicklungsimpuls auswirken, konnte am Beispiel des Friaul bestätigt werden, weil hier Kapitalzufluß von außen, Innovationsfähigkeit und Aufbauwille im betroffenen Gebiet sowie ein rascher Einsatz der zur Verfügung gestellten Mittel zusammentrafen.

In den folgenden Kapiteln wurde versucht, die vom Erdbeben ausgelösten Impulse für eine längerfristige regionale Entwicklungsstrategie nutzbar zu machen. Kapitel IV. gibt dabei einen allgemeinen Überblick über die Probleme, denen die Wiederaufbauplanung im Friaul heute gegenübersteht. Weil die Arbeitsmarktpolitik das entscheidende Instrument für die Steuerung der Regionalentwicklung darstellt, widmet sich Kapitel V. den Zukunftschancen der regionalen Arbeitsmärkte. Wichtigstes Ergebnis ist die Feststellung, daß eine Aufwertung der nördlichen, erdbebenbetroffenen Gebiete durch den Optimismus der befragten Unternehmen und den Bleibewillen der Gebirgsbevölkerung gestützt wird.

Kapitel VI. befaßt sich mit der Frage, ob mit dem Wiederaufbau der Wohnsubstanz eine Weichenstellung zugunsten einer zeitgerechteren zentralörtlichen Versorgungsstruktur erfolgen sollte. Dabei wurde für eine maßvolle Konzentration der Siedlungsplätze vor allem im gebirgigen Teil des Friaul plädiert. Mit der Konzentration der Bevölkerung auf Auffangorte im Gebirge und der Schaffung funktionsfähiger Arbeitsmärkte am Gebirgsrand könnte die Forderung erfüllt werden, die Gebirgsbevölkerung im Gebirge zu halten, ohne ihr die notwendigen Versorgungsleistungen vorzuenthalten.

Regionalplanung sollte nicht nur an das Morgen, sondern auch an das Übermorgen denken. Deshalb muß der Wiederaufbau in einer Weise erfolgen, daß das Friaul in einem späteren tertiären Zeitalter nicht von der Handschrift des sekundären Sektors so verunstaltet ist, daß es um zukünftige Entwicklungschancen betrogen wird. Es ist zu hoffen, daß die Verzögerung des Wiederaufbaus der Städte und Dörfer auch als Denkpause zugunsten dieser langfristigen Perspektive genutzt wird.

LITERATURVERZEICHNIS

AMBRASEY, N.N.: The Gemona di Friuli Earthquake of 6 May 1976.
   In: The Gemona di Friuli Earthquake of 6 May 1976. UNESCO
      Technical Report, Serial FMR/CC/SC/ED/76/169.-
      Paris 1976.

AMMINISTRAZIONE PROVINCIALE DI UDINE: Pendolarità e trasporto
   pubblico della Provincia. Parte prima.-
   Udine 1975.
-- Pendolarità e trasporto pubblico della Provincia. Parte seconda.-
   Udine 1977.

AMT DER KÄRNTNER LANDESREGIERUNG: Erster gemeinsamer Raumplanungsbericht der autonomen Region Friaul - Julisch Venetien
   (Italien), des Bundeslandes Kärnten (Österreich) und der SR
   Slowenien und SR Kroatien, westlicher Teil (Jugoslawien).-
   Klagenfurt 1975.

BARBINA, G.: Teoria e prassi della ricostruzione.
   In: La Panarie, Nr. 33-34, Dezember 1976, S. 23-31.
-- Il Friuli centrale dopo gli eventi sismici del 1976.
   In: Bollettino della Società Geografica Italiana, Vol. VI,
      10-12/1977, S. 607-636.
-- Le attività economiche nelle aree terremotate: problemi di
   ieri e di oggi.
   In: Ciclo di Conferenze sul Friuli devastato dal Terremoto
      Trieste 11 Gennaio - 5 Aprile 1977.-
      Trieste 1978, S. 23-37.

BATTISTI, F.: Disasters and Social Change in Italy. Paper prepared for the 9th World Congress of Sociology.-
   Uppsala 14.-19. August 1978.

BÖVENTER, E.v.: Die räumlichen Wirkungen von privaten und
   öffentlichen Investitionen.
   In: Grundfragen der Infrastrukturplanung für wachsende Wirtschaften. Schriften des Vereins für Sozialpolitik N.F.
      Bd. 58.-
      Berlin 1971, S. 167-187.

BONIFACIO, G.: Aspetti demografico-economici della regione
   Friuli-Venezia Giulia.
   In: Atti 1. Convegno IFRES.-
      Udine 1972, S. 88-103.

BOWDEN, M.J.: Reconstruction Following Catastrophe: The Laissez-faire Rebuilding of Downtown San Francisco after the Earthquake and Fire of 1906. AAG Proceedings 1970, V. 2.

BREITLING, P.: Siedlungselemente und ihre Größenordnungen. In: Veröffentlichungen der Akademie für Raumforschung und Landesplanung, Bd. 85.- Hannover 1974, S. 51-67.

BRESSAN, F./BRESSAN, C.: Vivere nel terremoto.- San Daniele 1977.

BUNDESMINISTER FÜR RAUMORDNUNG, BAUWESEN UND STÄDTEBAU (Hg.): Raumordnung in den Mitgliedsstaaten der Europäischen Gemeinschaften, in Österreich und in der Schweiz. Schriftenreihe 06 "Raumordnung" des Bundesministers für Raumordnung, Bauwesen und Städtebau, H. 014, 1977.
-- Die Entwicklung der Siedlungsstruktur in Europa. Schriftenreihe 06 "Raumordnung" des Bundesministers für Raumordnung, Bauwesen und Städtebau, H. 015, 1977.

BURTON, I.: The Human Ecology of Extreme Geophysical Events. Natural Hazard Research, Working Paper 1.- Toronto 1968.

BURTON, I./KATES, R.W./WHITE, G.F.: The Environment as Hazard.- New York 1978.

BUTTLER, F.: Entwicklungspole und räumliches Wirtschaftswachstum.- Tübingen 1973.

BUTTLER, F./GERLACH, K./LIEPMANN, P.: Funktionsfähige regionale Arbeitsmärkte als Bestandteile ausgewogener Funktionsräume. In: Veröffentlichungen der Akademie für Raumforschung und Landesplanung, Forschungs- und Sitzungsberichte Bd. 94.- Hannover 1975, S. 63-92.

CAGNONI, F.: Valle del Belice - terremoto di stato.- Milano 1976.

CAINERO, E.: Provvedimenti legislativi a favore delle zone terremotate: proposte integrative. Convegno di studi su problemi delle attività industriali, commerciali ed artigianali nelle zone terremotate.- Gemona 1979.

CALDO, C.: L'insediamento nella valle del Belice (Sicilia) in relazione al terremoto del 1968.
In: Rivista Geografica Italiana, LXXX (1973), S. 294-312.

CAPUZZO, T.: L'uso militare del territorio friulano.
In: Centro di Ricerca e Documentazione: Friuli movimento popolare terremoto.-
Udine 1976, S. 64-85.

CAVAZZANI, A.: Social Science Research on Disasters in Italy. Paper prepared for the Sociology of Disaster Session at the World Congress of Sociology.-
Uppsala 14.-19. August 1978.

CENTRO DI DOCUMENTAZIONE E INFORMAZIONE (Hg.): Friuli un popolo tra le macerie.-
Perugia 1977.

CENTRO INTERNAZIONALE ESCARRÈ SULLE MINORANZE ETNICHE E NAZIONALI: Minoranze - speciale per il Friuli. 2-3/1976.

CENTRO STUDI E INIZIATIVE: Piano di sviluppo democratico per le valli Belice, Carboi, Jato.-
Partinicio 1968.

COCHRANE, H.C.: Predicting the economic Impact of Earthquakes.
In: Natural Hazard Research, Working Paper 25.-
Toronto 1974, S. 1-41.

COMUNITÀ COLLINARE DEL FRIULI: Indagine sulla situazione economica e produttiva.-
San Daniele 1979.

COMUNITÀ MONTANA DEL GEMONESE: Fenomeni demografici.-
Gemona 1978.

COMUNITÀ MONTANA DELLE VALLI DEL TORRE: Assetto demografico dell'area comprensoriale.-
Tarcento 1979.
-- Linee per il piano di sviluppo e piano finanziario regionale 1979/1982.-
Tarcento 1979.

DACY, D.G./KUNREUTHER, H.: The Economics of natural Disasters; Implications for federal Policy.-
New York 1969.

DANIELI, A./FABBRO, S./GRANDINETTI, P.: Industria edilizia e ricostruzione. Ruole e tendenze del settore edile nel Friuli-Venezia Giulia prima e dopo el terremoto. Quaderni di Apindustria 2/1977.

DANIELI, A.: Migration movements and labour market in Friuli-Venezia Giulia: the resettlement in the local labour market of returning active labour forces 1970 - 1977.- Udine 1978.
(unveröffentlichtes Manuskript).

ERNST, A.: Arbeitsmarktpolitische Prioritäten für die regionale Wirtschaftsförderung. Ein quantifizierter Orientierungsrahmen. Mitteilungen aus der Arbeitsmarkt- und Berufsforschung, 3/1974.

ENTE REGIONALE PER LO SVILUPPO DELL'AGRICOLTURA NEL FRIULI-VENEZIA GIULIA: Consistenza e distribuzione dell'allevamento bovino nella regione Friuli-Venezia Giulia.- Gorizia 1979.

EUROPÄISCHE RAUMORDNUNGSMINISTERKONFERENZ: Seminar über Probleme der Belastung und der Raumplanung im Berggebiet, insbesondere in den Alpen. Auswertungsbericht.- Grindelwald 1978.

FESTER, F.: Entwicklungszentren - Urbanisierung peripherer Regionen statt Industrialisierung des ländlichen Raums.
In: Informationen zur Raumentwicklung, 2-3/1976, S. 135-146.

FRIESEMA, H.P. u.a.: Comunity Impacts of natural Disasters.- Beverly Hills 1979.

FRITZ, C.E.: Disaster.
In: MERTON, R.K./NISBET, R.A. (Hg.): Contemporary social Problems.-
London 1963, S. 651-694.

GANSER, K./KRONER, G.: Zusammenfassung der Diskussion über Entwicklungszentren.
In: Informationen zur Raumentwicklung, 7/1976, S. 349-358.

GASPARI, P.: Storia popolare della società contadina in Friuli. Agricoltura e società rurale in Friuli dal X al XX secolo.- Monza 1976.

GEIPEL, R.: Friaul - Sozialgeographische Aspekte einer Erdbebenkatastrophe. Münchener Geographische Hefte 40.- Kallmünz/Regensburg 1977.

-- Friaul - Umweltzerstörung durch die Natur und den Menschen.
In: Geographische Rundschau 10/1978, S. 376-383.

GLAUSER, E./GUGERLI, H./HEIMGARTNER, E. u.a.: Das Erdbeben im Friaul vom 6. Mai 1976. Beanspruchung und Beschädigung von Bauwerken. Sonderdruck aus dem H. 38 (1976) der Schweizerischen Bauzeitung.

GOTTSCHALT, F.: Folgewirkungen einer Katastrophe und ihre Bewertung durch industrielle Entscheidungsträger. Konsequenzen für die Regionalplanung. Diplomarbeit am Geographischen Institut der TU München, 1979.
(unveröffentlichtes Manuskript).

HAAS, J.E./MILETI, D.S.: Socioeconomic Impact of Earthquake-Prediction on Government, Business and Community.-
University of Colorado, o.J..
-- Consequences of Earthquake-Prediction. Paper presented at Australian Academy of Science Symposium on Natural Hazards in Australia, Section 3: Community and Individual Responses to Natural Hazards.-
May 26-29, 1976, Canberra, Australia.

HAEDLER, E./FUNK, A./ELKIN, P.: Das Erdbeben in Friaul - "nur" eine Naturkatastrophe?
In: Bauwelt, H. 23, 1979, S. 921-926.

HEIMGARTNER, E./GLAUSER, E.: Die Erdbeben im Friaul zwischen dem 6. Mai und dem 15. September 1976. Charakterisierung der Erschütterungen. Verhalten von bebengeschädigten Bauwerken bei erneuten Erdstößen. Sonderdruck aus dem H. 12 (1977) der Schweizerischen Bauzeitung.

HENNEKE, J.: Raumordnung und Wirtschaftsplanung in Italien.
In: Structur, 1976, S. 155-160.

HERWEIJER, I.S.: Het agrarisch herstel en de herverkavelingen in het rampgebied.
In: Tijdschrift KNAG, Jg. 72 (1955), S. 297-306.

HINOJOSA, H./GELMAN, W.: After the Earth-Quake.
In: Practicing Planner, 3/1977, S. 35-40.

ISTITUTO CENTRALE DI STATISTICA (ISTAT): 9. Censimento generale della popolazione.-
4 novembre 1951. Roma.
-- 3. Censimento generale dell'industria e del commercio.-
5 novembre 1951. Roma.

-- 2. Censimento generale dell'agricoltura.-
   25 ottobre 1970. Roma.
-- 11. Censimento generale della popolazione.-
   24 ottobre 1971. Roma.
-- 5. Censimento generale dell'industria e del commercio.-
   25 ottobre 1971.

ISTITUTO DI STUDI PER LA PROGRAMMAZIONE ECONOMICA: Le proiezioni territoriali del Progetto 80. Vol. 3.-
Roma 1970.

ISTITUTO PER L'ENCICLOPEDIA DEL FRIULI-VENEZIA GIULIA (Hg.):
Enciclopedia Monografica del Friuli-Venezia Giulia.-
1 ´Il paese; 2 Bände, Udine 1971.
2 ´La vita economicà, Prima parte, Udine 1972, Seconda parte, Udine 1974.

JÄGER, W.: Katastrophe und Gesellschaft. Grundlegungen und Kritik von Modellen der Katastrophensoziologie.-
Darmstadt 1977.

JOCHIMSEN, R./TREUNER, P.: Zentrale Orte in ländlichen Räumen - unter besonderer Berücksichtigung der Schaffung zusätzlicher außerlandwirtschaftlicher Arbeitsplätze.
In: Mitteilungen aus dem Institut für Raumforschung, H. 58, 1967.

KATES, R.W.: Natural Hazard in Human Ecological Perspective: Hypotheses and Models. Natural Hazard Research, Working Paper 14.-
Toronto 1970.
-- Experiencing the Environment as Hazard.
   In: WAPNER/COHEN/CAPLAN (Hg.): Experiencing the Environment.-
   New York - London 1976, S. 133-156.

KLEMMER, P./KRÄMER, D.: Regionale Arbeitsmärkte. Beiträge zur Struktur- und Konjunkturpolitik, Bd. 1.-
Bochum 1975.

KUNREUTHER, H.C.: Statistical Studies of the postdisaster Period.
In: National Academy of Science (Hg.): The Great Alaska Earthquake of 1964. Human Ecology.-
Washington D.C. 1970, S. 425-440.

LICHTENBERGER, E.: Besprechung von GEIPEL, R.: Friaul - Sozialgeographische Aspekte einer Erdbebenkatastrophe.
In: Mitteilungen der Österreichischen Geographischen Gesellschaft, B. 121, 1979.

MARTINIS, B.: Studio geologico dell'area maggiormente colpita dal terremoto friulano del 1976.-
Milano 1977.

MARX, D.: Voraussetzungen und Bedingungen einer wachstumsgerechten Landesentwicklung. H. 24 der Reihe Landesentwicklung in der Schriftenreihe des Ministerpräsidenten des Landes NRW.-
Düsseldorf 1968.
-- Zur Konzeption ausgeglichener Funktionsräume als Grundlage einer Regionalpolitik des mittleren Weges.
In: Veröffentlichungen der Akademie für Raumforschung und Landesplanung, Forschungs- und Sitzungsberichte Bd. 94.-
Hannover 1975, S. 1-18.

MENEGHEL, G./BATTIGELLI, F.: Contributi geografici allo studio dei fenomeni migratori in Italia. Analisi di due comuni campione delle Prealpi Giulie: Lusevera e Savogna.-
Pisa 1977.

MITCHELL, W.A./MINER, T.H.: Environment, Disaster and Recovery: a longitudinal Study of the 1970 Gediz Earthquake in Western Turkey.-
Colorado 1978.

MONHEIM, R.: Regionale Differenzierung der Wirtschaftskraft in Italien.
In: Erdkunde, 4/1974, S. 260-267.

MÜNCHNER RÜCKVERSICHERUNGS-GESELLSCHAFT: Weltkarte der Naturgefahren.-
München 1978.

MUKERJEE, T.: Economic Analysis of Natural Hazards: A Preliminary Study of Adjustments to Earthquakes and their Costs. Natural Hazard Research, Working Paper 17.-
Toronto 1971.

NATIONAL ACADEMY OF SCIENCE (Hg.): The Great Alaska Earthquake of 1964. 7 Bände.-
Washington D.C. 1970.

NIMIS, G.P.: Friuli dopo il terremoto.-
Venezia 1978.

NUOVE RICERCHE METODOLOGICHE (Hg.): Terremoto: un fenomeno naturale? Analisi sociopolitica della situazione in Friuli.-
Napoli 1977.

OSSERVATORIO GEOFISICO SPERIMENTALE (Hg.): Bollettino di geofisica. Teoria ed applicata. Vol. XIX 72, 2 Bände.-
Triest 1976.

PARMEGGIANI, N.: Il Friuli dall'ottocento al secondo dopoguerra.
In: Enciclopedia monografica del Friuli-Venezia Giulia, 2 La vita economica, parte prima.-
Udine 1972, S. 63-84.

PERROUX, F.: Note sur la notion de "pôle de croissance".
In: Economice Appliquée, VIII (1955), H. 3/4, S. 307-320.

PROST, B.: Il Friuli - regione di incontri e di scontri.-
Genf 1977.
(Erstausgabe in Französisch, Genf 1973).

QUARANTELLI, E.L./DYNES, R.R.: Response to social Crisis and Disaster.
In: Annual Review of Sociology, Vol. 3 (1977), S. 23-49.

REGIONE AUTONOMA FRIULI-VENEZIA GIULIA: Seconda conferenza regionale dell'emigrazione.-
Udine, 28-30 giugno 1979.

REGIONE AUTONOMA FRIULI-VENEZIA GIULIA - ASSESSORATO ALL'AGRICOLTURA, FORESTE ED ECONOMIA MONTANA: Provvedimenti per la ripresa produttiva delle aziende agricole colpite dagli eventi tellurici verificatisi a partire dal maggio 1976.-
Trieste 1977.

REGIONE AUTONOMA FRIULI-VENEZIA GIULIA - ASSESSORATO DELL'INDUSTRIA E DEL COMMERCIO: Dove investire.-
Trieste o.J..
-- La situazione attuale delle imprese industriali colpite dai movimenti tellurici dell'anno 1976.-
Trieste 1977.
-- Attuazione degli interventi previsti dalle leggi nazionali e regionali a favore delle imprese industriali, artigianali, commerciali e del turismo e delle zone colpite dal terremoto.-
Trieste 1977.

-- Analisi dell'andamento del settore siderurgico nel Friuli-Venezia Giulia nel periodo 1970 - 1977.-
Trieste 1978.

REGIONE AUTONOMA FRIULI-VENEZIA GIULIA - ASSESSORATO DEL LAVORO, DELL'ASSISTENZA SOCIALE E DELL'EMIGRAZIONE: Insediamenti strutturali socio-assistenziali per gli anziani e gli inabili nelle zone colpite dagli eventi tellurici del 1976.-
Udine 1976.

REGIONE AUTONOMA FRIULI-VENEZIA GIULIA - ASSESSORATO DELLA PIANIFICAZIONE E BILANCIO: Friuli-Venezia Giulia - Compendio statistico.-
Trieste 1969 - 1978.
-- Programma di sviluppo economico e sociale del Friuli-Venezia Giulia per il quinquennio 1971/1975.-
Trieste 1973.
-- Piano urbanistico regionale generale del Friuli-Venezia Giulia.-
Trieste 1976.
-- Documento preliminare per il Consiglio Regionale. I comprensori nella regione Friuli-Venezia Giulia. Aspetti metodologici e prime ipotesi operative.-
Trieste 1977.
-- Documento programmatico preliminare al piano di ricostruzione e sviluppo della regione Friuli-Venezia Giulia.-
Trieste 1977.
-- Nota sulla situazione economica nel Friuli-Venezia Giulia nel 1976 e indicazioni sull'andamento nel 1977.-
Trieste 1977.

REGIONE FRIULI-VENEZIA GIULIA - ASSESSORATO DEL TURISMO: La politica turistica regionale nel periodo 1965 - 1976.-
Trieste 1977.

REGIONE AUTONOMA FRIULI-VENEZIA GIULIA - CONSIGLIO REGIONALE: Disposizioni statali e regionali relative ai provvedimenti di primo intervento e di ricostruzione nelle zone del Friuli colpite dagli eventi sismici dell'anno 1976.-
Udine 1976.
-- Documento sulla ricostruzione del Friuli.-
Trieste 1977.

REGIONE AUTONOMA FRIULI-VENEZIA GIULIA - GIUNTA REGIONALE: Ricostruzione del Friuli. Relazione della Giunta Regionale sugli interventi finora adottati.-
Trieste 1977.

-- Linee per la formazione del piano di sviluppo e piano finanziario regionale 1979/1982.-
   Trieste 1979.

RITTENBRUCH, K.: Die Anwendbarkeit der Export-Basis-Konzepte im Rahmen von Regionalstudien. Schriften zu Regional- und Verkehrsproblemen in Industrie- und Entwicklungsländern, Bd. 4.-
   Berlin 1968.

ROGERS, G.W.: Economic Effects of the Earthquake.
   In: National Academy of Science (Hg.): The Great Alaska Earthquake of 1964. Human Ecology.-
   Washington D.C. 1970, S. 58-76.

RONZA, R.: Friuli - dalle tende al deserto?-
   Milano 1976.

SARACENO, E./FABBRO, S./DANIELI, A.: Movimenti migratori in Friuli-Venezia Giulia: una indagine orientative 1960 - 1976.-
   Udine 1977.

SARACENO, E.: An Analysis of the three main Types of Reentry in Udine and Pordenone from 1970 to 1977.-
   Udine 1978.
   (unveröffentlichtes Manuskript).

SIDEROS (Hg.): Sideros - Un'acciaieria su misura.-
   Udine 1975.

SIMSIG, E.: La situazione dell'agricoltura in Friuli.
   In: Centro di Ricerca e Documentazione: Friuli movimento popolare terremoto.-
   Udine 1976, S. 33-42.

SLOVENSKI RAZISKOVALNI INSTITUT (Hg.): Gli Sloveni in Italia. Atti del simposio sui problemi socioeconomici e ambientali degli Sloveni in Italia. Vol. II.-
   Trieste 1978.

di SOPRA, L.: La struttura urbanistica friulana.-
   Udine 1967.
-- Le Prealpi Giulie. Ricerca per un piano comprensiorale.-
   Udine 1970.
-- Spazio urbano e prezzo del suolo. Zona collinare friulana.-
   Udine 1976.
-- Stima dei danni.
   In: Monografia di ricostruire, 1/1977, S. 10-40.

STEUER, M.: Wahrnehmung und Bewertung von Naturrisiken am Beispiel zweier ausgewählter Gemeindefraktionen im Friaul. Münchener Geographische Hefte 43.-
Regensburg 1979.

STIENS, G.: Vorausgesagte Entwicklungen und neue Strategien für den ländlichen Raum.
In: Informationen zur Raumentwicklung, 1-2/1977, S. 139-154.

STRASSERT, G.: Regionale Strukturpolitik durch Wirtschaftsförderung. Veröffentlichungen der Akademie für Raumforschung und Landesplanung. Abhandlungen Bd. 73.-
Hannover 1976.

STRASSOLDO, M.: Analisi e prospettive del mercato del lavoro nelle zone terremotate. Convegno di studi su problemi delle attività industriali, commerciali ed artigianali nelle zone terremotate.-
Gemona 1979.

STRASSOLDO, R.: Sviluppo regionale e difesa nazionale.-
Trieste 1972.
-- Spezifische Probleme der Region Friaul-Julisch Venetien.
In: Schriftenreihe des Instituts für Städtebau und Raumordnung der Universität Innsbruck. Probleme grenznaher Räume I.-
Innsbruck 1973, S. 23-57.
-- Friaul-Julisch Venetien als Europäische Außengrenzregion.
In: Schriftenreihe des Instituts für Städtebau und Raumordnung der Universität Innsbruck. Probleme grenznaher Räume II.-
Innsbruck 1974, S. 27-36.

STRASSOLDO, R./CATARINUSSI, B. (Hg.): Friuli: La prova del terremoto.-
Milano 1978.

TAGLIACARNE, G.: Il redditto prodotto nelle province Italiane nel 1976. Serie Storica 1970 - 1975.-
Milano 1978.

TELLIA, B.: Ricostruzione economica e ricostruzione sociale. Convegno di studi su problemi delle attività industriali, commerciali ed artigianali nelle zone terremotate.-
Gemona 1979.

TÖPFER, K./SPEHL, H./TÖPFER, P.: Folgewirkungen von Industrieansiedlungen. Schriftenreihe der Gesellschaft für regionale Strukturentwicklung, Bd. 3.-
Bonn 1975.

TONUTTI, R.: La situazione industriale nella pedemontana Friulana.
In: Centro di Ricerca e Documentazione. Friuli movimento popolare terremoto.-
Udine 1976, S. 43-53.

UNIONE REGIONALE CAMERA DI COMMERCIO, INDUSTRIA, ARTIGIANATO ED AGRICOLTURA DEL FRIULI-VENEZIA GIULIA: La struttura industriale del Friuli-Venezia Giulia in relazione alla nuova zona franca Italo-Jugoslava del carso.-
Trieste 1977.

VALUSSI, G.: Friuli-Venezia Giulia: Ambiente geografico generale.
In: Enciclopedia monografica del Friuli-Venezia Giulia, 1 Il paese, parte prima.-
Udine 1971, S. 19-58.
-- La popolazione del Friuli-Venezia Giulia.
In: Enciclopedia monografica del Friuli-Venezia Giulia, 1 Il paese, parte seconda.-
Udine 1971, S. 759-805.
-- Il fenomeno migratorio in Friuli fra i processi di deruralizzazione e industrializzazione.
In: Atti 1. Convegno IFRES.-
Udine 1972, S. 104-129.
-- L'emigrazione nel Friuli-Venezia Giulia.
In: Enciclopedia monografica del Friuli-Venezia Giulia, 2 La vita economica, parte seconda.-
Udine 1974, S. 853-928.
-- Il turismo.
In: Enciclopedia monografica del Friuli-Venezia Giulia, 2 La vita economica, parte seconda.-
Udine 1974, S. 937-1.020.
-- Il Friuli di fronte alla ricostruzione.
In: Rivista Geografica Italiana. LXXXIV, 1977, S. 113-128.
-- La mobilità della popolazione Friulana dopo gli eventi sismici del 1976.
In: VALUSSI, G. (Hg.): Italiani in movimento.-
Pordenone 1978, S. 383-410.

VRSAJ, E.: La cooperazione economica Alpe-Adria.-
Trieste 1975.

WAGNER, H.G.: Italien. Wirtschaftsräumlicher Dualismus als System.
In: Geographisches Taschenbuch 1975/1976.

WAGNER, U.: Wiederaufbau als Sanierungschance oder Fehlinvestition. Untersuchungen zur Mobilitätsbereitschaft in ausgewählten Abwanderungsgebieten Friauls. Diplomarbeit am Geographischen Institut der TU München, 1979.- (unveröffentlichtes Manuskript).

WHITE, G.F. (Hg.): Natural Hazards. Local, national, global.- New York - London - Toronto 1974.

VERZEICHNIS DER TABELLEN
==

                                                                    Seite

1	Schäden durch Naturkatastrophen	19
2	Erwerbstätige nach Wirtschaftsbereichen 1951 bis 1971	36
3	Viehbestand nach geographischen Großräumen 1881 bis 1971	37
4	Übernachtungen nach geographischen Großräumen 1958 bis 1974	42
5	Bevölkerungsentwicklung 1951 bis 1975 in der Region Friaul-Julisch Venetien	46
6	Bevölkerungsentwicklung 1921 bis 1971 nach geographischen Großräumen - Provinz Udine/Pordenone	46
7	Obdachlosigkeit im Dezember 1976	55
8	Amtliche Einteilung der Gemeinden in Betroffenheitskategorien	55
9	Erdbebenschäden nach der Schätzung von di SOPRA	61
10	Erdbebenschäden in der Landwirtschaft - Schätzung von PRESTAMBURGO	64
11	Erdbebenschäden in der Industrie nach Betroffenheitszonen - Schätzung von di SOPRA	66
12	Produktionsunterbrechung nach Betroffenheitszonen	69
13	Sektorale Verteilung der Schäden in der Industrie - Provinz Udine	70
14	Arbeitsausfall nach Branchen und sozioökonomischen Zonen	72
15	Erfassungsquoten der Industriebefragung	74
16	Befragte Betriebe nach Betriebsgröße und Gebiet	75

		Seite
17	Befragte Betriebe nach Branche und Gebiet	75
18	Auswirkungen der Beben für die Beschäftigung	76
19	Zulieferschwierigkeiten nach den Erdbeben	77
20	Absatzschwierigkeiten nach den Erdbeben	78
21	Absatzschwierigkeiten - verursacht durch folgende Abnehmer	79
22	Nachfragesteigerung nach den Erdbeben	80
23	Zulieferungen aus der Provinz Udine	80
24	Absatz innerhalb der Provinz Udine	81
25	Umsatzausfall nach Branche und Gebiet	85
26	Induzierter Umsatzausfall in der ersten Verflechtungsstufe	87
27	Wertschöpfungsverlust nach Branchen	90
28	Entwicklung der Personalkosten nach Gebiet	92
29	Entwicklung des Familieneinkommens nach dem Erdbeben	94
30	Staatliche Finanzmittel für das Erdbebengebiet bis zum März 1978	99
31	Fördermittel für die Industrie vor und nach dem Erdbeben	100
32	Erweiterungsinvestitionen nach Gebiet	103
33	Erweiterungsinvestitionen nach Branchen	104
34	Fördermittel und Investitionen nach Gebiet	105
35	Beschäftigungsentwicklung nach Gebiet	110
36	Qualifikationsstruktur nach Gebiet	111

		Seite
37	Beschäftigte in der verarbeitenden Industrie 1975 bis 1977 nach sozio-ökonomischen Zonen	112
38	Beschäftigte in der verarbeitenden Industrie 1975 bis 1977 nach Branchen	115
39	Bevölkerungsentwicklung im zerstörten Gebiet 1974 bis 1977	120
40	Wanderungssalden im zerstörten Gebiet nach Gemeindetypen	121
41	Bauweise und Erdbebenschäden in der Industrie	133
42	Wahrscheinlicher Höchstschaden (PML) in Abhängigkeit von Erdbebenintensität und Bauweise	135
43	Intensität bekannter Erdbeben	136
44	Veränderung der Intensität von Beben in Abhängigkeit vom Untergrund	137
45	Richtwerte für die Mindestgröße von Entwicklungszentren	152
46	Einwohnerzahlen regionaler Arbeitsmärkte	158
47	Einwohner in den Distanzbereichen regionaler Arbeitsmarktzentren	163
48	Einwohner 1975 in künftigen dominanten Einzugsbereichen	175
49	Bevölkerungsentwicklung in den sozio-ökonomischen Zonen 1951 bis 1975	177
50	Altersstruktur in den sozio-ökonomischen Zonen 1971	178
51	Prognose der natürlichen Bevölkerungsentwicklung in den sozio-ökonomischen Zonen bis 1984	179
52	Prognose der natürlichen Bevölkerungsentwicklung bis 1984 - 15 bis 64-Jährige	179

		Seite
53	Entwicklung der Erwerbspersonen 1971 bis 1984 - ohne Wanderungen	180
54	Wanderungssalden in den sozio-ökonomischen Zonen 1971 bis 1984	180
55	Bevölkerungsentwicklung 1971 bis 1984 mit Wanderungen	181
56	Vergleich Prognose - tatsächliche Entwicklung	181
57	Entwicklung der Erwerbspersonen 1971 bis 1984 - mit Wanderungen	182
58	Beschäftigtenentwicklung in der Industrie 1976 bis 1980	184
59	Entwicklungschancen der eigenen Firma	185
60	Entwicklungschancen der eigenen Firma und der Industrie im Friaul allgemein	185
61	Erdbebenrisiko als Abwanderungsgrund für Betriebe	186
62	Betriebserweiterungen in den nächsten Jahren	186
63	Betriebliche Erweiterungsmöglichkeiten	187
64	Reserveflächen der befragten Firmen	187
65	Standortbewertung nach Gebiet	191
66	Arbeitsorte der Auspendler aus den Untersuchungsgemeinden	193
67	Abwanderungsbereitschaft bei der Suche nach einem neuen Arbeitsplatz	195
68	Wiederaufbaupläne der Bevölkerung in den Befragungsgemeinden	196
69	Länge des Arbeitsweges - Wunsch und Wirklichkeit	198

		Seite
70a	Akzeptable alternative Arbeitsorte im Friaul - Gemeinde Lusevera/Taipana	200
70b	Akzeptable alternative Arbeitsorte im Friaul - Gemeinde Forgaria	200
70c	Akzeptable alternative Arbeitsorte im Friaul - Gemeinde Resia	201
71	Bevölkerungsentwicklung in den Gemeinden der Berggemeinschaft Valli del Torre 1951 bis 1978	206
72	Bevölkerungsentwicklung in der Berggemeinschaft Valli del Torre nach Höhenzonen	208
73	Verteilung der Fraktionen nach Größenklassen und Höhenzonen 1976	208
74	Geburten- und Wanderungssalden in der Berggemeinschaft Valli del Torre 1967 bis 1975	211
75	Schulgrößen in der Berggemeinschaft Valli del Torre 1968	216
76	Modellrechnung zur Bevölkerungsentwicklung peripherer Gemeinden des Friaul	219
77	Bevölkerungsentwicklung 1978 bis 1988 in Lusevera-Taipana	220
78	Auswahlschema zur Bestimmung förderungswürdiger Fraktionen	225
79	Siedlungsstrukturelle Entwicklung - künftige Funktionsdifferenzierung	228
80	Bevorzugter Wohnorttyp im Fall eines Umzuges	230
81	Alternative Wohnorte im Friaul	231

VERZEICHNIS DER KARTEN

Seite

1	Autonome Region Friaul - Julisch Venetien Provinzen und Höhenzonen	33
2	Autonome Region Friaul - Julisch Venetien Sozioökonomische Zonen	34
3	Beschäftigtenentwicklung in der Verarbeitenden Industrie 1951 bis 1971	40
4	Beschäftigte in der Verarbeitenden Industrie 1971	41
5	Beschäftigte im Dienstleistungsgewerbe 1971	43
6	Topographische Karte des Friaul	44
7	Bevölkerungsentwicklung 1951 - 1971	47
8	Bevölkerungsentwicklung 1971 - 1975	50
9	Wohnbevölkerung 1975	51
10	Altersstruktur - Anteil der über 59-jährigen 1970	52
11	Amtliche Abgrenzung der Betroffenheit	56
12	Erdbebenschäden in der Industrie 1976	68
13	Beschäftigtenentwicklung in der Verarbeitenden Industrie 1975 - 1977: Provinz Udine	114
14	Anti-Seismische Bauzonen im Friaul vor und nach dem Beben	132
15	Seismisches Risiko im Friaul: Maximale zu erwartende Intensität (Beobachtungszeitraum 150 Jahre)	134
16	Regionale Arbeitsmärkte - Dominante Einflußbereiche regionaler Arbeitsmarktzentren 1974	157
17a	Regionale Arbeitsmärkte - Grenzen des Arbeitsmarktes Udine 1974	159

		Seite
17b	Regionale Arbeitsmärkte - Grenzen der übrigen Arbeitsmärkte 1974	161
18a	Distanzbereiche regionaler Arbeitsmarktzentren - Udine	164
18b	Distanzbereiche regionaler Arbeitsmarktzentren - Majano/Osoppo/Gemona	165
18c	Distanzbereiche regionaler Arbeitsmarktzentren - Tolmezzo	166
18d	Distanzbereiche regionaler Arbeitsmarktzentren - Tarvis	167
19a	Regionale Arbeitsmarktzentren - Distanzbereiche und Einzugsgebiete 1974 Udine/Tolmezzo	169
19b	Regionale Arbeitsmarktzentren - Distanzbereiche und Einzugsgebiete 1974 Majano-Osoppo-Gemona/Tarvis	170
20	Planungsvorschlag: Grenzen regionaler Arbeitsmärkte	174
21	Planungsvorschlag: Dominante Einflußbereiche regionaler Arbeitsmarktzentren	176
22	Lage der Untersuchungsgemeinden und -fraktionen	194
23	Lage der Berggemeinschaft "Valli del Torre"	207
24	Bevölkerungsentwicklung in der Berggemeinschaft Valli del Torre von 1951 - 1976	209
25	Bevölkerungsverteilung in der Berggemeinschaft Valli del Torre 1976	210
26	Altersstruktur in der Berggemeinschaft Valli del Torre 1976 - Anteil der über 59-jährigen	214
27	Elementarschulen in der Berggemeinschaft Valli del Torre - Einzugsgebiete und Schülerzahlen 1968	217

Seite

28 Schulische Versorgung in der Berggemeinschaft Valli del Torre 1979 218

29 Planungsvorschlag zur siedlungsstrukturel-
len Entwicklung in der Berggemeinschaft
Valli del Torre 227

VERZEICHNIS DER ABBILDUNGEN

Seite

1	Begriffssystem der Natural-Hazard-Forschung	17
2	Wirtschaftliche Schäden durch Erdbeben	21
3	Folgewirkungen von Katastrophen	27
4	Branchenstruktur in der verarbeitenden Industrie nach Provinzen 1951/1971	39
5	Komplementärwirkungen von Erdbebenschäden	83
6	Beschäftigtenentwicklung nach Gebiet	93
7	Investitionen 1974 bis 1978 nach Gebiet	102
8	Folgewirkungen von Investitionen nach einem Erdbeben	106
9	Arbeitslosenquoten 1968 bis 1977	117
10	Regionalprodukt zu Faktorkosten 1970 bis 1976	117
11	Natürliche Bevölkerungsentwicklung in den "zerstörten Gemeinden" 1974 bis 1977	119
12	Wanderungssaldo 1974 bis 1977 im zerstörten Gebiet	119
13a	Bevölkerungsentwicklung in Gemona von 1972 bis 1977	122
13b	Bevölkerungsentwicklung in Majano/Osoppo von 1972 bis 1977	124
13c	Bevölkerungsentwicklung in Lusevera/Tramonti di Sopra von 1972 bis 1977	125
14	Bevölkerungsentwicklung in den Provinzen Udine und Pordenone von 1973 bis 1977	127
15	Bewertung von Standortfaktoren ausgewählter Industriestandorte	188

Seite

16 Natürliche Bevölkerungsentwicklung 1966 bis
    1976 - Lusevera/Taipana/Magnano/Povoletto/
    Comunità Montana delle Valli del Torre 212

17 Altersstruktur 1951/1976 - Lusevera/Taipana/
    Magnano/Povoletto/Comunità Montana delle
    Valli del Torre 215

18 Versorgungsansprüche: sehr wichtige Einrich-
    tungen einer Gemeinde 221

Industriebefragung des Geographischen Instituts
der Technischen Universität München

Name des Betriebes: _____
Adresse: _____
_____

1. Welchem der folgenden Betriebstypen ist Ihre Firma zuzuordnen?
    - Familienbetrieb   ☐1
    - Genossenschaftsbetrieb   ☐2
    - öffentliches Unternehmen   ☐3
    - Unternehmen mit Staatsbeteiligung   ☐4
    - Kapitalgesellschaft (ohne Staatsbeteiligung)   ☐5
    - Sonstige _____   ☐6

2. Welche Produkte stellt Ihr Betrieb her?
   _____

3. Handelt es sich bei Ihrer Firma um:
    - den Hauptbetrieb   ☐1
    - einen Zweigbetrieb   (weiter mit Frage 5)   ☐2
    - oder um den Teil eines Konzerns   ☐3

4. Haben Sie Zweigbetriebe?   ja   ☐1
                                        nein   ☐2
   falls ja: wo befinden sich diese und
             wieviele Arbeitskräfte sind dort beschäftigt?
   Name   Adresse   Beschäftigte
   _____
   _____
   _____

                        (weiter mit Frage 6)

5. Wo liegt der Hauptsitz Ihrer Firma?
   Name:
   Adresse:

6. Seit wann befindet sich Ihr Betrieb am jetzigen Standort?
   Jahr / Monat

7. Die Ansiedlung am jetzigen Standort war eine
   - Neugründung ☐1
   - Verlagerung ☐2

(im Falle einer Verlagerung)
8. Wo lag der frühere Standort?

9. Welchen Standort würden Sie bei einer heutigen Neugründung wählen?
   - Großstadt ☐1
   - Umland einer Großstadt ☐2   Industriezone ☐1
   - Mittelstadt ☐3   außerhalb einer Industriezone ☐2
   - Kleinstadt ☐4
   - ländliche Gemeinde ☐5

10. Welchem der folgenden Standorttypen würden Sie Ihren jetzigen Firmensitz zuordnen?
    - Großstadt ☐1
    - Umland einer Großstadt ☐2
    - Mittelstadt ☐3
    - Kleinstadt ☐4
    - ländliche Gemeinde ☐5

11. Nennen Sie die drei wichtigsten Gründe für Ihre Standortentscheidung bei der Betriebsgründung/-verlagerung in der Rangfolge ihrer Bedeutung.
    1.
    2.
    3.

12. Welche Bedeutung hatten folgende Faktoren bei der Grundung/ Verlagerung Ihres Betriebes?

(zutreffende Spalten bitte ankreuzen)

	1 äußerst wichtig	2 wichtig	3 weniger wichtig	4 un- wichtig
- Grundstücksangebot/Preise				
- Grundstücksangebot/Fläche				
- Energieversorgung				
- Wasserver-/-entsorgung				
- Angebot qual.Arbeitskräfte				
unqual. Arbeitskr.				
- Persönliche Gründe				
- Öffentliche Fördermaßnahmen				
- Nähe der Zulieferer				
- Nähe zum Absatzmarkt				
- Übernahme vorhandener Betriebsstätten				
- Nähe zu Behörden, Dienstleistungsbetrieben				
- Verkehrsanbindung Straße				
Schiene				

13. Mit welchen öffentlichen Maßnahmen wurde Ihre Ansiedlung gefördert?

- Zuschüsse ☐1
- Kredite ☐2
- Steuerstundungen ☐3
- steuerliche Vergünstigungen ☐4

- vergünstigtes Grundstücksangebot ☐5
- Angebot von Werkshallen ☐6
- Verkehrserschließung ☐7
- Sonstige ☐8
- Keine ☐9

14. (Frage 15 und 16 nur bei Betriebsgründung/-verlagerung
    ab 1970 stellen)
    Wann und von welchem Standort aus wurde der heutige Firmensitz
    erstmals in Erwägung gezogen?

    Jahr/Monat _____
    Ort _____

15. Welche alternativen Standorte hatten Sie noch in Betracht
    gezogen? (bitte genaue Ortsangabe)
    _____
    _____

    Keine ☐

16. Von wem erhielten Sie damals Informationen über den jetzigen
    Standort?
    - Gemeinde ☐1
    - Industrie und Handelskammer ☐2
    - Geschäftsverbindungen ☐3
    - private Verbindungen ☐4
    - regionale Wirtschaftsförderung ☐5
    - Sonstige? _____ ☐6

17. Welche Schäden haben die Erdbeben 1976 bei Ihrem Betrieb verursacht? (bitte ankreuzen und - soweit möglich - die Beträge in die rechte Spalte eintragen)

	völlige Zerstörung	Schäden			keine Schäden	in Mio. Lire
		schwere	mittlere	leichte		
Gebäude						
Maschinen						
sonstige Ausstattung						
Lagerbestand						
insgesamt						
	5	4	3	2	1	

18. Welche direkten und indirekten Folgen hatte das Erdbeben für die Zahl der bei Ihnen Beschäftigten?
(absolute Zahlen angeben)

	nach dem Maibeben	nach dem Septemberbeben
- Tote und Invalide (am Arbeitsplatz u. am Wohnort)		
- Entlassungen		
- Cassa integrazione		
- Abwanderungen (ohne Entlassung)		
- Evakuierung mit Arbeitsunterbrechung		
- davon: wiedereingestellt		
- davon: nicht wiedereingestellt		
- Einstellung von Rückwanderern		
- Keine		

19. Gab es nach den Erdbeben Schwierigkeiten mit Zulieferbetrieben?
    - ja   ☐ 1
    - nein (weiter mit Frage 21)   ☐ 2

20. Konnten diese Zulieferausfälle ausgeglichen werden?
    - nein   ☐ 4
    - ja, durch andere Betriebe in Friaul   ☐ 1
    - ja, durch Betriebe in Italien   ☐ 2
    - ja, durch Betriebe vom Ausland   ☐ 3

21. Hatten Sie nach dem Erdbeben Absatzschwierigkeiten in Friaul?
    - ja, kurzfristig   ☐ 1
    - ja, langfristig   ☐ 2
    - nein (weiter mit Frage 23)   ☐ 3

22. Bei welchen Abnehmern traten diese Absatzschwierigkeiten auf?

<u>durch Erdbebenschäden bei den Abnehmerbetrieben</u>
- Industrie ☐1
- Handwerk ☐2
- Handel ☐3
- Dienstleistungsbetriebe ☐4

- Sonstige ☐5

<u>durch Rückgang des Endverbrauchs</u> ☐6

23. Ist die Nachfrage bei Ihrem Betrieb nach den Erdbeben gestiegen?

ja ☐1
nein ☐2

24. Mußte die Produktion infolge des Erdbebens auf andere Artikel umgestellt werden?
- ja, kurzfristig ☐1
- ja, langfristig ☐2
- nein ☐3

25. Welche öffentlichen Fördermittel haben Sie seit 1975 in Anspruch genommen? (Beträge in Mio. Lire angeben)

	Im Zeitraum von	
	Januar 1975/Mai 1976	Mai 1976/Dez. 1977 (seit dem Erdbeben)
- Fondo di rotazione		
- Mediocredito		
- Zinsverbilligungen laut Regionalgesetz		
- Zuschüsse lt. Regionalges.		
- Friulia		
- Friulia - Lis		
- Sonstige		
- Keine		

26. Wie hoch waren die damit hervorgerufenen Investitionen?
   (Beträge in Mio. Lire eintragen)

	Im Zeitraum vom	
	Januar 75/ Mai 76	Mai 76 / Dez. 77 (seit d. Erdbeben)
Investitionen für Erhaltung, Modernisierung und Wiederaufbau		
Erweiterungsinvestitionen		
insgesamt		

27. Haben die öffentlichen Fördermaßnahmen eine ausschlaggebende Rolle bei diesen Investitionen gespielt?

	ja	nein
vor den Erdbeben		
nach den Erdbeben		
	1	2

28. Welcher Anteil der Investitionssumme wurde an Firmen in Friaul vergeben?

	Januar 75/ Mai 76	Mai 76 /Dezember 77 (seit dem Maibeben)
Anteil in %		

29. Können Sie uns jetzt noch Angaben über die Entwicklung der Investitionen Ihres Betriebes machen?
   (Betrag in Mio. Lire angeben)

Investitionen für	74	75	76	77	78	79	80
- Erhaltung Modernisierung							
- Erweiterung							
- Sozialeinricht.							
- Gesamt							

30. Wie groß ist die Fläche Ihres Betriebsgrundstückes?
   - insgesamt _____ mq.
   - davon Reservefläche
     (verfügbar für eventuelle Erweiterungen) _____ mq.

31. Wird Ihr Betrieb in den nächsten Jahren erweitert werden?
- ja ☐1
- vielleicht ☐2
- nein   (weiter mit Frage 33) ☐3
- keine Antwort ☐4

32. Ist diese Erweiterung am jetzigen Standort möglich?
- ja, auf der vorhandenen Fläche ☐1
- ja, auf zu erwerbender Fläche ☐2
- nein ☐3

33. Planen Sie für die nächste Zeit eine Betriebsverlagerung bzw. die Gründung eines Zweigbetriebs?
- ja, eine Verlagerung   Ort: _____ ☐1
- ja, eine Zweigbetriebsgründung   Ort: _____ ☐2
- nein ☐3
- keine Antwort ☐4

34. Sehen Sie im Erdbebenrisiko einen möglichen Abwanderungsgrund?

	für Ihren Betrieb	für die Beschäftigten
- ja	☐1	☐1
- möglicherweise	☐2	☐2
- nein	☐3	☐3
- keine Antwort	☐4	☐4

35. Haben Sie bei Baumaßnahmen die Erdbebengefahr berücksichtigt?
- ja, schon vor den Erdbeben ☐1
- ja, nach den Erdbeben ☐2
- nein   (weiter mit Frage 37) ☐3
- keine Antwort ☐4

36. Um wieviel Prozent haben sich dadurch die Baukosten erhöht?

- bis 3% ☐ 1
- zwischen 3 und 6% ☐ 2
- zwischen 6 und 10% ☐ 3
- um mehr als 10% ☐ 4
- gar nicht ☐ 5
- keine Antwort ☐ 6

37. Wie bewerten Sie Ihren jetzigen Standort sowie andere Industriestandorte in Friaul bezüglich folgender Kriterien
(jeweils die zutreffende Bewertung ankreuzen; von 1 = gut bis 5 = schlecht)

	eigener Standort					Osoppo/ Gemona					Tolmezzo					Triest				
	1	2	3	4	5	1	2	3	4	5	1	2	3	4	5	1	2	3	4	5
Grundstücksangebot																				
- Preise																				
- Flächen																				
Energieversorgung																				
Wasserver- / -entsorgung																				
Angebot																				
- qual. Arbeitskr.																				
- unqual. Arbkr.																				
Erdbebengefahr																				
öffent. Fördermaßn.																				
Nähe																				
- Zulieferer																				
- Absatzmarkt																				
- Behörden Dienstleistungsbetr.																				
Verkehrsanbindung																				
- Straße																				
- Schiene																				
Gesamtbewertung																				

38. Wie beurteilen Sie die langfristigen Chancen Ihres Betriebes sowie der Industrie allgemein in Friaul?

	Chancen	
	des eigenen Betriebs	der Industrie in Friaul allgemein
- sehr gut			1
- gut			2
- befriedigend			3
- schlecht			4
- sehr schlecht			5

39. Haben bzw. hatten Sie Schwierigkeiten bei der Beschaffung des notwendigen Personals?

	qualifizierte Arbeitskräfte		unqualifizierte Arbeitskräfte	
	ja	nein	ja	nein
vor den Erdbeben				
nach den Erdbeben				
	1	2	1	2

40. Welchen Einfluß haben Ihrer Meinung nach folgende Faktoren auf die Entwicklung der Industrie in Friaul?

	positiv	keinen	negativ
politisch/wirtschaftliche Lage Italiens			
die Erdbeben von 1976			
geographische Lage Friauls			
Erdbebenrisiko			
	1	2	3

41. Wie beurteilen Sie den Wiederaufbau der Industrie in Friaul nach den Erdbeben?

sehr gut ☐ 1
gut ☐ 2
befriedigend ☐ 3
schlecht ☐ 4
sehr schlecht ☐ 5

42. Wie beurteilen Sie den Wiederaufbau in Friaul allgemein?

	bisheriger Wiederaufbau	Chancen des künftigen Wiederaufbaus
- sehr gut	☐ 1	☐ 1
- gut	☐ 2	☐ 2
- befriedigend	☐ 3	☐ 3
- schlecht	☐ 4	☐ 4
- sehr schlecht	☐ 5	☐ 5

43. Wenn Sie den Zeitraum ab 1970 betrachten, wie wird sich im Vergleich dazu die Rückkehr von Emigranten in Friaul entwickeln?

	Emigration	Rückkehr von Emigranten
- Zunahme	☐ 1	☐ 1
- Stagnation	☐ 2	☐ 2
- Abnahme	☐ 3	☐ 3

44. Wie hat sich die Zahl der Beschäftigten seit 1970 entwickelt und welcher Stand wird voraussichtlich 1980 erreicht sein? (möglichst absolute Zahlen angeben)

	insgesamt	Angestellte	Facharbeiter	an-/ungel. Arbeiter	Lehrlinge
Ende 1970					
Ende 1974					
April 1976 (vor dem Erdbeben)					
1978 (jetziger Stand)					
Ende 1980 (vorauss.)					

45. Wie verteilen sich die Beschäftigten auf Männer und Frauen?
    (jetziger Stand)
    (möglichst absolute Zahlen angeben)

	Angestellte	Fach-arbeiter	an-/ungelernte Arbeiter	Lehrlinge
Männer				
Frauen				

46. Wie sieht die Altersstruktur der Beschäftigten aus?
    (möglichst absolute Zahlen angeben)

	insgesamt	Männer	Frauen
bis 20			
21 - 29			
30 - 44			
45 - 54			
55 und älter			

47. Wie hat sich der Umsatz Ihrer Firma in den letzten Jahren entwickelt? (Beträge in Mio. Lire angeben)

_____   _____   _____   _____   _____

1974   1975   1976   1977   Schätzung für 1978

48. Wie hoch waren die Löhne und Gehälter der Beschäftigten in den letzten Jahren?
    (Beträge in Mio. Lire angeben)

    1974   _____
    1975   _____
    1976   _____
    1977   _____
    1. Halbjahr 1978 _____

49. Aus welchen Regionen bezieht Ihre Firma Zulieferungen, Rohstoffe und Dienstleistungen?

Anteile in % des Gesamtwertes angeben	Zeitraum 1974/75	Zeitraum 1977/78
Italien		
davon -Süditalien		
-Mittelitalien		
-Norditalien		
davon -Friaul		
davon -Prov. Udine		
-Prov. Pordenone		
-Prov..Gorizia		
-Prov. Triest		
Ausland		
davon -Österreich		
-Jugoslawien		
-Deutschland		
Insgesamt in Mio Lire		

50. Wo liegen Ihre Absatzgebiete?

Anteile in % des Gesamtwertes angeben	Zeitraum 1974/75	Zeitraum 1977/78
Italien		
davon -Süditalien		
-Mittelitalien		
-Norditalien		
davon -Friaul		
davon -Prov. Udine		
-Prov. Pordenone		
-Prov..Gorizia		
-Prov. Triest		
Ausland		
davon -Österreich		
-Jugoslawien		
-Deutschland		
Insgesamt in Mio Lire		

51. Wie setzen sich die Zulieferungen an Ihre Firma zusammen?
    (in % des Gesamtinputs)

	Zeitraum 1974/75	Zeitraum 1977/78
Rohstoffe		
Halb- und Fertigerzeugnisse - dav. Industrie - dav. eigene Firma/Filiale - dav. Handwerk		
Dienstleistungen		
Sonstige		

52. An welche Abnehmer gehen Ihre Produkte?
    (in % der Gesamtproduktion)

	Zeitraum 1974/75	Zeitraum 1977/78
Endverbraucher		
Großhandel		
Einzelhandel		
Industrie		
- dav. eigene Firma/Filiale		
Handwerk		
Dienstleistungsbetriebe		
Staat/Kommunen		
Sonstige		

53. Wo liegen die Wohnorte der Beschäftigten?
(absolute Zahlen angeben)

Gemeinde	insgesamt	Männer	Frauen

54. Wie haben sich Produktion und Beschäftigung in den letzten zwei Jahren entwickelt?

	Apr.	Mai	Juni	Juli	Aug.	Sept.	Okt.	Nov.	Dez.
				1976					
Produktion (Angaben in Mio. Lire)									
Beschäftigte									

	Feb.	Apr.	Juni	Aug.	Okt.	Dez.	Feb.	Apr.
			1977				1978	
Produktion (Angaben in Mio. Lire)								
Beschäftigte								

Bevölkerungsbefragung/ Geographisches Institut der
Technischen Universität München

| wohnhaft in: | Gemeinde | .... | | |
| | Fraktion | .... | | |

wohnt in einem "Prefabbricato"   ja ☐1   nein ☐2

auf eigenem Grund	☐1	im alten, nicht be- schädigten Haus	☐1
in einer Prefabbricati- Siedlung	☐2	im alten, beschä- digten Haus	☐2
Prefabbricato-Typ		im alten, wieder- aufgebauten Haus	☐3
....	—	in einem neuen Haus	☐4

1. Geschlecht   männlich   ☐1
   [eintragen]   weiblich   ☐2

2. Sind Sie   verheiratet ☐1
                         ledig   ☐2
                         geschieden ☐3
                         verwitwet ? ☐4

[wohnhaft im Prefabbricato]

3. Wie beurteilen Sie das Leben im Prefabbricato im Vergleich zu früher ?

	besser 1	gleich 2	schlechter 3
Wohnungsgröße	☐	☐	☐
sanitäre und technische Ausstattung	☐	☐	☐
gesundheitliche Bedingungen	☐	☐	☐
Möglichkeiten des Privatlebens	☐	☐	☐
Verhältnis zu den Nachbarn	☐	☐	☐
Möglichkeit für landwirt- schaftliche Tätigkeiten	☐	☐	☐
insgesamt	☐	☐	☐

[wohnhaft im Haus]

4. Wie sind Sie mit Ihrer jetzigen Wohnung zufrieden ?
   sehr zufrieden   ☐1
   zufrieden   ☐2
   weniger zufrieden   ☐3

5. Wie alt sind Sie und die übrigen Familienmitglieder ?

bitte in die jeweilige Spalte m oder w zur Bezeichnung des Geschlechts eintragen

Alter	Be-fragter	Ehe-partner	Kinder 1	2	3	4	5	übrige 1	2	3	4	5	
≤ 4													1
5 - 14													2
15 - 24													3
25 - 34													4
35 - 44													5
45 - 54													6
55 - 64													7
≥ 65													8

6. Welchen Schulabschluß haben Sie (und welche Schule besuchen Ihre Kinder) ?

gleiche Reihenfolge wie in Frage 5

	Be-fragter	Ehe-partner	Kinder 1	2	3	4	5	übrige 1	2	3	4	5	
noch nicht eingeschult													1
ohne Schul-abschluß													2
Grundschule													3
Mittelschule													4
höhere Schule													5
Universität													6

7. Welche Tätigkeit üben Sie bzw. die anderen Familienmitglieder aus ?

Tätigkeit	Be-fragter	Ehe-partner	Kinder 1	2	3	4	5	übrige 1	2	3	4	5	
erwerbstätig													1
arbeitslos													2
Schulabgänger arbeitslos													3
Hausfrau													4
Rentner/ Pensionist													5
Schüler/ Student													6

- 3 -

| falls Befragter arbeitslos |

8. Seit wann sind Sie arbeitslos ?   Jahr .... Monat .... —

| falls andere Familienmitglieder arbeitslos sind |

9. Seit wann sind sie arbeitslos ?   Jahr .... Monat .... —

10. Betreibt jemand in Ihrer Familie Landwirtschaft im Nebenerwerb ?

　　ja　☐1　　　　　　　　　　　　nein　☐2

　　wer ?　Befragter　　　　　　　☐1
　　　　　　Ehepartner　　　　　　 ☐2
　　　　　　andere Familien-　　　 ☐3
　　　　　　mitglieder

　　landwirtschaftliche .... —　　Viehbestand .... —
　　Nutzfläche　　　　　　　　　　　　　　　　　　　　 .... —

a) falls der Befragte erwerbstätig oder arbeitslos ist, Angaben über dessen Arbeitsplatz
b) falls der Befragte Hausfrau, Rentner, Schüler oder arbeitsloser Schulabgänger ist, Angaben über den Arbeitsplatz des Hauptverdieners ; in Frage 7 diese Bezugsperson durch ⊗ kennzeichnen
　a) und b) gilt für die Fragen 11-20
c) falls der Befragte Rentner oder Hausfrau ohne erwerbstätige Familienmitglieder ist, weiter mit Frage 26

11. In welchem Wirtschaftszweig sind bzw. waren Sie tätig ?

		bewirtschaftete Fläche	Viehbestand
Landwirtschaft im Vollerwerb	☐1	.... —	.... —
Handwerk (auch Bausektor)	☐2		.... —
Industrie	☐3		
Dienstleistung	☐4		

12. Welche Position haben bzw. hatten Sie im Betrieb?

selbständig	☐ 1
leitender Angestellter	☐ 2
Angestellter	☐ 3
Facharbeiter	☐ 4
an-/ungelernter Arbeiter	☐ 5
Lehrling	☐ 6

13. Welchen Beruf haben Sie erlernt? .... —

    Welchen Beruf üben Sie heute aus? .... —

    ┌─────────────────────────────────────┐
    │ falls Schüler, Student oder Lehrling │
    └─────────────────────────────────────┘

    Welchen Beruf erlernen Sie zur Zeit? .... —

    ┌──────────────────┐
    │ falls arbeitslos │
    └──────────────────┘

    Welchen Beruf haben Sie zuletzt ausgeübt? .... —

14. Würden Sie mir sagen, in welchem Ort Sie und die anderen Familienmitglieder arbeiten und wo Ihre Kinder in die Schule gehen?

    | Befragter | .... | — |
    | Ehepartner | .... | — |
    | Kind 1 | .... | — |
    | 2 | .... | — |
    | 3 | .... | — |
    | 4 | .... | — |
    | 5 | .... | — |
    | übrige 1 | .... | — |
    | 2 | .... | — |
    | 3 | .... | — |
    | 4 | .... | — |
    | 5 | .... | — |

    gleiche Reihenfolge wie in Frage 5

15. Wie lange brauchen Sie für den Weg zur Arbeit ?

bis zu 15 Minuten	☐ 1
15/30 min.	☐ 2
30/45 min.	☐ 3
45/60 min.	☐ 4
60/75 min.	☐ 5
über 75 min.	☐ 6

16. Wie häufig kommt es vor, daß Sie aus Witterungsgründen Ihren Arbeitsplatz nicht oder verspätet erreichen ?

bis 5 Tage im Jahr	☐ 1
6 - 10 Tage	☐ 2
11 - 20 Tage	☐ 3
mehr als 20 Tage im Jahr	☐ 4

17. Welches Verkehrsmittel benützen Sie für den Weg zum Arbeitsplatz ?

Auto/Motorrad	☐ 1
PKW-Mitfahrer	☐ 2
Moped/Fahrrad	☐ 3
Bus/Bahn	☐ 4
Werksbus	☐ 5
zu Fuß	☐ 6

bei Bus nachfragen ob Werksbus

18. Seit wann sind Sie schon an Ihrem jetzigen Arbeitsplatz ?

Jahr .... Monat ....

falls kein Arbeitsplatzwechsel seit 1970, weiter mit Frage 21

19. Wo haben Sie vorher gearbeitet ?

| Frage auch an Arbeitslose |

Erster Arbeitsplatz des Befragten ☐1 weiter mit Frage 21

	Ort	von	bis	Land-wirt-schaft	Hand-werk	In-du-strie	Dienst-lei-stung
letzter Arbeitsplatz	....	....	....				
vorletzter Arbeitsplatz	....	....	....				
				1	2	3	4

20. Können Sie mir sagen, warum Sie Ihren Arbeitsplatz verloren bzw. aufgegeben haben ?

beim letzten Arbeits-
platzwechsel

beim vorletzten
Arbeitsplatzwechsel

| in der Reihenfolge der Bedeutung angeben |

1. .... —   1. .... —

2. .... —   2. .... —

3. .... —   3. .... —

| Hausfrauen und Rentner weiter mit Frage 26 |

| Nur wenn Befragter erwerbstätig. Befragten selbst ankreuzen lassen. |

21. Wie beurteilen Sie Ihren jetzigen Arbeitsplatz ?

	sehr gut 1	2	3	4	sehr schlecht 5
allgemein					
Sicherheit/ Krisenfestigkeit					
Lohnniveau					

falls erwerbstätig

22. Nehmen wir einmal an, Sie müßten einen neuen Arbeitsplatz suchen. Würden Sie dann

   unter allen Umständen versuchen, Ihren Wohnort beizubehalten und einen Arbeitsplatz innerhalb des Pendelbereichs suchen? ☐1

   versuchen, einen Arbeitsplatz in Friaul zu finden und dabei eventuell einen Umzug in Kauf nehmen? ☐2

   einen Arbeitsplatz außerhalb Friauls suchen, auch wenn das mit einem Umzug verbunden wäre   und zwar

   in andere Gebiete Italiens   ☐3 welche Stadt/Region?
   .... —

   ins Ausland   ☐4

falls arbeitslos

23. Glauben Sie, daß Sie in absehbarer Zeit in Friaul einen Arbeitsplatz finden werden

   bei Beibehaltung des jetzigen Wohnortes ☐1

   unter Inkaufnahme eines Umzugs innerhalb Friauls, ☐2

   oder denken Sie, daß Sie in andere Gebiete Italiens ☐3

   welche ? .... —

   oder ins Ausland gehen werden, ☐4

   oder würden Sie auch in Friaul bleiben, wenn Sie längere Zeit arbeitslos wären ? ☐5

falls Schüler oder Student

24. Glauben Sie, daß Sie Ihren späteren Beruf in Friaul ausüben können

   bei Beibehaltung des jetzigen Wohnortes ☐1

   unter Inkaufnahme eines Umzugs innerhalb Friauls, ☐2

   oder denken Sie, daß Sie in andere Gebiete Italiens ☐3

   welche ? .... —

   oder ins Ausland gehen werden, ☐4

   oder würden Sie auch in Friaul bleiben, wenn Sie gezwungen wären, eine andere Tätigkeit auszuüben oder arbeitslos wären ? ☐5

|falls erwerbstätig, arbeitslos, Schüler oder Student|

25. Wenn Sie in Friaul bleiben wollen, welcher alternative Ort käme dann als Arbeitsort in Frage ?

|Orte zuerst nennen lassen|

	geeignet	akzeptabel	weniger geeignet	nicht geeignet
....				
....				
Tolmezzo	☐	☐	☐	☐
Osoppo/Gemona	☐	☐	☐	☐
Udine	☐	☐	☐	☐
Pordenone	☐	☐	☐	☐
	1	2	3	4

26. Wie würden Sie das Arbeitsplatzangebot in Friaul im Vergleich zu anderen italienischen Regionen bewerten ?

In Friaul sind die Arbeitsmöglichkeiten

besser	gleich	schlechter	weiß nicht/ keine Antwort	gegenüber
☐	☐	☐	☐	Veneto
☐	☐	☐	☐	Trentino Alto Adige
☐	☐	☐	☐	Lombardia
☐	☐	☐	☐	Calabria
☐	☐	☐	☐	Toscana
1	2	3	4	

27. Haben Sie heute bzw. hatten Sie vor dem Erdbeben in der Gemeinde Haus- oder Grundbesitz ?

Haus und Garten ☐ 1
Felder ☐ 2
keines von beiden ☐ 3

28. Wie lange wohnen Sie schon in dieser Fraktion ?

　　　　　　　seit: Jahr ...... Monat .... —

29. Wo haben Sie vorher gewohnt ?

| Ausgenommen der Evakuierung und des Umzugs ins und aus dem Prefabbricato |

Der Befragte wohnt hier seit Geburt ☐ weiter mit Frage 31

	Gemeinde/Fraktion	von	bis
letzte Wohnung in			
vorletzte Wohnung in			

30. Können Sie mir sagen, welche Gründe bei Ihrem letzten/ vorletzten Umzug eine Rolle gespielt haben ?

| Ausgenommen der Evakuierung und des Umzugs ins und aus dem Prefabbricato |

| In der Reihenfolge der Bedeutung angeben |

　　letzter Umzug　　　　　　　　vorletzter Umzug

1. .... —　　　　1. .... —

2. .... —　　　　2. .... —

3. .... —　　　　3. .... —

31. Haben Sie Verwandte, die aus Arbeitsgründen längere Zeit vom Wohnort abwesend sind ?

    nein ☐2   weiter mit Frage 33

    ja   ☐1 wer ? ....

                  ....

        wo ? ....

                  ....

   seit wann ? ....

                  ....

Falls diese in der Schweiz, in Deutschland oder in Österreich arbeiten, genaue Adresse angeben lassen

        ....

        ....

        ....

32. Wie oft kommen diese hierher zurück ?

wöchentlich	☐1	wie lange
etwa monatlich	☐2	(Anzahl der Tage)
mehrmals jährlich	☐3	....
etwa einmal im Jahr	☐4	....
selten	☐5	....
nie	☐6	

33. Was sind Ihrer Meinung nach die Hauptmotive für eine Arbeit außerhalb Friauls ?

In der Reihenfolge der Bedeutung angeben

    1. ....

    2. ....

    3. ....

34. Sind von Ihren Verwandten, die Friaul verlassen haben, welche inzwischen zurückgekehrt und hiergeblieben?

	ja	nein	Anzahl
vor dem Erdbeben (1970-1976)	☐1	☐2	....
nach dem Erdbeben (seit Mai 1976)	☐1	☐2	....

Wo haben diese Verwandten in Friaul früher gewohnt und wo wohnen sie jetzt?

früherer Wohnort   .... ___

jetziger Wohnort   .... ___

35. Haben Sie schon einmal mit dem Gedanken gespielt

	aus Friaul abzuwandern?	innerhalb Friauls umzuziehen?
Der Befragte ist vor kurzem zurückgekehrt ☐9		
	ja ☐1	ja ☐1
	nein ☐2	nein ☐2

falls ja: Hat dabei das Erdbeben eine Rolle gespielt?

ja ☐1   ja ☐1
nein ☐2   nein ☐2

Aus welchen Gründen sind Sie trotzdem hiergeblieben?

[in der Reihenfolge der Bedeutung angeben]

1. .... ___
2. .... ___
3. .... ___

36. Wenn Sie Ihre Situation mit der anderer vergleichen, wie würden Sie dann die Auswirkungen des Erdbebens auf Ihr Leben beurteilen ?

sehr starke Auswirkungen	☐1
starke Auswirkungen	☐2
ziemlich starke Auswirkungen	☐3
weniger starke Auswirkungen	☐4
keine Auswirkungen	☐5

37. Wie sind Sie mit der Erreichbarkeit folgender Einrichtungen zufrieden ?

Mit dem Ihnen zur Verfügung stehenden Verkehrsmittel

	gut erreichbar	mittelmäßig	schlecht erreichbar	trifft nicht zu/ weiß nicht
Mittelschule in Forgaria	☐	☐	☐	☐
Bahnhof	☐	☐	☐	☐
Krankenhaus in Udine	☐	☐	☐	☐
Apotheke in Forgaria	☐	☐	☐	☐
Bekleidungsgeschäfte in S.Daniele	☐	☐	☐	☐
Gemeindeamt	☐1	☐2	☐3	☐4

38. Wo wohnen gute Bekannte von Ihnen, die Sie öfters besuchen ?

am Ort ☐1

falls außerhalb, in .... —

.... —

.... —

39. Können Sie sich vorstellen, in einer anderen Gemeinde Friauls zu wohnen, z.B. in:

	ja	möglicherweise	nein
Tolmezzo	☐	☐	☐
Pordenone	☐	☐	☐
Osoppo	☐	☐	☐
Gemona	☐	☐	☐
Udine	☐	☐	☐
S. Daniele	☐	☐	☐
	1	2	3

40. Wenn Sie umziehen müßten, welchen der folgenden Ortstypen würden Sie dann bevorzugen ?

   größere Stadt ☐1
   in der Nähe einer größeren Stadt ☐2
   Mittelstadt ☐3
   Kleinstadt ☐4
   zentrale Fraktion einer kleinen Gemeinde ☐5
   abgelegenes Dorf ☐6
   keinen der genannten, sondern ....

41. Welche Distanz zum Arbeitsplatz würden Sie für noch zumutbar halten ?

   bis 15 min. ☐1
   15/30 min. ☐2
   30/45 min. ☐3
   45/60 min. ☐4
   60/75 min. ☐5
   über 75 min. ☐6

42. Was glauben Sie, daß in einer Gemeinde an Einrichtungen vorhanden sein sollte und was halten Sie für weniger wichtig?

Einrichtungen zuerst nennen lassen

	sehr wichtig	ziemlich wichtig	weniger wichtig	unwichtig
....				
....				
....				
Apotheke	☐	☐	☐	☐
Bushaltestelle	☐	☐	☐	☐
Zahnarzt	☐	☐	☐	☐
Mittelschule	☐	☐	☐	☐
Geschäfte (Kleider...)	☐	☐	☐	☐
Bank/Sparkasse	☐	☐	☐	☐
öffentliche Bibliothek	☐	☐	☐	☐
Sozialzentrum	☐	☐	☐	☐
Kindergarten	☐	☐	☐	☐
Post	☐	☐	☐	☐
Ambulatorium	☐	☐	☐	☐
Altenheim	☐	☐	☐	☐
	1	2	3	4

43. Wo kaufen Sie normalerweise Dinge des täglichen Bedarfs?

in der Reihenfolge der Bedeutung angeben

1. .... ___
2. .... ___
3. .... ___

44. Und wohin fahren Sie, wenn Sie Dinge besorgen, die man nicht so häufig einkauft, wie z.B. Kleider, Schuhe, Haushaltsgeräte ?

   | in der Reihenfolge der Bedeutung angeben |

   1. .... —
   2. .... —
   3. .... —

45. Kaufen Sie seit dem Erdbeben woanders ein als vorher ?

   nein ☐1

   ja, mehr in

   1. .... —
   2. .... —
   3. .... —

46. Welcher Klasse würden Sie das Nettoeinkommen Ihrer Familie zuordnen ?

   in tausend Lire

   bis 100   ☐1
   100 - 200   ☐2
   200 - 400   ☐3
   400 - 600   ☐4
   600 - 800   ☐5
   über 800   ☐6
   keine Antwort ☐0

47. Erhalten Sie regelmäßig Geldsendungen von Familien-
    mitgliedern, die außerhalb von Friaul arbeiten ?

    ja   ☐1   wieviel ist das in Prozent
                  Ihres Gesamteinkommens
                  ....

    nein   ☐2

    Kein Familienmitglied
    außerhalb Friauls   ☐9

48. Hat sich Ihr Einkommen durch das Erdbeben

    erhöht   ☐1
    ist es gleich-
    geblieben   ☐2
    oder hat es
    sich vermindert   ☐3
    keine Antwort   ☐0

49. Wenn Sie an die Zeit nach dem Erdbeben zurückdenken,
    wie würden Sie die Hilfeleistungen, die Ihre Familie
    erhalten hat, beurteilen ?

    sehr gut   ☐1
    gut   ☐2
    ausreichend   ☐3
    mangelhaft   ☐4
    nicht ausreichend   ☐5

50. Haben Sie die Absicht, demnächst mit dem Wiederaufbau Ihres Hauses zu beginnen ?

                            schon begonnen

ja ☐2   ☐1   nein ☐3

aus welchen Gründen noch nicht begonnen ?   aus welchen Gründen ?

1. .... ___   1. .... ___

2. .... ___   2. .... ___

3. .... ___   3. .... ___

---

51. Wie lange wird es Ihrer Meinung nach dauern, bis der Wiederaufbau abgeschlossen ist ?

	in der Gemeinde	in ganz Friaul
bis 5 Jahre	☐1	☐1
5 - 10 Jahre	☐2	☐2
10 - 15 Jahre	☐3	☐3
15 - 20 Jahre	☐4	☐4
über 20 Jahre	☐5	☐5

---

52. Wie beurteilen Sie die bisherigen Planungen und Maßnahmen für den Wiederaufbau ?

	in der Gemeinde	in ganz Friaul
sehr gut	☐1	☐1
gut	☐2	☐2
weniger gut	☐3	☐3
schlecht	☐4	☐4
sehr schlecht	☐5	☐5

---

53. Wie sprechen Sie in der Familie ?

                 italienisch   ☐1

                 friulanisch   ☐2

                 slowenisch   ☐3

                 sonstiges, und zwar .... ___

Verzeichnis der Münchener Geographischen Hefte:

Heft 1 Heinrich Jäger: Der kulturgeographische Strukturwandel des Kleinen Walsertales. 99 Seiten mit 26 Abbildungen. 1953. DM 12.—

Heft 2 Herbert Louis: Über die ältere Formenentwicklung im Rheinischen Schiefergebirge, insbesondere im Moselgebiet. 97 Seiten mit 10 Abbildungen und 1 Übersichtskarte. 1953. DM 6.— (vergriffen).

Heft 3 Hermann Lautensach: Über die Begriffe Typus und Individuum in der geographischen Forschung. 33 Seiten. 1953. DM 2.— (vergriffen).

Heft 4 Heinrich Schmitthenner: Zum Problem der Allgemeinen Geographie und der Länderkunde. 37 Seiten. 1954. DM 2.— (vergriffen).

Heft 5 Helmut Blume: Zuckerrohranbau am unteren Mississippi (Louisiana's Sugar Bowl). 69 Seiten mit 10 Abbildungen und 3 Tabellen. 1954. DM 9.—

Heft 6 Carl Rathjens: Das Problem der Gliederung des Eiszeitalters in physisch-geographischer Sicht. 68 Seiten mit 11 Abbildungen. 1954. DM 4.50 (vergriffen).

Heft 7 Heinrich Schmitthenner: Studien zur Lehre vom geographischen Formenwandel. 45 Seiten. 1954. DM 6.— (vergriffen).

Heft 8 Wolfgang Weischet: Die Geländeklimate der Niederrheinischen Bucht und ihrer Rahmenlandschaften. 169 Seiten mit 37 Abbildungen und 11 Karten. 1955. DM 12.—

Heft 9 E. Juillard und A. Meynier: Die Agrarlandschaft in Frankreich. Forschungsergebnisse der letzten 20 Jahre (übersetzt von W. Hartke). 97 Seiten mit 15 Abbildungen. 1955. DM 6.— (vergriffen).

Heft 10 Friedrich Wilhelm: Physikalisch-chemische Untersuchungen an Quellen in den bayerischen Alpen und im Alpenvorland. 97 Seiten mit 2 Abbildungen, 21 Figuren und 8 Tabellen. 1956. DM 12.—

Heft 11 Wolfgang Hartke: Die Hütekinder im Hohen Vogelsberg. Der geographische Charakter eines Sozialproblems. (Materialien zur Agrargeographie I) 29 Seiten mit 6 Abbildungen. 1956. DM 5.— (vergriffen).

Heft 12 Christoph Borcherdt: Das Acker-Grünland-Verhältnis in Bayern. Wandlungen im Laufe eines Jahrhunderts. (Materialien zur Agrargeographie II) 51 Seiten mit 11 Abbildungen und 1 Karte. 1957. DM 12.— (vergriffen).

Heft 13 Günther Drescher: Geographische Fluruntersuchungen im niederbayerischen Gäu. (Materialien zur Agrargeographie III). 96 Seiten mit 4 Abbildungen und 4 Karten. 1957. DM 12.—

Heft 14 Karl Ruppert: Spalt. Ein methodischer Beitrag zum Studium der Agrarlandschaft mit Hilfe der kleinräumlichen Nutzflächen- und Sozialkartierung und zur Geographie des Hopfenbaus. (Materialien zur Agrargeographie IV). 56 Seiten mit 2 Abbildungen und 9 Karten. 1958. DM 6.— (vergriffen).

Heft 15 Friedrich Wilhelm: Die Neuauslotung des Chiemseebeckens. 50 Seiten mit 4 Abbildungen, 5 Figuren und 1 Karte. 1958. DM 5.— (vergriffen).

Heft 16 Svetozar Ilešič: Die Flurnamen Sloweniens im Lichte der europäischen Flurforschung. (Materialien zur Agrargeographie V). 132 Seiten mit 24 Abbildungen. 1959. DM 16.—

Heft 17 Ingrid Sehmer: Studien über die Differenzierung der Agrarlandschaft im Hochgebirge im Bereich dreier Staaten (Reschen-Scheideck-Gebiet). (Materialien zur Agrargeographie VI). 82 Seiten mit 1 Abbildung und 8 Karten. 1959. DM 10.— (vergriffen).

Heft 18 Rudolf Frankenberger: Die Aufforstung landwirtschaftlich genutzter Grundstücke als Index für sozialgeographische Strukturwandlungen in Oberfranken. (Materialien zur Agrargeographie VII). 80 Seiten mit 10 Abbildungen und 7 Karten. 1960. DM 20.—

Heft 19 Karl Ruppert: Die Bedeutung des Weinbaues und seiner Nachfolgekulturen für die sozialgeographische Differenzierung der Agrarlandschaft in Bayern. (Materialien zur Agrargeographie VIII). 160 Seiten mit 6 Abbildungen und 13 Karten. 1960. DM 32.— (vergriffen).

Heft 20 Friedrich Wilhelm: Spuren eines voreiszeitlichen Reliefs am Alpennordsaum zwischen Bodensee und Salzach. 176 Seiten mit 17 Abbildungen und 4 Tabellen. 1961. DM 26.—

Heft 21 Helmut Kern: Große Tagessummen des Niederschlags in Bayern. 24 Seiten mit 2 Abbildungen und 8 Karten. 1961. DM 10.—

Heft 22 Reşat Izbırak: Geomorphologische Beobachtungen im Oberen Kızılırmak- und Zamantı-Gebiet (östliches Mittelanatolien). 56 Seiten mit 10 Abbildungen. 1962. DM 14.—

Heft 23 Karl Ruppert: Das Tegernseer Tal. Sozialgeographische Studien im oberbayerischen Fremdenverkehrsgebiet. 56 Seiten mit 13 Abbildungen, 6 Karten und 3 Tafeln. 1962. DM 20.— (vergriffen).

Heft 24 Erwin Grötzbach: Geographische Untersuchung über die Kleinstadt der Gegenwart in Süddeutschland. 112 Seiten mit 3 Figuren, 6 Tabellen und 10 Karten. 1963. DM 15.— (vergriffen).

Heft 25 Heinz Ziegler: Die Beschäftigten-Einzugsbereiche der Großbetriebe in München. (Materialien zur Stadtgeographie I). 132 Seiten mit 36 Abbildungen. 1964. DM 30.—

Heft 26 Klaus Hormann: Torrenten in Friaul und die Längsprofilentwicklung auf Schottern. 81 Seiten mit 2 Karten und 18 Figuren. 1964. DM 24.—

Heft 27 Klaus Haserodt: Untersuchungen zur Höhen- und Altersgliederung der Karstformen in den Nördlichen Kalkalpen. 114 Seiten mit 18 Abbildungen, 10 Figuren, 1 Karte und 2 Tabellen. 1965. DM 28.—

Heft 28 Karl Ganser: Sozialgeographische Gliederung der Stadt München aufgrund der Verhaltensweisen der Bevölkerung bei politischen Wahlen. (Materialien zur Stadtgeographie II). 129 Seiten mit 4 Karten, 31 Abbildungen und 31 Tabellen. 1966. DM 36.— (vergriffen).

Heft 29 Hans Frei: Der frühe Eisenerzbergbau und seine Geländespuren im nördlichen Alpenvorland. 89 Seiten mit 11 Abbildungen, 4 Karten und 4 Tafeln. 1966. DM 24.—

Heft 30 Karl Ganser: Modelluntersuchung zur Dorferneuerung (Materialien zur angewandten Geographie I). 106 Seiten mit 6 Karten, 6 Abbildungen, 16 Diagrammen und 32 Tabellen. 1967. DM 42.— (vergriffen)

Heft 31 Rolf Meyer: Studien über Inselberge und Rumpfflächen in Nordtransvaal. 81 Seiten mit 8 Figuren, 3 Karten und 15 Abbildungen. 1967. DM 22.—

Heft 32 Franz Schaffer: Untersuchungen zur sozialgeographischen Situation und regionalen Mobilität in neuen Großwohngebieten am Beispiel Ulm-Eselsberg. 150 Seiten mit 28 Karten, 16 Abbildungen, 18 Tafeln, einem Fragebogen und 34 Tabellen. 1968. DM 36.—

Heft 33 Oğuz Erol: Geomorphologische Untersuchungen über das Zungengebiet des würmeiszeitlichen Leitzachgletschers und die Terrassen des oberen Leitzachtales. 69 Seiten mit 8 Bildern und 3 Karten- und Profilbeilagen sowie einem Beitrag von Walter Stephan. 1968. DM 18.—

Heft 34 Neue Wege in der zentralörtlichen Forschung. 5. Arbeitstagung des Verbandes deutscher Berufsgeographen. 60 Seiten mit 3 Abbildungen und 1 Tabelle. 1969. DM 14.—

Heft 35 Gernot Ruhl: Das Image von München als Faktor für den Zuzug. 123 Seiten mit 27 Tabellen, 2 Fragebögen und 2 Karten. 1971. DM 16.—

Heft 36 Karl Ganser: Grundlagenuntersuchung zur Altstadtentwicklung Ingolstadts. 168 Seiten mit 90 Tabellen, 5 Erhebungsbögen und 22 Karten. 1973. DM 32.—

Heft 37 Stadtgeographie in einem neuen Curriculum — dargestellt am Beispiel Münchens. 108 Seiten, Beilage mit 79 Abbildungen. 1973. DM 20.—

Heft 38 Gitta Muske: Motive für die Wahl des Studienortes München. Ein entscheidungstheoretischer Ansatz zur Erklärung räumlicher Mobilität angewandt auf ein Beispiel aus dem Bereich der Bildungswanderung. 98 Seiten mit 1 Abbildung, 16 Tabellen u. 3 Fragebögen, Beilage mit 18 Abbildungen. 1975. DM 32.—

Heft 39 Beiträge zur Zentralitätsforschung. 226 Seiten mit 26 Abbildungen und 9 Tabellen. 1977. DM 30.—

Heft 40 Robert Geipel: Friaul. Sozialgeographische Aspekte einer Erdbebenkatastrophe. 212 Seiten mit 18 Karten, 9 Abbildungen, 8 Plänen, 3 Farbtafeln, 15 Graphiken und 60 Tabellen. 1977. DM 44.—

Heft 41 Detlev Klingbeil: Aktionsräume im Verdichtungsraum. 334 Seiten mit 36 Abbildungen und 43 Tabellen. 1978. DM 38.—

Heft 42 Walter Kuhn: Geschäftsstraßen als Freizeitraum. Synchrone und diachrone Überlagerung von Versorgungs- und Freizeitfunktion, dargestellt an Beispielen aus Nürnberg. 254 Seiten mit 12 Abbildungen, 42 Tabellen und 11 Karten. 1979. DM 28.—

Heft 43 Michael Steuer: Wahrnehmung und Bewertung von Naturrisiken am Beispiel ausgewählter Gemeinschaftsfraktionen im Friaul. Mit einem Nachwort von Robert Geipel. 234 Seiten mit 44 Abbildungen und 28 Tabellen. 1979. DM 38.—

Heft 44 Günter Heinritz, Walter Kuhn, Günter Meyer, Herbert Popp: Verbrauchermärkte im ländlichen Raum. Die Auswirkungen einer Innovation des Einzelhandels auf das Einkaufsverhalten. 166 Seiten mit 35 Abbildungen und 23 Tabellen. 1979. DM 35.—

Heft 45 Richard Dobler: Regionale Entwicklungschancen nach einer Katastrophe. Ein Beitrag zur Regionalplanung des Friaul. 290 Seiten mit 18 Abbildungen, 29 Karten und 81 Tabellen. 1980. DM 40.—